suhrkamp taschenbuch
wissenschaft 1827

Affen und Menschen teilen noch heute 99 Prozent ihres genetischen Materials. Trotzdem ist es nur der Menschheit gelungen, kognitive Fähigkeiten auszubilden, die so komplexe Gebilde wie sprachliche Kommunikation und symbolische Repräsentation, soziale Organisation und Institutionen, Hochleistungsindustrie und entsprechende Technologien hervorgebracht haben. Wie ist das möglich?

Gestützt auf zahlreiche Experimente mit Primaten und Kleinkindern, entwickelt der Anthropologe und Kognitionsforscher Michael Tomasello ein Modell des menschlichen Denkens, das diese Phänomene erklären kann, indem er kulturelle Vermittlung als biologischen Mechanismus begreift. Die Ausführung dieser zentralen These wirft ein neues Licht auf zahlreiche Disziplinen der Geistes- und Naturwissenschaften und zeigt die Verbindung dieser sonst so strikt getrennten »zwei Kulturen« im Licht der evolutionären Anthropologie auf.

Michael Tomasello ist Kodirektor am Max-Planck-Institut für Evolutionäre Anthropologie in Leipzig.

Im Suhrkamp Verlag ist von ihm erschienen: *Die Ursprünge der menschlichen Kommunikation* (2009), *Warum wir kooperieren* (eu 36) sowie *Eine Naturgeschichte des menschlichen Denkens* (2014).

Michael Tomasello

Die kulturelle Entwicklung des menschlichen Denkens

Zur Evolution der Kognition

Aus dem Englischen
von Jürgen Schröder

Suhrkamp

Titel der Originalausgabe:
The Cultural Origins of Human Cognition,
Harvard University Press, Cambridge (Mass.)/London

Dieses Buch wurde klimaneutral produziert.

6. Auflage 2022

Erste Auflage 2006
suhrkamp taschenbuch wissenschaft 1827

Umschlag nach Entwürfen von Willy Fleckhaus und Rolf Staudt
Satz: TypoForum GmbH, Seelbach
Druck und Bindung: C. H. Beck, Nördlingen
Printed in Germany
ISBN 978-3-518-29427-7

Inhalt

Vorwort

Ich möchte dem deutschen Leser dieses Buch anhand von zwei grundlegenden Dichotomien vorstellen, die ursprünglich von deutschen Gelehrten vorgeschlagen wurden und die eine wichtige Rolle im Denken des Abendlandes gespielt haben. Die erste ist eine methodologische Unterscheidung, die verschiedene Formen annimmt. Eine Form der Unterscheidung stammt von Wilhelm Wundt, dem Begründer der wissenschaftlichen Psychologie (1879 in Leipzig). Wundt teilte psychologische Phänomene in zwei Klassen ein: diejenigen, die im Labor mit den Methoden der Naturwissenschaften gemessen und quantifiziert werden können (z. B. Geschwindigkeit von Wahrnehmungsdiskriminationen, von Reaktionen etc.), und diejenigen, die einen kulturellen Ursprung haben und deshalb am besten durch sozialhistorische Methoden in ihrem natürlichen Umfeld untersucht werden (z. B. anhand historischer und kultureller Vergleiche). Wundt prägte für die Untersuchung dieser Phänomene den Begriff der Völkerpsychologie, die die Untersuchung aller kulturell verfaßten Phänomene und Artefakte, einschließlich der Sprache beinhaltete.[1]

Aber die Dinge haben sich als schwieriger erwiesen, und diese saubere Arbeitsteilung ließ sich einfach nicht durchführen. Betrachten wir zum Beispiel die Sprache. In der modernen Welt interdisziplinärer Wissenschaft werden von den Sprachwissenschaften sowohl experimentelle als auch sozialhistorische Methoden auf innovative Weisen angewendet. Manche Forscher betrachten z. B. die genetischen Grundlagen von Individuen, die eine bestimmte Sprache sprechen, und führen diese Information mit dem Wissen über die Sprachgeschichte und die gegenwärtige geographische Verteilung der Sprache zusammen, um Schlusse auf verschiedene Aspekte der Vorgeschichte des Menschen zu ziehen. Ähnlich zeigen Forscher, die den Spracherwerb bei Kindern untersuchen, ein zunehmendes Interesse sowohl an histori-

1 Wundt, 1900-1909.

schen Prozessen der Grammatikalisierung (indem sie nach möglichen Gemeinsamkeiten dieser Prozesse suchen) als auch an den genetischen und neuronalen Grundlagen der Sprache (indem sie nach möglichen angeborenen Faktoren beim Spracherwerb suchen). Außerdem setzen sie Sprachvergleiche und experimentelle Methoden ein, um die psycholinguistischen Prozesse zu bestimmen, die kleine Kinder zu kompetenten Sprechern einer natürlichen Sprache machen. Auf vielen anderen Gebieten der Sozialwissenschaften werden ebenfalls experimentelle und sozialhistorische Methoden verwendet, um verschiedene Aspekte des sozialen und kulturellen Lebens zu verstehen. Meine Heimatinstitution in Wundts Leipzig (Max-Planck-Institut für evolutionäre Anthropologie) hat sich genau einem solchen interdisziplinären Unternehmen verschrieben.

Man könnte dafür argumentieren, daß die grundlegendere Form von Wundts Unterscheidung die Differenzierung zwischen den Natur- und Geisteswissenschaften sei. In diesem Fall scheinen die verschiedenen Methodologien, die mit diesen beiden Ausprägungen der Forschung verknüpft sind – grob gesagt, naturalistische (oder experimentelle) und hermeneutische (oder interpretative) Methoden –, zumindest in ihren extremen Erscheinungsformen noch weniger miteinander verträglich zu sein. Bekanntlich haben einige mehr geisteswissenschaftlich orientierte Denker betont, daß die Wissenschaft nur eine von vielen abendländischen Kulturinstitutionen ist und daß sie wie andere Kulturinstitutionen interpretative Dimensionen hat, die im Kontext dieser Kultur verstanden werden müssen. In manchen Fällen wurde nicht nur auf die Beschränkungen, sondern auch auf den verzerrenden Charakter der experimentellen Methode hingewiesen. Andererseits glauben viele Forscher mit einer stärker naturwissenschaftlichen Orientierung, daß die Probleme, die von den Geisteswissenschaften untersucht werden, schließlich auf physische Phänomene wie Gene, Neuronen und Hormone reduziert werden können, ohne daß etwas übrigbleibt, das durch Kulturprozesse erklärt werden könnte. Jeder Ansatz versucht also den anderen zu verdrängen.

Das vorliegende Buch läßt sich entlang dieser Dimension nicht so leicht einordnen. Sein Thema sind soziale und kulturelle Tätigkeiten des Menschen und ihre Rolle für die menschliche Kognition – klassische Forschungsthemen der Geisteswissenschaften. Zugleich stammen die verwendeten Methoden jedoch aus den Naturwissenschaften. Nahezu alle Forschungen, über die hier berichtet wird, verwenden die eine oder andere Form der experimentellen Methode, nach der Kinder und Menschenaffen als Naturerscheinungen aufgefaßt werden, die wie andere Naturerscheinungen auch zu untersuchen sind. Man findet darin keine »interpretierende Sozialwissenschaft« oder hermeneutische Methode. Auch wenn die Methoden, die bei diesen Forschungen verwendet werden, naturwissenschaftliche sind, versuche ich jedoch nicht, die menschliche Kognition und das gesellschaftliche Leben auf physische Dinge wie Gene oder Neuronen zu reduzieren. Tatsächlich lehne ich diese Art von Reduktionismus ausdrücklich ab. Man könnte die Sache folgendermaßen betrachten: Das Thema des vorliegenden Buches besteht darin, was Menschen dazu befähigt, überhaupt einen Interpretationsprozeß zu vollziehen, d. h. diejenige Art von Verstehen, die Dilthey und andere als wesentlich dafür ansahen, interpretierende Sozialwissenschaft zu betreiben (z. B. in der Lage zu sein, sich mit den Gedanken und Gefühlen von Menschen eines anderen Zeitalters zu identifizieren).[2] Dieser Prozeß ist jedoch Gegenstand einer naturalistischen (aber nicht reduktionistischen) Untersuchung. Unsere Frage lautet, wie sich Verstehen als kognitive Fähigkeit während der Vorgeschichte und der Geschichte des Menschen zu einer wichtigen Dimension des menschlichen Denkens entwikkelte und wie sich diese Fähigkeit heute während der Ontogenese in einer Generation von Kindern nach der anderen entwikkelt. Ob das eine naturwissenschaftliche oder eine geisteswissenschaftliche Untersuchung ist, weiß ich nicht.

Die zweite wichtige Dichotomie ist weniger methodologisch, sondern von substantiellerer Natur. Es ist die Unterscheidung des Soziologen Ferdinand Tönnies zwischen Gemeinschaft und Gesellschaft.[3] Diese Unterscheidung ist für das vorliegende Buch

2 Dilthey, 1990.
3 Tönnies, 1935.

deshalb von Bedeutung, weil das im Titel genannte Wort »kulturell« eine systematische Doppeldeutigkeit aufweist. Einerseits läßt es sich mehr im Sinne von Gesellschaft interpretieren. Wenn wir beispielsweise in unserer Umgangssprache von französischer Kultur sprechen, meinen wir oft solche Dinge wie französische Kunst, Literatur, Musik etc. Diese Dinge würde Tönnies zur Gesellschaft gerechnet haben, da sie Teil des öffentlichen Lebens und der öffentlichen Kultur sind und oft eine kommerzielle Dimension haben. Sie stellen keinen notwendigen Bestandteil des menschlichen Soziallebens dar, sondern entwickelten sich ziemlich spät in der Evolution des Menschen. Kinder fangen erst an, diese Dinge zu verstehen und an ihnen teilzuhaben, wenn sie schon relativ alt sind. Andererseits läßt sich der Ausdruck »kulturell« im Titel des Buches mehr im Sinne von Gemeinschaft deuten – in der Tat ist er so gemeint –, d. h. im Sinne des Zusammenlebens und gegenseitigen Verstehens (und Mißverstehens), was die Grundlage allen menschlichen Soziallebens ausmacht. Gemeinschaft entstand vermutlich schon früh in der Evolution von *Homo sapiens sapiens*, und sie bildet einen Teil des gegenwärtigen menschlichen Lebens vom Säuglingsalter an.

Unsere These ist gewiß nicht, daß die Gesellschaft für grundlegende Aspekte menschlicher Kognition verantwortlich ist, obwohl sie wahrscheinlich für einige der komplexeren Aspekte Verantwortung trägt, die in manchen Gesellschaften nach der Agrarrevolution vor etwa 10 000 Jahren auftraten (einschließlich des Auftauchens von Schreib-, Lese- und Rechenfertigkeiten). Unsere These ist vielmehr, daß die menschliche Kognition aufgrund der menschlichen Gemeinschaft so ist, wie sie ist, d. h. aufgrund jener besonderen Form soziokultureller Interaktion und Organisation (jener traditionellen Lebensweise), die sich bei keiner anderen Art auf diesem Planeten findet. Die menschliche Gemeinschaft stellte die adaptive Umgebung dar, in der sich die menschliche Kognition phylogenetisch entwickelte. Ohne diese Umgebung würde nach der vorliegenden Auffassung die menschliche Kognition mehr Ähnlichkeit mit der Kognition von Menschenaffen haben.

Die Praktiken von Wissenschaftlern bilden die Gemeinschaft

der Wissenschaft, und in der modernen Welt passen diese Praktiken nicht sauber in die Schubfächer unserer etablierten und akademischen Gesellschaft. Die meisten der wirklich innovativen intellektuellen Arbeiten sind heutzutage interdisziplinär, und zwar sowohl was die Fragen angeht als auch im Hinblick auf die verwendeten Methoden. Die Kulturinstitutionen, die die Wissenschaft unterstützen, sowie das öffentliche Verständnis von Wissenschaft müssen sich dieser neuen Wirklichkeit anpassen, wenn sie die Wissenschaft des 21. Jahrhunderts verstehen und an ihr teilhaben wollen.

Michael Tomasello *Leipzig, März 2002*

1
Ein Rätsel und eine Vermutung

Die großen Errungenschaften des Geistes übersteigen sämtlich die Kräfte einzelner Individuen.
Charles Sanders Peirce

Irgendwo in Afrika wurde vor etwa sechs Millionen Jahren eine Population von Menschenaffen durch ein unscheinbares Evolutionsereignis von ihren Artgenossen reproduktiv isoliert. Diese neue Gruppe entwickelte sich fort und teilte sich in weitere Gruppen auf, so daß schließlich verschiedene Arten eines zweibeinigen Affen der Gattung *Australopithecus* entstanden. Alle bis auf eine dieser neuen Arten starben dann aus. Diese eine Art überlebte bis vor zwei Millionen Jahren und hatte sich in der Zwischenzeit so sehr verändert, daß sie nicht nur nach einer neuen Art-, sondern auch nach einer neuen Gattungsbezeichnung verlangte, nämlich *Homo*. Im Vergleich mit seinen australopithezinen Vorfahren, die etwa 1,20 m groß waren, Gehirne mit einer anderen Affen vergleichbaren Größe hatten und keine Steinwerkzeuge herstellten, war *Homo* größer, hatte ein größeres Gehirn und machte Werkzeuge aus Stein. Schon bald begann *Homo* seine weite Reise über den Globus anzutreten, obwohl es keinem seiner frühen Raubzüge von Afrika aus gelang, Populationen zu etablieren, die dauerhaft überlebten.

Vor ungefähr 200000 Jahren und noch immer in Afrika schlug dann eine Population von *Homo* eine neue und andere Entwicklungslinie ein. Diese Population begründete zunächst eine neue Lebensweise in Afrika selbst und breitete sich dann über die ganze Welt aus, wobei sie alle anderen Populationen von *Homo* verdrängte und Nachkommen hinterließ, die heute als *Homo sapiens* bekannt sind (vgl. Abbildung 1.1). Die Angehörigen dieser neuen Art hatten verschiedene neue Körpereigenschaften, darunter etwas größere Gehirne. Aber am auffälligsten waren ihre neuen kognitiven Fertigkeiten und die Gegenstände, die sie herstellten:

• Sie begannen mit der Herstellung einer Vielzahl neuer Steinwerkzeuge, die jeweils besonderen Zwecken angepaßt wurden, wobei jede Population dieser Art ihre eigene »Industrie« des Werkzeuggebrauchs schuf – mit dem Ergebnis, daß einige Populationen schließlich so etwas wie computergesteuerte Produktionsprozesse erfanden.
• Sie begannen mit der Verwendung von Symbolen zur Kommunikation und zur Strukturierung ihres Soziallebens, unter denen sich nicht nur

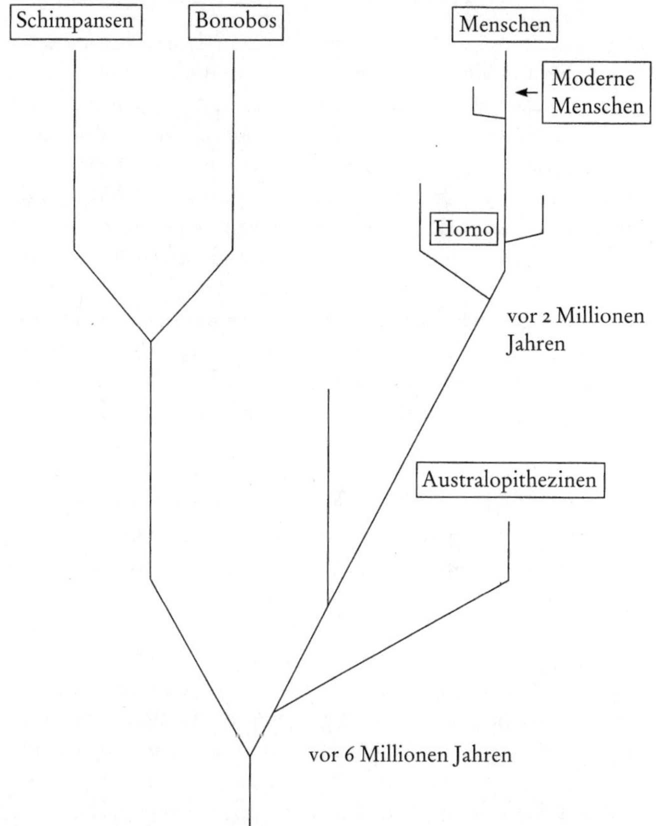

Abbildung 1.1 Eine vereinfachte Darstellung des zeitlichen Maßstabs menschlicher Evolution.

sprachliche, sondern auch künstlerische Symbole in Form von Steingravuren und Höhlenzeichnungen fanden – was schließlich darin mündete, daß einige Populationen Schrift, Geld, mathematische Notationen und Kunst erfanden.

- Sie gründeten neue Arten gesellschaftlicher Praktiken und Organisationen, die alles mögliche – von der zeremoniellen Bestattung der Toten bis zur Domestizierung von Pflanzen und Tieren – umfaßten, so daß einige Populationen schließlich formalisierte Institutionen der Religion, der Regierung, des Erziehungswesens und des Handels schufen.

Das Grundrätsel besteht nun in folgendem: Die sechs Millionen Jahre, die uns Menschen von anderen Menschenaffen trennen, sind, evolutionär betrachtet, eine sehr kurze Zeitspanne, vor allem im Hinblick darauf, daß der moderne Mensch mit dem Schimpansen ungefähr 99 Prozent des genetischen Materials teilt. Es handelt sich dabei um denselben Grad von Verwandtschaft wie zwischen anderen eng verwandten Gattungen, z. B. zwischen Löwen und Tigern, Pferden und Zebras oder Ratten und Mäusen.[1] Unser Problem ist also ein zeitliches. Es stand einfach nicht genügend Zeit für normale biologische Evolutionsprozesse, wie genetische Variation und natürliche Selektion, zur Verfügung, um Schritt für Schritt jede der kognitiven Fertigkeiten zu erzeugen, die es modernen Menschen ermöglichen, komplexe Werkzeuggebräuche und Technologien, komplexe Formen der Kommunikation und Repräsentation durch Symbole und komplexe gesellschaftliche Organisationen und Institutionen zu erfinden und aufrechtzuerhalten. Dieses Rätsel wird nur noch geheimnisvoller, wenn wir gegenwärtige Forschungsergebnisse aus der Paläoanthropologie ernst nehmen, aus denen hervorgeht, daß (a) die Entwicklungslinie des Menschen außer in den letzten zwei Millionen Jahren keine weiteren als nur die für Menschenaffen typischen Fertigkeiten aufweist, und (b) die ersten dramatischen Anzeichen für einzigartige kognitive Fertigkeiten erst in den letzten 250000 Jahren mit dem modernen *Homo sapiens* auftreten.[2]

Dieses Rätsel hat nur eine einzige mögliche Lösung. Das heißt,

1 King und Wilson, 1975.

2 Foley und Lahr, 1977; Klein, 1989; Stringer und McKie, 1996.

es gibt nur einen einzigen bekannten, biologischen Mechanismus, der diese Veränderungen im Verhalten und der Kognition in so kurzer Zeit hervorbringen könnte, ob man diese Zeit nun mit sechs Millionen, zwei Millionen oder 250000 Jahren veranschlagt. Dieser biologische Mechanismus besteht in der sozialen oder kulturellen Weitergabe, die auf einer um viele Größenordnungen schnelleren Zeitskala operiert als die Prozesse der organischen Evolution. Im allgemeinen ist die kulturelle Weitergabe ein beinahe gewöhnlicher Evolutionsprozeß, der einzelnen Organismen hilft, viel Zeit und Mühe und vor allem Risiken einzusparen, indem sie das bereits vorhandene Wissen und die Fertigkeiten ihrer Artgenossen nutzen. Kulturelle Weitergabe beinhaltet solche Dinge wie, daß flügge gewordene Vögel den arttypischen Gesang ihrer Eltern imitieren, Rattenjunge nur diejenige Nahrung fressen, die ihre Mütter fressen, Ameisen dadurch Nahrung lokalisieren, daß sie den Pheromonspuren ihrer Artgenossen folgen, junge Schimpansen den Gebrauch von Werkzeugen von den sie umgebenden Erwachsenen lernen und Menschenkinder die sprachlichen Konventionen von anderen in ihren jeweiligen sozialen Gruppen erwerben.[3] Trotz der Tatsache, daß sich alle diese Prozesse unter die allgemeine Rubrik kultureller Weitergabe subsumieren lassen, sind doch die genauen Mechanismen des Verhaltens und der Kognition, die in den einzelnen Fällen beteiligt sind, zahlreich und verschiedenartig. Sie beinhalten alles Mögliche vom Auslösen starrer Verhaltensmuster der Nachkommen durch die Eltern bis zur Weitergabe von Fertigkeiten durch Imitationslernen und Unterricht – was die Möglichkeit signifikanter Unterarten von Prozessen kultureller Weitergabe plausibel macht.[4] Eine naheliegende Vermutung ist demnach, daß der erstaunliche Satz kognitiver Fertigkeiten und Produkte, den man beim modernen Menschen findet, das Ergebnis einer einzigartigen Weise kultureller Weitergabe ist.

Es gibt überwältigende Belege dafür, daß Menschen tatsächlich einzigartige Formen kultureller Weitergabe benutzen. Insbesondere verändern sich die menschlichen kulturellen Tradi-

3 Mundinger, 1980; Heyes und Galef, 1996.

4 Tomasello, 1990; 1994.

tionen und Artefakte über die Zeit in einer Weise, die man bei anderen Tierarten nicht antrifft – die sogenannte kumulative kulturelle Evolution. Im Grunde wurden keine der komplexesten Artefakte oder sozialen Praktiken des Menschen, einschließlich der Werkzeugherstellung, der symbolischen Kommunikation und der sozialen Institutionen, ein für allemal zu einem einzigen Zeitpunkt von einem einzelnen oder einer Gruppe von Individuen erfunden. Vielmehr war es so, daß ein Individuum oder eine Gruppe zunächst eine primitive Version des jeweiligen Artefakts oder der betreffenden Praxis erfand und spätere Benutzer eine Veränderung oder »Verbesserung« einführten, die dann von anderen manchmal unverändert viele Generationen lang übernommen wurde. Dieser Prozeß, der manchmal »Wagenhebereffekt« (ratchet effect) genannt wird, setzte sich über einen historischen Zeitraum fort.[5] Der Vorgang kumulativer kultureller Evolution erfordert nicht nur Erfindungsgabe, sondern auch und ebenso sehr zuverlässige soziale Weitergabe, die ähnlich wie ein Wagenheber das Zurückfallen verhindern kann, so daß das gerade erst erfundene Artefakt oder die soziale Praktik die neue und verbesserte Form einigermaßen zuverlässig beibehält, bevor eine weitere Modifikation oder Verbesserung hinzukommt. Es überrascht vielleicht, aber bei vielen Tierarten ist es nicht die Komponente der Erfindung, sondern die stabilisierende »Wagenheberkomponente«, deren Fehlen eine Fortentwicklung verhindert. So bringen nichtmenschliche Primaten zwar regelmäßig intelligente Verhaltensneuerungen hervor, aber die anderen Gruppenmitglieder durchlaufen dann nicht diejenigen Arten sozialer Lernprozesse, die über die Zeit hinweg den kulturellen Wagenhebereffekt realisieren würden.[6]

Die grundlegende Tatsache besteht also darin, daß Menschen die Fähigkeit besitzen, ihre kognitiven Ressourcen in einer Weise zu bündeln, die anderen Tierarten abgeht. Dementsprechend haben Tomasello, Kruger und Ratner (1993) das menschliche kulturelle Lernen von weiter verbreiteten Formen des sozialen Lernens unterschieden und drei Grundtypen identifiziert: Imita-

5 Tomasello, Kruger und Ratner, 1993.

6 Kummer und Goodall, 1985.

tionslernen, Lernen durch Unterricht und Lernen durch Zusammenarbeit. Diese drei Typen kulturellen Lernens werden durch eine einzige besondere Form sozialer Kognition ermöglicht, nämlich durch die Fähigkeit einzelner Organismen, ihre Artgenossen als *ihnen ähnliche* Wesen zu verstehen, die ein intentionales und geistiges Leben haben wie sie selbst. Dieses Verständnis ermöglicht es ihnen, sich in die geistige Welt einer anderen Person hineinzuversetzen, so daß sie nicht nur *vom* anderen, sondern auch *durch* den anderen lernen können. Diese Auffassung anderer als intentionale Wesen, die einem selbst ähnlich sind, ist entscheidend für das kulturelle Lernen des Menschen, weil kulturelle Artefakte und soziale Praktiken, deren prototypische Beispiele im Werkzeuggebrauch und in sprachlichen Symbolen bestehen, stets über sich hinaus auf andere Entitäten verweisen: Werkzeuge weisen auf die Probleme hin, die sie lösen sollen, und sprachliche Symbole verweisen auf die kommunikativen Situationen, die sie repräsentieren sollen. Um den konventionellen Gebrauch eines Werkzeugs oder Symbols von anderen zu erlernen, müssen Kinder daher zu einem Verständnis dessen gelangen, wozu, d. h. zu welchem äußeren Zweck, der andere das Werkzeug oder Symbol verwendet; das bedeutet, sie müssen die intentionale Bedeutung des Werkzeuggebrauchs oder der symbolischen Praxis verstehen lernen, wozu sie »gut« ist, was »wir«, die Benutzer dieses Werkzeugs oder Symbols, damit tun.

Kulturelle Lernprozesse sind besonders wirksame Formen des sozialen Lernens, weil sie sowohl (a) besonders zuverlässige Formen der kulturellen Weitergabe darstellen (indem sie einen besonders effizienten kulturellen »Wagenheber« schaffen) als auch (b) besonders wirkungsvolle Formen sozialer Kreativität und von Erfindungsreichtum sind. Es handelt sich um Prozesse der Soziogenese, durch welche mehrere Individuen etwas zusammen hervorbringen, was kein Individuum hätte alleine schaffen können. Diese besondere Wirksamkeit beruht unmittelbar auf folgender Tatsache: Wenn ein Mensch etwas »durch« einen anderen lernt, identifiziert er sich mit diesem anderen und seinen intentionalen und geistigen Zuständen. Trotz verschiedener Beobachtungen, die nahelegen, daß manche nichtmenschliche Primaten manchmal in der Lage sind, ihre Artgenossen als intentionale Akteure zu verstehen und von ihnen auf Weisen zu lernen, die an bestimmte Formen kulturellen Lernens erinnern, spricht die überwältigende Mehrzahl empirischer Belege dafür, daß nur Menschen ihre Artgenossen als intentionale Akteure wie sich selbst verstehen, und somit nur Menschen kulturelle Lernprozesse vollziehen (vgl. Kapitel 2).[7] In diesem Zusammenhang ist auch darauf hinzuweisen, daß es ein ganz bestimmtes und biologisch begründetes Syndrom in der menschlichen Ontogenese gibt, nämlich den Autismus, bei dem die besonders stark betroffenen Personen weder in der Lage sind, andere Menschen als intentional-geistige Akteure wie sich selbst zu verstehen, noch die Fähigkeit zu arttypischem kulturellen Lernen haben.[8]

Die vollständige Reihe angenommener Evolutionsereignisse sieht folgendermaßen aus: Menschen entwickelten eine neue Form sozialer Kognition, die bestimmte neue Formen kulturellen Lernens ermöglichte, wodurch bestimmte neue Prozesse der Soziogenese und eine kumulative kulturelle Evolution möglich wurden. Ein solches Szenario löst unser Problem des knappen Zeitraums, weil es nur eine einzige biologische Anpassung erfordert, die zu jeder Zeit während der Evolution des Menschen, d.h. auch in jüngster Zeit, auftreten konnte. Die kulturellen Prozesse, die diese eine Anpassung in Gang setzte, brachten neue kognitive Fertigkeiten nicht aus dem Nichts hervor, sondern gründeten vielmehr auf den bestehenden individuellen kognitiven Fertigkeiten, wie z.B. auf solchen, die die meisten Primaten für die Orientierung im Raum und den Umgang mit Gegenständen, Werkzeugen, Quantitäten, Kategorien, sozialen Beziehungen, Kommunikation und sozialem Lernen besitzen, und transformierten sie in neue, kulturell basierte kognitive Fertigkeiten mit einer sozial-kollektiven Dimension. Diese Transformationen fanden nicht in einem evolutionären, sondern in einem historischen Zeitrahmen statt, in dem sich über einige tausend Jahre hinweg viele Veränderungen vollziehen können.

7 Tomasello, 1996b; 1998; Tomasello und Call, 1997.

8 Hobson, 1993; Baron-Cohen, 1993; Sigman und Capps, 1997; Carpenter und Tomasello, 2000.

Die kumulative kulturelle Evolution erklärt also viele der beeindruckendsten kognitiven Errungenschaften des Menschen. Um jedoch die Rolle der kulturell-historischen Prozesse für die Herausbildung moderner menschlicher Kognition völlig zu verstehen, müssen wir berücksichtigen, was während der Ontogenese des Menschen geschieht. Von besonders großer Bedeutung ist die Tatsache, daß die kumulative kulturelle Evolution den Vollzug der kognitiven Ontogenese des Menschen in einer Umgebung immer neuer Artefakte und sozialer Praktiken gewährleistet, die in jedem Zeitabschnitt das gesamte kollektive Wissen der ganzen sozialen Gruppe über ihre Kulturgeschichte hinweg ausmachen. Ab einem Alter von etwa neun Monaten sind Kinder in der Lage, voll an diesem kognitiven Kollektiv zu partizipieren, wenn sie die ersten Versuche unternehmen, ihre Aufmerksamkeit gemeinsam mit ihren Artgenossen auf etwas Bestimmtes zu lenken und von diesen durch Imitation zu lernen (vgl. Kapitel 3). Diese neu auftretenden Tätigkeiten der gemeinsamen Aufmerksamkeitslenkung sind nichts anderes als die ontogenetische Manifestation der einzigartigen sozio-kognitiven Anpassung des Menschen für die Identifikation mit anderen, wodurch diese als intentionale Akteure wie das eigene Selbst verstanden werden. Die neuartige Verstehensleistung und die neuen Tätigkeiten bilden also die Grundlage für das ursprüngliche Eindringen der Kinder in die Welt der Kultur. Durch diesen Prozeß kann jedes Kind, das seine Artgenossen als intentionale und geistbegabte Wesen gleich ihm selbst auffaßt, d. h. jedes Kind, das einen sozio-kognitiven Schlüssel für die geschichtlich gereiften Errungenschaften seiner sozialen Gruppe besitzt, nun an dem Kollektiv der menschlichen Kognition teilhaben und folglich (wie Isaac Newton) sagen, daß es nur deshalb so weit sieht, weil es »auf den Schultern von Riesen« steht. Diese arttypische Situation können wir insbesondere mit folgenden beiden Abweichungen kontrastieren:

• Autistische Kinder, die inmitten von kumulativen kulturellen Errungenschaften aufwachsen, aber nicht in der Lage sind, das in ihnen verkörperte kollektive Wissen zu nutzen, weil sie aus biologischen Gründen nicht über die erforderlichen sozio-kognitiven Fertigkeiten verfügen; und

• ein imaginäres wildes Kind, das auf einer einsamen Insel mit normalem Gehirn, Körper und Sinnesorganen aufwächst, aber keinen Zugang zu Werkzeugen, anderen materiellen Artefakten, Sprache, graphischen Symbolen, Schrift, arabischen Zahlzeichen, Bildern oder Menschen hat, die es unterrichten könnten, deren Verhalten es beobachten und imitieren oder mit denen es kooperieren könnte.

Für das autistische Kind existieren kognitive Schultern, auf denen es jedoch nicht stehen kann, während für das imaginäre wilde Kind solche Schultern fehlen. In beiden Fällen ist das Ergebnis dasselbe bzw. würde es dasselbe sein, nämlich etwas anderes als die Herausbildung arttypischer kognitiver Fertigkeiten.

Das Aufwachsen in einer kulturellen Welt hat jedoch weitergehende kognitive Implikationen. In einer kulturellen Welt aufzuwachsen, von dem sozio-kognitiven Schlüssel Besitz zu ergreifen, der den Zugang zu dieser Welt ermöglicht, bringt die Bildung einzigartiger Formen kognitiver Repräsentation mit sich. In diesem Prozeß benutzen Kinder ihre kulturellen Fertigkeiten des Lernens dazu, sprachliche und andere kommunikative Symbole zu erwerben. Sprachliche Symbole sind besonders wichtige symbolische Artefakte für in der Entwicklung begriffene Kinder, weil sie die verschiedenen Weisen der Kategorisierung und Auffassung der Welt zum Zweck zwischenmenschlicher Kommunikation verkörpern, die frühere Generationen von Menschen nützlich fanden. In verschiedenen Kommunikationssituationen kann z. B. ein und dasselbe Objekt als Hund, Tier, Haustier oder als Plage aufgefaßt werden; ein und dasselbe Ereignis kann als laufen, sich bewegen, fliehen oder als überlebensdienliche Handlung verstanden werden; ein und derselbe Ort läßt sich als Küste, Ufer, Strand oder Sand auffassen, wobei jede solcher Auffassungen von den Kommunikationszielen des Sprechers abhängt. Wenn das Kind die sprachlichen Symbole seiner Kultur zu beherrschen lernt, erwirbt es dadurch die Fähigkeit, vielfältige Perspektiven auf ein und dieselbe Wahrnehmungssituation einzunehmen. Als perspektivenbasierte, kognitive Repräsentationen beruhen also sprachliche Symbole nicht auf der Registrierung unmittelbarer sensorischer oder motorischer Erfahrungen, wie es bei den kognitiven Repräsentationen anderer Tierarten oder bei Kleinkindern der Fall ist. Vielmehr gründen sie in den verschiedenen Kategorisierungen, die Individuen aus einer gewissen Anzahl von Möglichkeiten auswählen, welche durch die anderen verfügbaren sprachlichen Symbole verkörpert sind, die sie ebenfalls wählen könnten. Sprachliche Symbole befreien somit die menschliche Kognition von der unmittelbaren Wahrnehmungssituation nicht einfach dadurch, daß sie eine Bezugnahme auf Dinge außerhalb dieser Situation ermöglichen (»Verschiebung«),[9] sondern vielmehr durch die Ermöglichung verschiedenartiger, gleichzeitiger Repräsentationen aller vorstellbaren Wahrnehmungssituationen.

Wenn Kinder später im Umgang mit ihrer Muttersprache erfahrener werden, eröffnen sich zusätzliche Möglichkeiten für die verschiedenartige Auffassung von Dingen. Natürliche Sprachen enthalten z. B. kognitive Ressourcen für die Einteilung der Welt in Ereignisse und Dinge, die an diesen beteiligt sind und die unterschiedliche Rollen in diesen Ereignissen spielen können, und für die Bildung abstrakter Kategorien von Ereignis- und Dingtypen. Darüber hinaus stellen natürliche Sprachen kognitive Ressourcen für die Auffassung ganzer Ereignisse und Situationen in Begriffen anderer Ereignisse und Situationen bereit, d. h. für die Bildung der verschiedenen Arten von Analogien und Metaphern, die für die Kognition des Erwachsenen von so großer Bedeutung sind, wie z. B. die Auffassung des Atoms als eines Sonnensystems, der Liebe als einer Reise oder des Zorns als Hitze (vgl. Kapitel 5).[10] Außerdem versetzen die wachsenden Fertigkeiten zu sprachlicher Kommunikation Kinder in die Lage, an komplexen Diskursinteraktionen teilzunehmen, in denen die explizit symbolisierten Perspektiven der Interagierenden aufeinanderstoßen und deshalb ausgehandelt und zu einem Entschluß gebracht werden mussen. Diese besonderen Arten der Interaktion können Kinder dazu veranlassen, mit der Konstruktion einer Theorie des Geistes ihrer Kommunikationspartner zu

9 Hockett, 1960.

10 Lakoff, 1987; Gentner und Markman, 1997.

beginnen. In manchen Sonderfällen pädagogischer Rede können sie die Anweisungen der Erwachsenen verinnerlichen und so beginnen, sich selbst zu steuern und auf ihr eigenes Denken zu reflektieren, was möglicherweise zu bestimmten Arten von Metakognition und repräsentationaler Neubeschreibung führt.[11] Die Verinnerlichung sprachlicher Interaktionen, an denen mehrere konfligierende Perspektiven beteiligt sind, kann sogar mit bestimmten Typen von spezifisch menschlichen, dialogischen Denkprozessen identifiziert werden.[12]

Im vorliegenden Buch, dessen Inhalt ich auf den letzten Seiten skizziert habe, versuche ich, bestimmte Details dieser Hauptargumentationslinie auszuführen. Meine spezifische Hypothese besteht darin, daß menschliche Kognition ihre arteigentümlichen Eigenschaften aufgrund folgender Faktoren aufweist:

- *Phylogenetisch*: Der moderne Mensch entwickelte die Fähigkeit, sich mit seinen Artgenossen zu »identifizieren«, was dazu führte, daß er sie als intentionale und geistbegabte Wesen wie sich selbst auffaßte.
- *Historisch*: Dadurch wurden neue Formen des kulturellen Lernens und der Soziogenese möglich, die kulturelle Artefakte und Verhaltenstraditionen hervorbrachten, in denen sich Veränderungen über eine historische Zeitspanne hinweg akkumulieren.
- *Ontogenetisch*: Kinder wachsen inmitten dieser sozial und historisch gebildeten Artefakte und Traditionen auf, was sie in die Lage versetzt, (a) von dem akkumulierten Wissen und den Fertigkeiten ihrer sozialen Gruppen zu profitieren; (b) perspektivenbasierte kognitive Repräsentationen durch sprachliche Symbole (und Analogien und Metaphern, die auf der Grundlage dieser Symbole konstruiert werden können) zu erwerben und zu nutzen; (c) bestimmte Typen von Diskursinteraktionen als Fertigkeiten zur Metakognition, repräsentationaler Neubeschreibung und dialogischem Denken zu verinnerlichen.

Ich möchte gleich zu Beginn betonen, daß sich mein Augenmerk nur auf diejenigen Aspekte menschlicher Kognition richtet, die für den Menschen einzigartig sind. Gewiß wird menschliche Kognition in großem Maß durch Faktoren bestimmt, die als Kapitelüberschriften in traditionellen Lehrbüchern der Kogni-

11 Karmiloff-Smith, 1992.

12 Vygotskij, 1992.

tionspsychologie erscheinen: Wahrnehmung, Gedächtnis, Aufmerksamkeit, Kategorisierung und so weiter. Aber das sind alles kognitive Prozesse, die Menschen mit anderen Primaten teilen.[13] Die Theorie, die ich hier vorstelle, setzt sie einfach voraus und richtet sich dann im Sinne Vygotskijs auf die verschiedenen Arten evolutionärer, historischer und ontogenetischer Prozesse, die diese grundlegenden Fertigkeiten in die besondere Art von Primatenkognition transformiert haben, die menschliche Kognition darstellt. Ich möchte ebenfalls betonen, daß ich die biologischen und historischen Prozesse, die an der Evolution menschlicher Kognition beteiligt sind, nur kurz und eher indirekt behandeln werde, und zwar hauptsächlich deshalb, weil die interessanten Ereignisse in der evolutionär und historisch weit zurückliegenden Vergangenheit stattfanden, und wir nur wenige Anhaltspunkte darüber haben (Kapitel 2). Andererseits werde ich ausführlicher auf die kognitive Ontogenese eingehen, über die wir durch jahrzehntelange Beobachtung und Experimente einiges in Erfahrung gebracht haben, und auf diejenigen Prozesse, mit denen Kinder sowohl ihr biologisches als auch ihr kulturelles Erbe aktiv nutzen (Kapitel 3-6).

Leider wird meine Argumentation im gegenwärtigen intellektuellen Klima von einigen Theoretikern als eine im wesentlichen genetische angesehen werden: Die für Menschen kennzeichnende sozio-kognitive Anpassungsleistung sei eine Art »Wundermittel«, die Menschen von anderen Primatenarten unterscheidet. Aber das ist ein Irrtum, der im Grunde den ganzen sozio-kulturellen Aufwand ignoriert, der von einzelnen und Gruppen sowohl innerhalb des historischen als auch innerhalb des ontogenetischen Zeitrahmens geleistet werden muß, damit die spezifischen kognitiven Fertigkeiten und Leistungen des Menschen zustande kommen. Vom historischen Standpunkt aus ist eine viertel Million Jahre eine sehr lange Zeit, in der auf kulturellem Gebiet vieles erreicht werden kann. Und jeder, der Erfahrung mit kleinen Kindern hat, weiß, wie viele Lernepisoden im Laufe einiger Jahre oder sogar in einigen Tagen oder Stunden

13 Tomasello und Call, 1997; Tomasello, 1998.

stattfinden können. Jede ernsthafte Erforschung menschlicher Kognition muß daher eine Darlegung dieser historischen und ontogenetischen Prozesse beinhalten, die zwar durch die biologische Anpassung des Menschen an eine besondere Art von sozialer Kognition ermöglicht, aber keineswegs dadurch determiniert werden. In der Tat besteht mein Hauptargument in diesem Buch darin, daß es diese Prozesse sind, und nicht direkt spezialisierte biologische Anpassungen, die die Hauptlast bei der Hervorbringung vieler, wenn nicht gar aller charakteristischen und wichtigsten kognitiven Leistungen und Prozesse der Spezies *Homo sapiens* tragen. Wenn wir diese Prozesse ernst nehmen, werden wir nicht nur in der Lage sein, die universalen Merkmale der spezifisch menschlichen Kognition zu erklären, wie z. B. das Herstellen und den Gebrauch von materiellen, symbolischen und institutionellen Artefakten, in denen sich Geschichte akkumuliert, sondern auch die Besonderheiten einzelner Kulturen, von denen jede ihrerseits durch dieselben historischen und ontogenetischen Prozesse eine Vielfalt kulturell spezifischer kognitiver Fertigkeiten und Leistungen während der letzten paar zehntausend Jahre entwickelt hat.

2
Biologische und kulturelle Vererbung

Es ist keineswegs ungewöhnlich, daß das Ergebnis eines bestimmten Prozesses zur weiteren Entwicklung dieses Prozesses beiträgt oder zu einem entscheidenden Faktor innerhalb seiner wird.

George Herbert Mead

Evolution durch natürliche Selektion ist die grundlegende Tatsache, von der die ganze organische Welt beherrscht wird. Ein Schlüsselelement in diesem Prozeß ist die biologische Vererbung, durch die ein Organismus den Grundbauplan seiner Vorfahren zusammen mit dessen Implikationen für die Funktionen der Wahrnehmung, Kognition und des Verhaltens erbt. Bei allen Säugetierarten, einschließlich aller Primatenarten, vollzieht sich jedoch die Ontogenese, durch die dieser Bauplan verwirklicht wird, während der Interaktion des Organismus mit seiner Umwelt. Die relativ lange Zeit der Unreife, in die diese Interaktion fällt, ist natürlich eine sehr riskante Strategie in der Geschichte des Lebens, da die Nachkommen während dieser Zeit im Hinblick auf Schutz und Nahrung völlig von einem oder beiden Elternteilen abhängig sind. Der kompensierende Vorteil einer langen Reifungsperiode liegt jedoch darin, daß dadurch Pfade der ontogenetischen Entwicklung ermöglicht werden, die typischerweise flexiblere Anpassungen der Kognition und des Verhaltens zum Ergebnis haben. Flexible Anpassungen der Kognition und des Verhaltens, die eng auf die lokale Umgebung abgestimmt sind, sind besonders nützlich für Organismen, die in unterschiedlichen Umweltnischen leben oder deren Umweltnischen sich relativ schnell verändern.[1]

Bei manchen Tierarten nimmt der sich entwickelnde Organismus nicht nur Informationen aus seiner physischen, sondern auch aus seiner sozialen Umwelt oder aus Teilen seiner physischen Umwelt auf, die von seinen Artgenossen bedeutend verän-

1 Bruner, 1972.

dert wurden. Wie weiter oben erwähnt, erwerben z. B. manche Vogelarten ihren arttypischen Gesang dadurch, daß sie den Gesang ihrer Eltern anhören, und manche Insekten haben die Fähigkeit, schon am ersten Lebenstag in ihrer Umgebung Nahrung zu finden, weil sie durch ihren Instinkt wissen, wie sie den Pheromonspuren ihrer Artgenossen folgen sollen.[2] Im weitesten Sinne wird dieser Vorgang, der kulturelle Traditionen begründet, kulturelle Weitergabe oder kulturelle Vererbung genannt. Dieser Terminus wird auch von vielen Evolutionsbiologen verwendet. Die jüngste Anerkennung der Bedeutung kultureller Weitergabe für viele Tierarten führte zur Entwicklung der Theorie der dualen Vererbung (dual inheritance theory), nach der die ausgereiften Phänotypen vieler Arten von der biologischen und kulturellen Erbschaft ihrer Vorfahren abhängen.[3]

Der Mensch ist selbstverständlich die paradigmatische Art für diese Theorie, da die normale menschliche Entwicklung entscheidend von biologischer und kultureller Vererbung abhängt. Meine spezifische These ist nun, daß im kognitiven Bereich die biologische Vererbung beim Menschen derjenigen bei anderen Primaten sehr ähnlich ist. Es gibt nur einen großen Unterschied und der besteht in der Tatsache, daß Menschen sich mit ihren Artgenossen tiefer »identifizieren« als andere Primaten. Diese Identifikation hat nichts Mysteriöses an sich, sondern ist einfach derjenige Vorgang, durch den das Kind versteht, daß andere Personen im Gegensatz zu unbelebten Gegenständen ihm ähnliche Wesen sind. Deshalb versucht es manchmal, die Dinge aus der Perspektive der anderen zu sehen. In einem Prozeß der frühen Ontogenese, der in späteren Kapiteln ausführlicher behandelt werden wird, beginnt das Kind, sich selbst als einen intentionalen Akteur zu erfahren, d. h. als ein Wesen, dessen Strategien der Aufmerksamkeit und des Verhaltens aufgrund von Zielen organisiert sind, und es versteht andere Wesen, mit denen es sich identifiziert, automatisch auf dieselbe Weise. In späteren Phasen der Ontogenese fängt das Kind an, sich als geistbegabten Akteur zu erleben, d. h. als ein Wesen mit Gedanken und Überzeugungen,

2 Mundinger, 1980; Heyes und Galf, 1996.

3 Boyd und Richerson, 1985; Durham, 1991.

die von denen anderer Menschen und von der Wirklichkeit abweichen können. Von dieser Zeit an wird das Kind seine Artgenossen ebenfalls als geistbegabt verstehen. Aus Darstellungsgründen nenne ich diesen Vorgang im allgemeinen »das Verstehen der anderen als intentionale (oder geistbegabte) Akteure (die einem selbst ähnlich sind)«.

Dieser eine kognitive Unterschied hat viele Folgeeffekte, denn er ermöglicht bestimmte neue Formen kultureller Vererbung mit einzigartiger Wirkung. Das Verstehen anderer Personen als intentionale Akteure ermöglicht sowohl (a) Prozesse der Soziogenese, in denen mehrere Individuen gemeinsam kulturelle Artefakte und Praktiken hervorbringen, als auch (b) Prozesse des kulturellen Lernens und der Internalisierung, in denen die sich entwickelnden Individuen lernen, wie bestimmte Aspekte der durch Zusammenarbeit ihrer Artgenossen entstandenen Erzeugnisse verwendet, und in denen diese Aspekte verinnerlicht werden. Das bedeutet, daß die meisten, wenn nicht gar alle artspezifischen kognitiven Fähigkeiten des Menschen keine direkte Folge der biologischen Vererbung sind, sondern vielmehr aus einer Vielfalt historischer und ontogenetischer Prozesse hervorgehen, die von der spezifisch menschlichen, biologisch vererbten kognitiven Fähigkeit in Gang gesetzt werden.

Biologische Vererbung

Menschen sind Primaten. Sie haben im Grunde dieselben Sinnesorgane und denselben Grundbauplan für Körper und Gehirn wie alle anderen Primaten. Wenn wir die evolutionären Grundlagen menschlicher Kognition charakterisieren wollen, müssen wir daher von Primaten im allgemeinen ausgehen. Im gegenwärtigen Zusammenhang stellen sich zwei Fragen von zentraler Bedeutung: (a) Wie unterscheidet sich die Kognition von Primaten von der anderer Säugetiere? (b) Wie unterscheidet sich die Kognition des Menschen von der anderer Primaten? Meine Antworten auf diese beiden Fragen werden auf den Untersuchungen von Tomasello und Call beruhen, die detailliertere Analysen der relevanten empirischen Studien, theoretische Argumente sowie vollständigere Literaturangaben enthalten.[4] Es muß jedoch von Anfang an eingeräumt werden, daß andere Antworten auf diese Fragen möglich sind.[5]

Kognition bei Säugetieren und Primaten

Alle Säugetiere leben in grundsätzlich derselben sensu-motorischen Welt dauernder Gegenstände, die in einem Repräsentationsraum angeordnet werden; Primaten, Menschen eingeschlossen, verfügen in dieser Hinsicht über keine besonderen Fertigkeiten. Außerdem repräsentieren viele Säugetierarten und nahezu alle Primaten auch kategoriale und quantitative Beziehungen zwischen Gegenständen. Diese kognitiven Fertigkeiten werden durch ihre Fähigkeit belegt, unter anderem folgende Dinge zu tun:

- sich zu merken, »was« sich »wo« in ihrer lokalen Umgebung befindet, z. B. welche Früchte (zu welchen Zeiten) an welchen Bäumen wachsen;
- neue Umwege und Abkürzungen bei ihrer Bewegung durch den Raum zu nehmen;
- die sichtbaren und unsichtbaren Bewegungen von Gegenständen zu verfolgen (d. h. streng kontrollierte Tests für Objektpermanenz im Sinne Piagets zu bestehen – manchmal sogar bis zur Stufe 6);
- Gegenstände anhand wahrgenommener Ähnlichkeiten zu kategorisieren;
- kleine Mengen von Gegenständen zu verstehen und zu vergleichen;
- Probleme durch Einsicht zu lösen.

Viele Beobachtungen sprechen dafür, daß Säugetiere diese Fertigkeiten nicht durch eine behavioristische Verknüpfung von Reizen und Reaktionen erwerben oder durch eine einfache Art mechanischer Erinnerung, sondern daß sie tatsächlich Räume und Gegenstände (und Kategorien und Quantitäten von Gegenständen) verstehen und kognitiv repräsentieren lernen, und zwar so, daß produktives Schlußfolgern und einsichtsvolles Problemlösen ermöglicht wird.

4 Tomasello und Call, 1997.

5 Siehe z. B. Byrne, 1995, im Hinblick auf abweichende Ansichten.

Ebenso leben alle Säugetiere in grundsätzlich derselben sozialen Welt von einzeln anerkannten Artgenossen und vertikalen (Dominanz) und horizontalen (Verwandtschaft) Beziehungen, und sie besitzen die Fähigkeit, das Verhalten von Artgenossen in vielen Situationen aufgrund einer Vielzahl von Hinweisen und Einsichten vorherzusagen. Diese kognitiven Fertigkeiten werden z. B. durch folgende Fähigkeiten belegt:

- Individuen in ihren sozialen Gruppen zu erkennen;
- direkte Beziehungen mit anderen Individuen aufgrund von Verwandtschaft, Freundschaft und dem Rang in der Dominanzhierarchie einzugehen;
- das Verhalten von Individuen anhand ihres emotionalen Zustands und ihrer Bewegungsrichtung vorherzusagen;
- verschiedene Typen sozialer und kommunikativer Strategien zu verwenden, um Gruppenmitglieder im Hinblick auf begehrte Ressourcen auszustechen;
- mit Artgenossen bei Problemlöseaufgaben und bei der Bildung sozialer Koalitionen und Allianzen zu kooperieren;
- sich auf verschiedene Formen sozialen Lernens einzulassen, in denen sie wichtige Dinge von ihren Artgenossen lernen.

Wieder spricht vieles dafür, daß Säugetierindividuen in sozialer Hinsicht nicht blind handeln, sondern vielmehr wirklich verstehen und repräsentieren, was sie tun, wenn sie mit anderen Gruppenangehörigen auf diese komplexen Weisen interagieren.

Es gibt jedoch eine Ausnahme von dieser durchgehenden kognitiven Ähnlichkeit unter Säugetieren, und diese Ausnahme betrifft das Verstehen der Primaten von relationalen Kategorien, was sich sowohl im sozialen als auch im physischen Bereich zeigt. Was den sozialen Bereich angeht, so haben nur Primaten, aber keine anderen Säugetiere, ein Verständnis von sozialen Beziehungen Dritter, also von Beziehungen, die zwischen anderen Individuen bestehen; beispielsweise verstehen sie die Verwandtschafts- und Dominanzbeziehungen, die andere Individuen untereinander haben. So sind Primaten selektiv bei ihrer Wahl von Koalitionspartnern und wählen z. B. ein solches Individuum als Verbündeten aus, das im Hinblick auf ihren potentiellen Gegner dominant ist, wodurch sie ihr Verständnis des relativen Dominanzrangs der beiden Individuen zu erkennen geben. Ebenso suchen sie für erlittene Angriffe nicht nur beim Angreifer nach Vergeltung, sondern in manchen Fällen auch bei den Verwandten des Angreifers. In diesem Fall bringen sie ein Verständnis von Verwandtschaftsbeziehungen zwischen Dritten zum Ausdruck. Es gibt sogar Belege dafür, daß Primaten ganze Kategorien sozialer Beziehungen zwischen Dritten verstehen, z. B. verschiedene Instanzen der »Mutter-Kind«-Beziehung.[6] Andere Säugetiere weisen dagegen kein solches Verständnis auf.[7] Die Annahme ist also, daß, obwohl alle Säugetiere Individuen erkennen und Beziehungen mit ihnen eingehen, nur Primaten externe soziale Beziehungen verstehen, an denen sie nicht unmittelbar teilhaben.

Bezogen auf den physischen Bereich sind Primaten im Vergleich zu anderen Säugetieren besonders geschickt im Umgang mit relationalen Kategorien. Beispielsweise sind sie ziemlich gewandt bei Aufgaben, bei denen sie aus einer Menge dasjenige Paar von Gegenständen auswählen sollen, dessen Elemente dasselbe Verhältnis zueinander haben wie die Elemente eines Kontrollpaars (z. B. wenn die Elemente des ausgewählten Paars einander genau gleichen).[8] Interessanterweise brauchen jedoch Primaten viele hundert, manchmal sogar mehrere tausend Versuche, um diese Aufgaben erfolgreich zu lösen, was in bemerkenswertem Kontrast zu ihrem scheinbar mühelosen Verstehen von sozialen Beziehungen zwischen Dritten steht, welches ebenfalls ein Verständnis relationaler Kategorien erfordert. Wenn man Humphreys[9] allgemeiner Argumentationslinie folgt, würde eine mögliche Hypothese lauten, daß Primaten die Fähigkeit des Verstehens von sozialen Beziehungen zwischen Dritten ausgebildet haben und daß wir im Labor bei der Verwendung von physischen anstelle von sozialen Objekten manchmal diese Fertigkeit ansprechen, wenn die Individuen lange genug trainiert worden sind. Es ist in der Tat schwierig, sich spezifische Probleme im physischen Bereich vorzustellen, bei denen das Verständnis rela-

6 Dasser, 1988a; 1988b.

7 Tomasello und Call, 1997.

8 Thomas, 1986.

9 Humphrey, 1976.

tionaler Kategorien von unmittelbarem Nutzen sein könnte, während es im sozialen Bereich viele Arten von Situationen gibt, bei denen das Verstehen von Beziehungen zwischen Dritten für ein effektives soziales Handeln unmittelbar hilfreich ist.

Das Verstehen relationaler Kategorien im allgemeinen ist also die wichtigste Fertigkeit, die die Kognition der Primaten von der Kognition anderer Säugetiere unterscheidet. Diese Hypothese ist im gegenwärtigen Zusammenhang deshalb von Bedeutung, weil das Verstehen relationaler Kategorien ein möglicher evolutionärer Vorläufer, eine Art Zwischenstation, der spezifisch menschlichen, kognitiven Fähigkeit ist, die intentionalen Beziehungen zu verstehen, die Lebewesen zur äußeren Welt haben, und die kausalen Beziehungen zu begreifen, in denen unbelebte Gegenstände und Ereignisse untereinander stehen.

Das menschliche Verstehen von Intentionalität und Kausalität

Es wird gemeinhin angenommen, daß nichtmenschliche Primaten ein Verständnis der Intentionalität ihrer Artgenossen und der Kausalität unbelebter Dinge und Ereignisse haben. Ich teile diese Ansicht nicht und habe für diese negative Folgerung ausführlich argumentiert und Belege dafür diskutiert.[10] Es muß jedoch immer wieder betont werden, daß meine negative Schlußfolgerung bezüglich nichtmenschlicher Primatenkognition ganz spezifisch und begrenzt ist. Nichtmenschliche Primaten haben zweifellos ein Verständnis aller möglichen komplexen physischen und sozialen Ereignisse, sie besitzen und verwenden Begriffe und kognitive Repräsentationen, sie unterscheiden deutlich zwischen belebten und unbelebten Gegenständen, und sie setzen komplexe und einsichtsvolle Problemlösungsstrategien bei ihrer Interaktion mit ihrer Umwelt ein (vgl. Anm. 10). Nur betrachten sie die Welt nicht in Begriffen mittelbarer und oftmals verborgener »Kräfte«, zugrundeliegender Ursachen und intentionaler bzw.

10 Tomasello, 1990; 1994; 1996b; Tomasello, Kruger und Ratner, 1993; Tomasello und Call, 1994; 1997.

geistiger Zustände, die für das menschliche Denken so wichtig sind. Kurz gesagt: Nichtmenschliche Primaten sind zwar selbst intentionale und kausale Wesen, aber sie verstehen die Welt nicht in intentionalen und kausalen Begriffen.

Auf sozialem Gebiet stammen die Belege bezüglich des Verstehens der Intentionalität bzw. des Geistes anderer Lebewesen bei nichtmenschlichen Primaten sowohl aus experimentellen als auch aus Felduntersuchungen. Zuerst ließen Premack und Woodruff[11] die Schimpansin Sarah Bilder auswählen, die damit Videosequenzen intentionaler Handlungen von Menschen ergänzen sollte (beispielsweise sollte sie das Bild eines Schlüssels auswählen, wenn der Mensch auf dem Video versuchte, eine verschlossene Tür zu öffnen). Ihr Erfolg bei dieser Aufgabe legte den Schluß nahe, daß sie das Ziel des Menschen bei den dargestellten Handlungen kannte. Savage-Rumbaugh, Rumbaugh und Boysen[12] kamen jedoch zu ähnlichen Ergebnissen, indem sie einfache Assoziationspaare als Reize verwendeten. Ihre Affen wählten z. B. ebenfalls das Bild eines Schlüssels, wenn ihnen das Bild eines Schlosses gezeigt wurde, ohne daß es dabei um eine menschliche Handlung ging. Dieses Resultat weist auf die Möglichkeit hin, daß Sarahs Verhalten in kognitiver Hinsicht etwas viel Einfacheres war. (Premack[13] berichtete später, daß er in einer Folgestudie Sarah nicht beibringen konnte, zwischen Videos von Menschen zu unterscheiden, die sich einmal intentional und ein andermal nichtintentional verhielten. Povinelli et al.[14] berichten über ähnliche negative Befunde, während die Ergebnisse von Call und Tomasello[15] uneindeutig sind.) Die zweite wichtige experimentelle Untersuchung wurde von Povinelli, Nelson und Boysen[16] durchgeführt, die herausfanden, daß Schimpansen es vorzogen, eine Person um Futter zu bitten, die gesehen hatte, wie dieses Futter versteckt wurde, im Gegensatz zu jemandem,

11 Premack und Woodruff, 1978.

12 Savage-Rumbaugh, Rumbaugh und Boysen, 1978.

13 Premack, 1986.

14 Povinelli et al., 1998.

15 Call und Tomasello, 1998.

16 Povinelli, Nelson und Boysen, 1990.

der das nicht gesehen hatte. Die Folgerung war hier, daß sie eine »wissende« von einer »unwissenden« Person unterscheiden können. In diesem Fall besteht das Problem darin, daß die Affen diese Unterscheidung nur über viele Versuchsdurchgänge lernten und nach jedem Versuch eine Fehlerrückmeldung bekamen.[17] Dasselbe Problem stellt sich für eine Untersuchung von Woodruff und Premack,[18] bei der Schimpansen nach vielen Durchgängen mit Rückmeldung lernten, Menschen zu einem Behälter ohne Futter zu führen, so daß sie selbst den Behälter mit dem Futter bekommen konnten (Täuschung). Das Problem ist also, daß die Schimpansen in diesen Untersuchungen kein Wissen über die Intentionalität oder den Geist der anderen einsetzten, sondern vielmehr lernten, wie sie sich verhalten müssen, um im Verlauf der Untersuchung das zu bekommen, was sie wollten. In einer Studie, bei der Lernen während des Experiments nahezu völlig ausgeschlossen war, fanden Call und Tomasello,[19] daß Schimpansen kein Verständnis der falschen Überzeugungen anderer zeigten.

Da alle diese Experimente in verschiedener Hinsicht künstlich sind, haben sich andere Forscher dem natürlichen Verhalten nichtmenschlicher Primaten zugewendet, um positive Belege für ein Verständnis von Intentionalität zu finden. Dabei handelte es sich meistens um soziale Strategien, die, wie angenommen wurde, auf einer Manipulation der geistigen Zustände der Artgenossen im Sinne einer Täuschung beruhten. Die Schwierigkeit liegt in diesem Fall darin, daß fast alle der berichteten Beobachtungen anekdotisch sind und geeignete Kontrollbeobachtungen fehlten, um konkurrierende Erklärungen auszuschließen.[20] Aber selbst in zuverlässigen (replizierbaren) Fällen ist nicht klar, was kognitiv vor sich geht. Zum Beispiel beobachtete de Waal,[21] wie eine Schimpansin wiederholt ihre Hand gegenüber einem Artgenossen in einer scheinbaren Geste der Beschwichtigung aus-

17 Heyes, 1993; Povinelli, 1994.
18 Woodruff und Premack, 1979.
19 Call und Tomasello, 1999.
20 Byrne und Witten, 1988.
21 De Waal, 1986.

streckte. Als der andere sich jedoch näherte, griff sie ihn an. Dies könnte ein Fall von Täuschung sein, der auch bei Menschen vorkommt: Der Täter will den anderen glauben machen, er habe freundliche Absichten, was in Wirklichkeit nicht der Fall ist. Es ist jedoch genauso wahrscheinlich, daß die Schimpansin wollte, daß der andere sich ihr nähert (um ihn angreifen zu können), und so ein Verhalten zeigte, das in der Vergangenheit in anderen Kontexten Artgenossen zu einer Annäherung veranlaßte. Dieser Gebrauch eines etablierten sozialen Verhaltens in einem neuen Kontext ist gewiß eine sehr intelligente und möglicherweise einsichtsvolle, soziale Strategie zur Manipulation des Verhaltens anderer. Aber es ist unklar, ob er das Verstehen und die Manipulation intentionaler bzw. geistiger Zustände anderer einschließt.

Ich möchte auch auf bestimmte soziale Verhaltensweisen hinweisen, die man bei nichtmenschlichen Primaten in ihrem natürlichen Lebensraum nicht antrifft (manche Affen, die in einer menschlichen Kulturumwelt aufgezogen wurden, zeigen einige dieser Verhaltensweisen – vgl. die Diskussion weiter unten). In ihrer natürlichen Umgebung

- deuten nichtmenschliche Primaten ihren Artgenossen gegenüber nicht auf äußere Gegenstände;
- halten sie keine Gegenstände hoch, um sie anderen zu zeigen;
- versuchen sie nicht, andere an Orte zu führen, so daß sie dort bestimmte Gegenstände sehen können;
- bieten sie anderen Individuen Gegenstände nicht aktiv durch Vorzeigen an;
- lehren sie andere nicht absichtlich neue Verhaltensweisen.

Meiner Ansicht nach tun sie diese Dinge deshalb nicht, weil sie nicht verstehen, daß ihre Artgenossen intentionale und geistige Zustände haben, die möglicherweise beeinflußbar sind. Die plausibelste Hypothese ist demnach, daß nichtmenschliche Primaten ihre Artgenossen als Lebewesen auffassen, die zu spontaner Selbstbewegung fähig sind – darin liegt wohl der Grund für ihr soziales Verständnis im allgemeinen und für ihr Verständnis der sozialen Beziehungen zwischen Dritten im besonderen –, daß sie aber andere nicht als intentionale Akteure verstehen, die Ziele verfolgen, oder als geistbegabte Akteure, die die Welt repräsentieren. Wenn nichtmenschliche Primaten sehen, wie sich ein Artgenosse zu einer Futterquelle bewegt, können sie aufgrund früherer Erfahrung schließen, was im nächsten Augenblick wahrscheinlich geschehen wird, und sie können sogar intelligente und einsichtsvolle soziale Strategien einsetzen, um zu beeinflussen, was im nächsten Augenblick geschieht. Aber Menschen sehen noch etwas anderes. Sie verstehen einen Artgenossen als jemanden, der die Nahrung als Ziel anstrebt, und sie können versuchen, diese und andere intentionale und geistige Zustände, und nicht nur das Verhalten, zu beeinflussen.

Was den physischen Bereich angeht, so hat Visalberghi vor kurzem bestimmte Beschränkungen der Fertigkeiten von Primaten beobachtet, sich an neue Aufgaben bezüglich der Futtersuche anzupassen, bei denen ein Verständnis von Kausalität erforderlich war. Die Hauptaufgabe verlangte von dem Versuchstier, daß es Futter aus einer durchsichtigen Röhre mit einem Stock herausdrückt. In einem Teil der Aufgaben wird das Werkzeug variiert, so daß einige Stöcke zu kurz oder zu dick oder nicht starr genug sind, um erfolgreich verwendet werden zu können. Die Grundidee ist dabei, daß, wenn ein Versuchstier die physikalische Kausalität versteht – die physikalische Kraft, die vom Selbst auf den Stock und dann auf das Futter übertragen wird –, es in der Lage sein sollte, allein aufgrund der Wahrnehmung des Stocks, also ohne lange zu probieren, vorherzusagen, ob der Stock für die erforderliche kausale Abfolge geeignet ist oder nicht. Sowohl Menschen- als auch Kapuzineraffen gelang die Lösung dieser Aufgabe mit den neuen Stöcken, aber erst nach vielen Versuchen und Mißerfolgen. In einer kürzlich vorgenommenen Variation der Aufgabe bekamen diese Arten eine durchsichtige Röhre mit einer kleinen Ausbuchtung an einem Ende der Röhre. Wenn die Versuchstiere ein Verständnis der Schwerkraft und der Physik von Löchern und Stöcken haben, mit denen Gegenstände bewegt werden, dann sollten sie lernen, diese Ausbuchtung bei ihrem Versuch, das Futter aus der Röhre herauszudrücken, zu meiden (d. h. sie sollten das Futter immer auf der Seite herausdrücken, die von der Ausbuchtung entfernt ist). Aber weder Kapuzineraffen noch Schimpansen lernten das rasch. Der Erfolg aller vier Schimpansen bewegte sich z. B. über siebzig und mehr Versuche hinweg auf dem Zufallsniveau. In einer abschließenden Versuchsbedingung, nachdem die Tiere durch Versuch und Irrtum gelernt hatten, die Ausbuchtung zu meiden, wurde die Röhre umgedreht, so daß die Ausbuchtung nun oben war und kein Hindernis mehr darstellte. Die Versuchstiere beider Arten (die Schimpansen in einer Untersuchung von Reaux),[22] drückten das Futter immer noch von der Ausbuchtung weg und zeigten damit, daß sie ihren neuen Status (nämlich kein Hindernis mehr zu sein) nicht verstanden hatten. Zwei- bis dreijährige Kinder verhalten sich bei diesen Röhrenaufgaben von den ersten Versuchen an viel flexibler und angepaßter und scheinen somit ein Verständnis der beteiligten kausalen Prinzipien zu haben.[23]

Man kann daher den Schluß ziehen, daß nichtmenschliche Primaten über viele kognitive Fertigkeiten bezogen auf physikalische Gegenstände und Ereignisse verfügen, einschließlich des Verstehens relationaler Kategorien und grundlegender Antezedenz-Konsequenz-Folgen von Ereignissen. Aber sie nehmen weder die zugrundeliegenden Ursachen wahr noch verstehen sie diese als etwas, das die dynamischen Beziehungen zwischen diesen Gegenständen und Ereignissen vermittelt. Sie weisen somit nicht die Art von flexiblem Verhalten und Verstehen allgemeiner kausaler Prinzipien auf, die für Menschenkinder schon in sehr frühem Alter charakteristisch sind, wenn diese versuchen, physikalische Probleme zu lösen. Nichtmenschliche Primaten verstehen viele der Antezedenz-Konsequenz-Beziehungen, die es in der Welt gibt, aber sie scheinen kein Verständnis für die kausalen Kräfte als Vermittler dieser Beziehungen zu haben.

Zusammenfassend möchte ich noch einmal ganz deutlich sagen, was die intentionale/kausale Kognition von anderen Typen von Kognition unterscheidet. Auf einer grundlegenden Ebene verlangt diese Form des Denkens von einem Individuum, daß es die Antezedenz-Konsequenz-Beziehungen zwischen äußeren Ereignissen versteht, ohne daß es selbst daran unmittelbar betei-

22 Reaux, 1995.

23 Vgl. die Übersicht bei Visalberghi und Limongelli, 1996.

ligt ist. Dazu sind Primaten eindeutig in der Lage. Darüber hinaus erfordert aber das Verstehen von Intentionalität und Kausalität, daß das betreffende Individuum die vermittelnden Kräfte in diesen äußeren Ereignissen versteht, welche erklären, »warum« eine bestimmte Antezedenz-Konsequenz-Folge tatsächlich auftritt – und diese vermittelnden Kräfte sind nicht direkt beobachtbar. Ein solches Verstehen scheint einzig dem Menschen vorbehalten zu sein. Aus der Sicht des Menschen scheint z. B. das Gewicht eines fallenden Steins den Holzklotz zum Zersplittern zu »zwingen«; das Ziel, sich Nahrung zu beschaffen, »zwingt« den Organismus, unter dem Holzklotz nachzuschauen. Und es ist wichtig, daß es in beiden Fällen andere vorausgehende Ereignisse geben kann, die dasselbe Resultat hervorbringen können, solange derselbe vermittelnde »Zwang« beteiligt ist. Das ist deshalb ein wichtiger Punkt, weil es zeigt, daß die Schlüsselkomponente in all diesen Fällen nicht ein besonderes vorausgehendes Ereignis ist (wie beim Assoziationslernen), sondern die zugrundeliegende kausale oder intentionale Kraft, die durch viele verschiedene vorausgehende Ereignisse vermittelt werden kann. Diese Situation ist deutlich in Abbildung 2.1 zu sehen, in der ein physikalischer kausaler Vorgang (verschiedene physikalische Ereignisse erzeugen eine Kraft, die bewirkt, daß eine Frucht herunterfällt) und ein sozialer kausaler Vorgang (verschiedene soziale Ereignisse erzeugen einen psychischen Zustand, der bewirkt, daß ein Individuum flieht) dargestellt sind. Selbstverständlich ist die besondere Wirkungsweise dieser Kräfte, bei der Kausalität unbelebter Gegenstände und der Intentionalität von Lebewesen sehr verschieden. Aber die umfassende Struktur des beteiligten Schlußfolgerungsprozesses hat dieselbe allgemeine Form: vorausgehendes Ereignis > vermittelnde Kraft > nachfolgendes Ereignis.

In evolutionären Begriffen ausgedrückt, lautet die Hypothese daher, daß die menschliche Kognition unmittelbar auf der spezifischen kognitiven Anpassungsleistung der Primaten aufbaut, externe relationale Kategorien zu verstehen. Hinzu kommt nur eine kleine, aber bedeutende Modifikation in Form von vermittelnden Kräften wie Ursachen und Intentionen. Dieses Szenario gewinnt einen Teil seiner Plausibilität durch die Tatsache, daß es einen Raum für die Kontinuität zwischen kognitiven Anpassungsleistungen schafft, die für Primaten und solchen, die für Menschen spezifisch sind. Darüber hinaus besagt meine Hypothese, daß, so wie das Verstehen relationaler Kategorien bei den Primaten sich zuerst im sozialen Bereich mit dem Verständnis sozialer Beziehungen zwischen Dritten entwickelte, das kausale Verstehen beim Menschen sich ebenfalls zuerst im sozialen Bereich mit der Auffassung anderer als intentionale Akteure entwickelt hat. Gegenwärtig gibt es natürlich keine Möglichkeit festzustellen, ob das wirklich so ist, aber viele Völker berufen sich oft auf animistische oder deistische Kräfte, um ein Ereignis zu erklären, wenn sie Zweifel an seiner physischen Ursache hegen. Vielleicht ist das der typische Fall, wenn keine physischen Ursachen zu finden sind. Meine Vermutung ist dementsprechend, daß die einzigartige Fähigkeit des Menschen, äußere Ereignisse anhand von vermittelnden intentionalen oder kausalen Kräften zu verstehen, bei der Evolution des Menschen zunächst auftrat, um Individuen die Vorhersage und Erklärung des Verhaltens ihrer Artgenossen zu ermöglichen, und daß diese Fähigkeit von da aus auf das Verhalten unbelebter Gegenstände angewendet wurde.

Wir wissen nicht, wann das geschah, aber möglicherweise war es so, daß Menschen diese Fähigkeit hatten, als sie sich irgendwo in Afrika vor 200000 Jahren entwickelten, und darin könnte eine Erklärung für die Tatsache liegen, daß sie andere Hominiden bei ihrer Ausbreitung über den Erdball verdrängten. Das intentionale bzw. kausale Denken hat im wesentlichen zwei Wettbewerbsvorteile. Erstens gestattet diese Art des Denkens dem Menschen, Probleme auf besonders kreative, flexible und vorausschauende Weise zu lösen. So versetzt in vielen Fällen das intentionale/kausale Verstehen ein Individuum in die Lage, Ereignisse vorherzusagen und zu beeinflussen, wenn ihre übliche Antezedenzbedingung nicht vorliegt, d. h., wenn es ein anderes Ereignis gibt, das die vermittelnde Kraft aktivieren kann. Beispielsweise könnte ein Individuum eine neue Möglichkeit ersinnen, einen Konkurrenten von dem Gegenstand, um den sie kon-

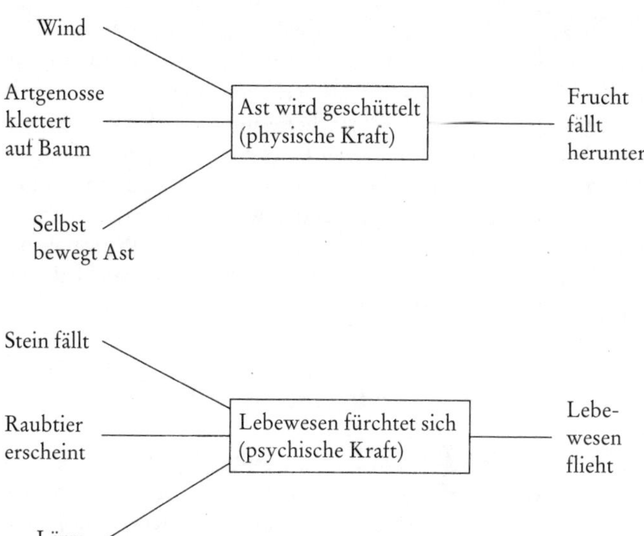

Abbildung 2.1 Eine graphische Darstellung eines physikalischen (oben) und eines sozialen Ereignisses (unten). In beiden Fällen können verschiedene vorausgehende Ereignisse die Kraft hervorbringen, die das nachfolgende Ereignis verursacht.

kurrieren, abzulenken (z. B. dadurch, daß es in der entgegengesetzten Richtung Futter auslegt). Oder es könnte ein neues Werkzeug für die Erzeugung einer Kraft zur Bewegung eines Hindernisses erfinden. Wenn umgekehrt ein Ereignis in einer Situation auftritt, in der die vermittelnde Kraft irgendwie blokkiert ist, dann könnte man vorhersagen, daß die übliche Konsequenz nicht folgen wird. Ein Individuum könnte z. B. die Sicht des Konkurrenten auf den begehrten Gegenstand blockieren, oder es könnte einen Stein daran hindern, den Hügel hinunterzurollen, indem es einen anderen Stein unter ihn legt. Das kausale und intentionale Verstehen der Menschen hat also unmittelbare Folgen für wirksames Handeln, da es die Möglichkeit eröffnet, neue Wege der Manipulation oder der Unterdrückung vermittelnder Kräfte zu finden.

Der zweite Vorteil des intentionalen/kausalen Verstehens leitet sich von seiner Macht zur Umgestaltung bei sozialen Lernprozessen ab. Das Verstehen des Verhaltens anderer Personen als intentional und/oder mental macht bestimmte, äußerst wirkungsvolle Formen kulturellen Lernens und der Soziogenese möglich. Um diese Behauptung jedoch richtig verstehen zu können, müssen wir die kulturellen Prozesse der Weitergabe näher betrachten, die für unsere nächsten Verwandten unter den Primaten charakteristisch sind, und diese Prozesse dann mit dem Fall des Menschen vergleichen.

Die Kultur nichtmenschlicher Primaten

Es gibt viele verschiedene Formen kultureller Vererbung und Weitergabe, die von den jeweils beteiligten sozialen Lernmechanismen abhängen. Unter denen, die am häufigsten genannt werden, finden sich die Folgenden:

- *Physischer Kontakt mit Lernsituationen*: Jungtiere können einfach deshalb mit neuen Lernerfahrungen konfrontiert sein, weil sie nahe bei ihren Artgenossen bleiben, ohne daß sie irgend etwas direkt vom Verhalten der Artgenossen lernen. Wenn z. B. ein Jungtier seiner Mutter folgt und dabei an einer Wasserstelle vorbeikommt, lernt es, wo sich die Wasserstelle befindet.
- *Reizvertiefung*: Jungtiere können von Gegenständen angezogen werden, mit denen andere gerade interagieren, und dann unabhängig von den anderen verschiedene Dinge über diese Gegenstände lernen. Wenn z. B. ein junger Schimpanse von einem Stock angezogen wird, den seine Mutter liegengelassen hat, kann diese Anziehung bestimmte Lernerlebnisse mit dem Stock veranlassen.
- *Nachahmung*: Jungtiere sind besonders für die Reproduktion des tatsächlichen Verhaltens ihrer Artgenossen angepaßt, obwohl sie kein Verständnis für die instrumentelle Wirksamkeit ihrer Nachahmung haben und obwohl das nachgeahmte Verhalten aus einem sehr eng umschriebenen Bereich stammt, wie z. B. wenn manche Vogelarten ihren arttypischen Gesang erwerben (oder beim vorsprachlichen Lallen von Kleinkindern).
- *Imitationslernen*: Jungtiere reproduzieren das Verhalten oder die Ver-

haltensstrategie eines Vorführenden mit demselben Ziel, das der Vorführende verfolgt.

Um die Unterschiede im sozialen Lernen zwischen Menschen und nichtmenschlichen Primaten ausführlich darzustellen, müssen wir noch ein paar zusätzliche Prozesse unterscheiden. Diese Prozesse werden jedoch am besten im geeigneten Zusammenhang erläutert.

Das Waschen von Kartoffeln bei Makaken

Der am häufigsten erwähnte Fall einer nichtmenschlichen kulturellen Tradition ist das Waschen von Kartoffeln bei japanischen Makaken.[24] Es handelt sich um folgendes: Ein achtzehn Monate altes Weibchen, dem man den Namen »Imo« gab, wurde 1953 dabei beobachtet, wie es süße Kartoffeln nahm, die ihm und den anderen Gruppenmitgliedern von Forschern gegeben wurden, und an einer nahe gelegenen Wasserstelle den Sand von ihnen abwusch. Etwa drei Monate nachdem sie ihre Kartoffeln zu waschen begonnen hatte, wurde diese Praxis bei Imos Mutter und zwei ihrer Spielkameradinnen (und dann bei deren Müttern) beobachtet. Während der nächsten beiden Jahre begannen sieben andere Jungtiere ebenfalls, Kartoffeln zu waschen, und drei Jahre nachdem Imo zum ersten Mal eine Kartoffel gewaschen hatte, taten 40 Prozent der Gruppenmitglieder dasselbe. Aus der Tatsache, daß es Imos engste Gefährten waren, die das Verhalten zuerst lernten, wurde geschlossen, daß das Mittel der Verbreitung dieses Verhaltens eine Form von Imitation war, bei der ein Individuum das Verhalten eines anderen wirklich kopiert.

Die Deutung dieser Beobachtungen im Hinblick auf Kultur und Imitation leidet jedoch unter zwei Hauptproblemen. Das erste Problem besteht darin, daß das Waschen von Kartoffeln für Affen ein viel gewöhnlicheres Verhalten ist, als man ursprünglich angenommen hatte. Viele Affen bürsten Sand von ihrer Nahrung natürlicherweise ab, und tatsächlich wurde das bei den Koshima-Affen vor dem Auftreten des Waschens beobachtet. Es über-

24 Kawamura, 1959; Kawai, 1965.

rascht also nicht, daß man das Waschen von Kartoffeln bald nach den Koshima-Beobachtungen bei vier anderen Herden von japanischen Makaken feststellte, die von Menschen versorgt wurden, wobei mindestens vier Individuen es alleine gelernt hatten.[25] In Gefangenschaft lernen Individuen anderer Affenarten ebenfalls alleine, ihre Nahrung zu waschen, wenn man ihnen sandige Früchte und Wasserschalen gibt.[26] Das zweite Problem hat mit dem Verbreitungsmuster des Waschverhaltens in der Gruppe zu tun. Tatsache ist, daß sich das Verhalten nur relativ langsam ausbreitete, und zwar mit einer durchschnittlichen Dauer von zwei Jahren für den Erwerb durch andere Gruppenmitglieder.[27] Außerdem nahm die Ausbreitungsgeschwindigkeit nicht zu, als die Zahl der Benutzer zunahm. Wenn der Mechanismus der Weitergabe Imitation wäre, würde man eine Zunahme in der Verbreitungsgeschwindigkeit erwarten, da immer mehr Tiere zu Vorführenden werden würden. Wenn im Gegensatz dazu individuelle Lernprozesse am Werk wären, würde man eine langsamere und stetigere Ausbreitungsgeschwindigkeit erwarten, was auch tatsächlich beobachtet wurde. Daß Imos Freunde und Verwandte das Verhalten zuerst lernten, könnte damit zu tun haben, daß Freunde und Verwandte enger zusammenbleiben und Imos Freunde ihr während der Futterzeit deshalb öfter zur Wasserstelle als andere Gruppenmitglieder gefolgt sind und so ihre Chancen für eine individuelle Entdeckung erhöhten.

Werkzeuggebrauch bei Schimpansen

Diejenige Art, die im gegenwärtigen Zusammenhang wahrscheinlich am ehesten untersucht werden sollte, ist die Primatenart, die die engste Verwandtschaftsbeziehung zum Menschen hat, nämlich der Schimpanse, der bei weitem der kulturhafteste unter allen nichtmenschlichen Primaten ist.[28] Schimpansen haben in ihrem natürlichen Lebensraum eine bestimmte Anzahl popula-

25 Kawai, 1965.

26 Visalberghi und Fragaszy, 1990.

27 Galef, 1992.

28 McGrew, 1992; 1998; Boesch, 1996; 2000.

tionsspezifischer Verhaltenstraditionen, die nahezu alle Gruppenmitglieder erwerben, die über Generationen hinweg bestehen bleiben und z. B. die Wahl des Futters, den Werkzeuggebrauch und die Kommunikation durch Gesten einschließen. Aus verschiedenen Gründen sind genetische Erklärungen dieser Populationsunterschiede hinsichtlich des Verhaltens unwahrscheinlich (z. B. sind Populationen, die nahe beisammen leben, nicht ähnlicher als Populationen, die durch eine große Entfernung voneinander getrennt sind), und so wurden sie weithin als kulturelle Traditionen der Schimpansen angesehen.[29]

Das bekannteste Beispiel ist der Werkzeuggebrauch. So angeln etwa Schimpansen in manchen Populationen Ostafrikas nach Termiten, indem sie Termitenhügel mit kleinen, dünnen Stöcken sondieren. Einige andere Populationen in Westafrika zerstören jedoch einfach die Termitenhügel mit großen Stöcken und versuchen, die Insekten mit den Händen aufzulesen. Feldforscher wie Boesch[30] und McGrew[31] haben behauptet, daß spezifische Praktiken des Werkzeuggebrauchs wie diese zwischen den Angehörigen der verschiedenen Gemeinschaften »kulturell weitergegeben« werden. Es gibt jedoch eine konkurrierende Erklärung, die ebenfalls ganz plausibel ist. Tatsächlich ist es so, daß die Termitenhügel in Westafrika wegen des stärkeren Regens viel weicher sind als die in Ostafrika. Die Strategie der Zerstörung eines Hügels mit einem großen Stock steht deshalb nur den Populationen im Westen offen. Nach dieser Hypothese gäbe es also Unterschiede zwischen Gruppen, die oberflächlich den kulturellen Unterschieden beim Menschen entsprechen, ohne daß dabei jedoch irgendeine Art sozialen Lernens beteiligt wäre. In diesen Fällen ist die »Kultur« einfach das Ergebnis individuellen Lernens, das von den unterschiedlichen lokalen Umgebungen der verschiedenen Populationen gesteuert wird. Deshalb wird dieser Vorgang einfach *umweltbedingte Formung* genannt.

Obwohl diese umweltbedingte Formung wahrscheinlich einen Teil der Erklärung für Verhaltensunterschiede zwischen Grup-

29 Z. B. Wrangham et al., 1994.

30 Boesch, 1993.

31 McGrew, 1992.

pen aller Primatenarten, einschließlich der Menschen, ausmacht, ist dies nach Boesch et al.[32] eine unwahrscheinliche Erklärung für alle Verhaltensunterschiede zwischen verschiedenen Schimpansengruppen. Experimentelle Untersuchungen bestätigen ebenfalls, daß beim Werkzeuggebrauch der Schimpansen mehr als nur umweltbedingte Formung am Werk ist. In einer Übersicht aller Experimente zum sozialen Lernen des Werkzeuggebrauchs von Schimpansen kam Tomasello[33] zu dem Schluß, daß Schimpansen sehr gut die dynamischen Eigenschaften der Gegenstände erlernen können, die sie dadurch entdecken, daß sie beobachten, wie andere diese Gegenstände manipulieren. Aber sie sind nicht sehr geschickt, wenn sie eine neue Verhaltensstrategie von anderen lernen sollen. Wenn z. B. eine Mutter einen Holzblock wegrollt und die Insekten darunter frißt, wird ihr Kind sehr wahrscheinlich dasselbe tun. Das geschieht einfach deshalb, weil das Kind von der Handlung der Mutter gelernt hat, daß sich Insekten unter dem Holzblock befinden – eine Tatsache, die es nicht wußte und wahrscheinlich alleine nicht herausgefunden hätte. Aber sie lernte von ihrer Mutter nicht, wie man einen Holzblock wegrollt, um Insekten zu fressen; dabei handelt es sich um etwas, das es schon kannte oder alleine lernen konnte. (Das Jungtier würde also dasselbe gelernt haben, wenn der Wind anstatt seiner Mutter den Holzblock zum Wegrollen und die Ameisen zum Vorschein gebracht hätte.) Diese Art von Lernen wurde *Emulationslernen* genannt, weil es sich auf Ereignisse in der Umgebung konzentriert – Veränderungen des Zustands der Umgebung, die ein anderer bewirkt hat – und nicht auf das Verhalten oder eine Verhaltensstrategie eines Artgenossen.[34]

Das Emulationslernen ist ein sehr intelligenter und kreativer Lernvorgang, der unter bestimmten Umständen eine angepaßtere Strategie darstellt als das Imitationslernen. Nagell, Olguin und Tomasello zeigten z. B. Schimpansen und zweijährigen Menschenkindern ein rechenartiges Instrument und einen Ge-

32 Boesch et al., 1994.

33 Tomasello, 1996a.

34 Tomasello, 1990; 1996a.

genstand, der außer Reichweite lag.[35] Das Instrument konnte auf eine von zwei Weisen verwendet werden, die zu demselben Ergebnis führten, nämlich zum Erreichen des Gegenstands. Eine Gruppe von Probanden der jeweiligen Art beobachtete, wie ein Vorführender eine Methode des Werkzeuggebrauchs verwendete, die weniger effizient war, und eine andere Gruppe beobachtete die andere, effizientere Methode des Gebrauchs. Der Versuch ergab, daß, während die Menschenkinder im allgemeinen in beiden Versuchsbedingungen die Methode des Vorführenden nachmachten (Imitationslernen), die Schimpansen verschiedene Dinge taten, um den Gegenstand zu erreichen, und diese waren von derselben Art, gleichgültig welche Methode sie beobachtet hatten (Emulationslernen). Interessanterweise bestanden viele Kinder selbst im Falle der weniger effizienten Methode auf der Reproduktion des Erwachsenenverhaltens, was in dieser Versuchsbedingung zu einer Leistung mit geringerem Erfolg führte als bei den Schimpansen. Imitationslernen ist also nicht eine »höhere« oder »intelligentere« Lernstrategie als Emulationslernen; es ist einfach eine stärker sozial orientierte Strategie, die unter bestimmten Umständen und für manche Verhaltensweisen einige Vorteile hat. Diese Erklärung anhand des Emulationslernens gilt auch für andere Untersuchungen, die das soziale Lernen eines Werkzeuggebrauchs bei Schimpansen zum Gegenstand hatten, wie z. B. die von Whiten et al.[36] und von Russon und Galdikas.[37]

Schimpansen sind also sehr intelligent und kreativ beim Gebrauch von Werkzeugen und dem Verstehen von Veränderungen in der Umgebung, die durch den Werkzeuggebrauch anderer hervorgebracht werden. Aber sie scheinen das instrumentelle Verhalten von Artgenossen nicht in derselben Weise wie Menschen zu verstehen. Für Menschen ist das Ziel oder die Intention des Vorführenden ein zentraler Teil dessen, was sie wahrnehmen, und tatsächlich wird das Ziel als etwas aufgefaßt, das von den verschiedenen Verhaltensmitteln getrennt ist, die bei der Zielerrei-

35 Nagell, Olguin und Tomasello, 1993.

36 Whiten et al., 1996.

37 Russon und Galdikas, 1993.

chung eingesetzt werden. Die Fähigkeit der Beobachter, Ziel und Mittel voneinander zu trennen, dient ihnen dazu, die Methode oder Strategie des Vorführenden als eine eigenständige Entität hervorzuheben, nämlich das Verhalten, das dieser beim Versuch der Zielerreichung vor dem Hintergrund anderer möglicher Mittel einsetzt. Da Schimpansen diese Fähigkeit nicht besitzen, Ziel und Verhaltensmittel in den Handlungen anderer als unterschieden aufzufassen, konzentrieren sie sich bei ihren Beobachtungen auf Zustandsänderungen (darunter Änderungen der räumlichen Position) der an der Vorführung beteiligten Gegenstände, wobei die Handlungen des Vorführenden wirklich nur als Körperbewegungen erscheinen. Die intentionalen Zustände des Vorführenden und damit seine Verhaltensmethoden kommen in ihrer Erfahrung einfach nicht vor.

Gestische Kommunikation bei Schimpansen

Der andere bekannte Fall kultureller Weitergabe betrifft die Kommunikation zwischen Schimpansen durch Gesten. Obwohl nur wenige systematische Untersuchungen des gestischen Verhaltens von Schimpansen in der Wildnis gemacht wurden, gibt es allem Anschein nach bestimmte populationsspezifische Verhaltensweisen, die man kulturell nennen könnte.[38] Um so mehr systematische Studien wurden dagegen mit gefangenen Tieren durchgeführt, in denen die besonderen Gesten dokumentiert wurden, die einzelne Individuen über eine bestimmte Zeit hinweg zeigten, was Schlüsse auf die beteiligten Prozesse des sozialen Lernens ermöglichte. In einer Reihe von Untersuchungen haben Tomasello und Kollegen die Frage verfolgt, ob Jungtiere ihre gestischen Signale durch Imitationslernen erwerben oder durch einen Prozeß *ontogenetischer Ritualisierung.*[39] Bei der ontogenetischen Ritualisierung wird ein kommunikatives Signal von zwei Organismen erzeugt, die in wiederholten sozialen Interaktionen das Verhalten des jeweils anderen formen. Ein Kleinkind kann z. B. Stillverhalten dadurch auslösen, daß es sich direkt

38 Goodall, 1986; Tomasello, 1990; Nishida, 1980.

39 Tomasello et al., 1985; 1989; 1994; 1997.

auf die Brustwarze der Mutter konzentriert und dabei etwa nach ihrem Arm greift und ihn bewegt. Bei einer weiteren Begegnung kann dann die Mutter die bevorstehenden Bemühungen des Kindes bei der ersten Berührung ihres Armes antizipieren und an dieser Stelle aufnahmebereiter werden, was das Kleinkind bei einer zukünftigen Gelegenheit dazu führt, sein Verhalten noch weiter bis auf eine Berührung des Arms zu verkürzen, während es auf eine Reaktion wartet (»Armberührung« als eine sogenannte Intentionsbewegung). Es muß betont werden, daß es hier keinen Hinweis darauf gibt, daß ein Individuum versucht, das Verhalten des anderen zu reproduzieren; wir haben es nur mit einer reziproken sozialen Interaktion über wiederholte Begegnungen hinweg zu tun, die schließlich in einem kommunikativen Signal mündet. Das ist vermutlich der Weg, auf dem die meisten Kleinkinder die Geste des Armehochstreckens lernen, um die Erwachsenen zu bitten, sie hochzuheben, d. h. zunächst durch den direkten Versuch, an dem Körper des Erwachsenen hochzukriechen, und dann, wenn der Erwachsene ihren Wunsch antizipiert und sie hochhebt, durch eine verkürzte, ritualisierte Variante dieses Kriechens, die nur zu Kommunikationszwecken eingesetzt wird.[40]

Alle verfügbaren Belege sprechen dafür, daß ontogenetische Ritualisierung und nicht Imitationslernen dafür verantwortlich ist, daß Schimpansen kommunikative Gesten erwerben. Erstens gibt es eine bestimmte Anzahl idiosynkratischer Signale, die nur von einem Individuum benutzt werden;[41] diese Signale können nicht durch Imitationsprozesse gelernt und müssen deshalb jeweils erfunden und ritualisiert werden. Zweitens haben Längsschnittuntersuchungen durch qualitative und quantitative Vergleiche ergeben, daß es eine große individuelle Variabilität bei der Kommunikation durch Gesten gibt, und zwar sowohl innerhalb als auch zwischen den Generationen. Das deutet auf etwas anderes als Imitationslernen hin, das im allgemeinen ein homogenes Verhalten erzeugt. Ebenfalls von Bedeutung ist die Tatsache, daß diejenigen Gesten, die viele Jungtiere miteinander gemein

40 Lock, 1978.

41 Vgl. auch Goodall, 1986.

haben, solche sind, die auch von in Gefangenschaft lebenden und in Gruppen von Gleichaltrigen aufgezogenen Jungtieren gezeigt werden, die keine Gelegenheit haben, ältere Artgenossen zu beobachten. In einer experimentellen Untersuchung nahmen schließlich Tomasello und Kollegen ein Individuum aus der Gruppe heraus und lehrten es zwei verschiedene, willkürlich gewählte Signale, mit denen es von einem Menschen Futter bekommen konnte.[42] Als es wieder zu seiner Gruppe zurückgebracht wurde und dieselben Gesten gebrauchte, um von einem Menschen Futter zu erhalten, gab es keinen einzigen Fall, in dem ein anderes Individuum eine der beiden Gesten reproduziert hätte, obwohl alle anderen im Hinblick auf das Futter hoch motiviert waren und die gestischen Zeichen beobachteten.

Die naheliegende Folgerung ist demnach, daß junge Schimpansen die meisten, wenn nicht gar alle, ihrer Gesten dadurch erwerben, daß sie sie gegenseitig ritualisieren. Die Erklärung dieses Lernprozesses ist analog zur Erklärung des Emulationslernens beim Werkzeuggebrauch. Wie das Emulationslernen verlangt die ontogenetische Ritualisierung von den Individuen nicht, daß sie das Verhalten der anderen als in Mittel und Ziele gegliedert verstehen, wie es beim Imitationslernen der Fall ist. Das Imitationslernen einer Armberührung als Aufforderung zum Stillen würde erfordern, daß ein Säugling einen anderen dabei beobachtet, wie dieser eine Armberührung ausführt, und daß er weiß, welches Ziel er damit verfolgte (nämlich gestillt zu werden), so daß er, wenn er dasselbe Ziel hat, dasselbe Verhaltensmittel einsetzen könnte. Eine Armberührung zu ritualisieren verlangt im Gegensatz dazu nur, daß der Säugling das zukünftige Verhalten eines Artgenossen in einem Kontext vorwegnimmt, in dem er (der Säugling) schon das Ziel des Gestilltwerdens hat. Ontogenetische Ritualisierung ist also wie Emulationslernen ein sehr intelligenter und kreativer Prozeß sozialen Lernens, der bei allen sozialen Lebewesen, auch bei Menschen, von großer Bedeutung ist. Es ist jedoch kein Lernprozeß, durch den Individuen versuchen, die Verhaltensstrategien anderer zu reproduzieren.

42 Tomasello et al., 1997.

Das Lehren von Schimpansen

Die beiden genannten Bereiche geben uns zwei Quellen von Belegen über nichtmenschliches soziales Lernen bei Primaten an die Hand. Im Fall des Werkzeuggebrauchs ist es sehr wahrscheinlich, daß Schimpansen die entsprechenden Fertigkeiten durch einen Prozeß des Emulationslernens erwerben, während es im Fall gestischer Kommunikation wahrscheinlich ist, daß sie ihre kommunikativen Gesten durch einen Prozeß ontogenetischer Ritualisierung erwerben. Sowohl Emulationslernen als auch ontogenetische Ritualisierung erfordern jeweils besondere Fertigkeiten der Kognition und des sozialen Lernens, aber keiner der beiden Prozesse verlangt Fertigkeiten des Imitationslernens, bei dem der Lernende (a) sowohl das Ziel des Vorführenden als auch die Strategie versteht, die bei der Verfolgung des Ziels eingesetzt wird, und dann (b) dieses Ziel und diese Strategie auf seine eigenen Ziele und Strategien abstimmt. Emulationslernen und ontogenetische Ritualisierung sind in der Tat genau diejenigen Arten sozialen Lernens, die man bei sehr intelligenten und rasch lernenden Organismen erwarten würde, die andere aber nicht als intentionale Akteure verstehen, an denen sie sich ausrichten können.

Der andere wichtige Vorgang, der an der kulturellen Übermittlung beteiligt ist, so wie sie traditionell verstanden wird, ist das Lehren. Während soziales Lernen »von unten nach oben« verläuft, indem unwissende oder ungeübte Individuen versuchen, mehr Wissen zu erwerben oder geübter zu werden, vollzieht sich das Lehren »von oben nach unten«, indem erfahrene oder geübte Individuen versuchen, ihr Wissen und ihre Fertigkeiten anderen mitzuteilen. Das Problem ist in diesem Fall, daß es nur sehr wenige systematische Untersuchungen des Lehrens bei nichtmenschlichen Primaten gibt. Die gründlichste Studie ist die von Boesch, in der Schimpansenmuttertiere und Säuglinge beim Werkzeuggebrauch (Nußknacken) beobachtet wurden.[43] Boesch fand heraus, daß Muttertiere verschiedene Dinge tun,

43 Boesch, 1991.

die dazu dienen, den Umgang des Säuglings mit dem Werkzeug und den Nüssen zu unterstützen, wie z. B. beides unbenutzt liegenzulassen, so daß der Säugling mit beidem hantieren kann, während sie weggeht, um mehr Nüsse zu sammeln (was sie nicht tun würde, wenn ein anderes Erwachsenentier anwesend wäre.) Aber die Interpretation der Intention der Mutter ist in solchen Fällen alles andere als offenkundig. Außerdem beobachtete Boesch bezüglich der Kategorie »aktive Instruktion«, bei der die Mutter aktiv versucht, ihrem Kind Anweisungen zu geben, nur zwei mögliche Fälle (und zwar über einen Beobachtungszeitraum von mehreren Jahren hinweg). Diese beiden Fälle sind überdies schwer zu interpretieren, und zwar im Hinblick auf die Frage, ob die Mutter wirklich das Ziel hatte, dem Jungtier beim Erlernen des Werkzeuggebrauchs zu helfen. Andererseits geben erwachsene Menschen in allen Kulturen ihren Kindern regelmäßig aktiv Anweisungen, obwohl zwischen verschiedenen Gesellschaften eine große Variabilität besteht.[44] Zusammen mit dem Imitationslernen ist der Prozeß aktiver Instruktion sehr wahrscheinlich ebenfalls entscheidend für die spezifisch menschliche Form kultureller Evolution.

Akkulturierte Affen

Es ließe sich einwenden, daß es in der Literatur eine Reihe äußerst überzeugender Beobachtungen des Imitationslernens bei Schimpansen gibt, und in der Tat gibt es solche. Es ist jedoch interessant, daß im Grunde alle eindeutigen Fälle Schimpansen betreffen, die extensiven Kontakt mit Menschen hatten. In vielen Fällen ging es dabei um absichtliche Instruktion, die mit der Unterstützung des Verhaltens und der Aufmerksamkeit bis hin zur direkten Verstärkung der Nachahmung durch die Menschen über viele Monate hinweg verbunden war; z. B. trainierten Hayes und Hayes ihren Schimpansen Vicki sieben Monate lang systematisch,[45] und Custance, Whiten und Bard führten mit ihren beiden Schimpansen zwei Monate lang ein systematisches Training

44 Kruger und Tomasello, 1996.

45 Hayes und Hayes, 1952.

durch.[46] Das läßt die Möglichkeit zu, daß Fertigkeiten des Imitationslernens von bestimmten Arten sozialer Interaktion während der frühen Ontogenese beeinflußt, wenn nicht gar durch sie ermöglicht werden.

Bestätigt wird diese Ansicht durch eine Untersuchung von Tomasello, Savage-Rumbaugh und Kruger.[47] Diese Untersuchung verglich die Fähigkeiten zum Imitationslernen von Schimpansen, die von ihren Müttern aufgezogen wurden, akkulturierten Schimpansen (die wie Menschenkinder aufgezogen wurden und mit einem sprachähnlichen Kommunikationssystem in Berührung kamen) und zweijährigen Kindern. Jedem Probanden wurden 24 verschiedene und neue Handlungen mit Gegenständen gezeigt, und das Verhalten der Probanden wurde bei jedem Versuch daraufhin bewertet, ob es ihm gelang, (1) das Ergebnis der vorgeführten Handlung und/oder (2) das Verhalten des Vorführenden zu reproduzieren. Das Hauptergebnis dieses Versuchs war, daß es den Schimpansen, die von ihren Müttern aufgezogen wurden, fast nie gelang, sowohl das Ziel als auch die Mittel der neuen Handlungen zu reproduzieren (d.h. sie zeigten kein Imitationslernen). Im Gegensatz dazu lernten die akkulturierten Schimpansen und die Kinder die neuen Handlungen durch Nachahmung viel häufiger und wiesen bei diesem Lernen keine Unterschiede untereinander auf. Damit steht die Beobachtung in Zusammenhang, daß manche Schimpansen, die von Menschen aufgezogen werden, manchmal lernen, den Menschen gegenüber zu kommunikativen Zwecken auf etwas zu deuten und sogar sprachähnliche Symbole zu verwenden, und zwar aufgrund vielfältiger sozialer Interaktionen mit Menschen, aber ohne systematisches Training.[48]

Diese Untersuchungen zeigen, daß Affen, die von Menschen in einer menschenähnlichen kulturellen Umgebung aufgezogen werden – manchmal mit und manchmal ohne ausdrückliches Training –, bestimmte menschenähnliche Fertigkeiten entwikkeln können, die sie in ihrem natürlichen Lebensraum oder unter

46 Custance, Whiten und Bard, 1995.

47 Tomasello, Savage-Rumbaugh und Kruger, 1993.

48 Savage-Rumbaugh et al., 1986.

typischeren Bedingungen der Gefangenschaft nicht entwickeln. Was nun genau die wirksamen Faktoren sind, die diese Resultate hervorbringen, liegt zur Zeit noch im dunkeln, aber eine plausible Vermutung besteht darin, daß Affen in einer menschenähnlichen kulturellen Umgebung eine Art von »Sozialisierung der Aufmerksamkeit« durchmachen. Das bedeutet, daß Affen in ihrem natürlichen Lebensraum niemanden haben, der sie auf Gegenstände hinweist, ihnen bestimmte Dinge zeigt, sie lehrt oder allgemein ihre Aufmerksamkeit (oder andere intentionale Zustände) absichtlich lenkt. In einer menschenähnlichen kulturellen Umgebung interagieren sie im Gegensatz dazu ständig mit Menschen, die ihnen etwas zeigen, auf etwas hindeuten, Imitationsverhalten unterstützen (oder gar verstärken) und ihnen besondere Fertigkeiten beibringen – alles Dinge, die ein Referenzdreieck zwischen Mensch, Affe und einem dritten Gegenstand beinhalten. Möglicherweise erklärt die Sozialisation auf dieses Referenzdreieck hin, die derjenigen von Kindern ähnlich ist, die besonderen kognitiven Leistungen dieser Affen.

Es ist jedoch wichtig festzuhalten, daß Affen, die in einer menschlichen kulturellen Umgebung aufgezogen werden, sich dadurch doch nicht in menschliche Wesen verwandeln. Obwohl die Wissenschaftler die Beschränkungen der kognitiven Fertigkeiten von Affen, die von Menschen aufgezogen wurden, nicht in größerem Maße untersucht haben, treten doch bestimmte Unterschiede zu Kindern deutlich hervor. Es scheint zum Beispiel, daß akkulturierte Affen immer noch selten einem Menschen oder anderen Affen ausdrücklich etwas zeigen oder auf etwas deuten, nur um die Aufmerksamkeit gemeinsam darauf zu richten. Sie nehmen nicht auf dieselbe Weise wie Kinder an Interaktionen teil, die eine gemeinsame Aufmerksamkeit erfordern,[49] und im Vergleich mit den Fertigkeiten von Kindern ist ihre Gewandtheit im Umgang mit menschlicher Sprache in einer Reihe wichtiger Hinsichten begrenzt.[50] Bei Aufgaben, bei denen sie ohne besonderes Training mit ihren Artgenossen kooperieren müssen, weisen die Fertigkeiten der Affen im Hinblick auf das

49 Carpenter, Tomasello und Savage-Rumbaugh, 1995.

50 Tomasello, 1994.

Erlernen der Zusammenarbeit eigentümliche Beschränkungen auf. Außerdem gibt es, wenn überhaupt, nur sehr wenige Verhaltensweisen akkulturierter Affen, die man intentionales Lehren nennen könnte.[51]

Die nächstliegende Folgerung ist also, daß die Fertigkeiten des Lernens, die Schimpansen in ihrer natürlichen Umgebung ohne menschliche Interaktion entwickeln (d. h. Fertigkeiten, die individuelles Lernen betreffen, das ergänzt wird durch Emulationslernen und Ritualisierung), dazu ausreichen, ihre arttypischen kulturellen Aktivitäten hervorzubringen und aufrechtzuerhalten. Sie sind aber nicht hinreichend dafür, menschenähnliche kulturelle Tätigkeiten zu erzeugen und aufrechtzuerhalten, die durch den Wagenhebereffekt und eine kumulative kulturelle Evolution gekennzeichnet sind. Hier ist vielleicht der Hinweis darauf von Interesse, daß die Bonobos (*Pan paniscus*), die Geschwisterart der Schimpansen, in ihrem natürlichen Lebensraum bis jetzt noch nicht dabei beobachtet wurden, daß sie so etwas wie die populationsspezifischen Verhaltenstraditionen der Schimpansen zeigen, was so interpretiert werden könnte, daß der gemeinsame Vorfahr des Menschen und dieser beiden Geschwisterarten auch keine gut entwickelten Fertigkeiten zum kulturellen Lernen besaß. Die Tatsache, daß Schimpansen und Bonobos, die von einem frühen Alter an und viele Jahre lang in einer menschenähnlichen kulturellen Umgebung aufgezogen wurden, bestimmte Aspekte menschlicher sozialer Kognition und kulturellen Lernens entwickeln können, beweist den Einfluß kultureller Prozesse bei der Ontogenese in besonders dramatischer Weise, und die Tatsache, daß andere Tierarten nicht so reagieren, stellt die beeindruckenden Fertigkeiten der Menschenaffen zu sozialem Lernen unter Beweis. Aber auf eine Kultur zu reagieren und eine Kultur *de novo* zu erschaffen, sind zwei verschiedene Dinge.

51 Vgl. die Übersicht bei Call und Tomasello, 1996.

Wir kommen also zu dem Schluß, daß, obwohl Schimpansen offensichtlich kulturelle Traditionen im weitesten Sinne hervorbringen und aufrechterhalten, diese Traditionen sehr wahrscheinlich auf anderen Prozessen sozialer Kognition und sozialen Lernens beruhen als die kulturellen Traditionen des Menschen. In einigen Fällen braucht dieser Unterschied nicht zu konkreten Unterschieden in den Ergebnissen der sozialen Organisation, der Informationsvermittlung oder der Kognition zu führen. Aber in anderen Fällen ergibt sich ein entscheidender Unterschied, der sich in Prozessen kultureller Evolution niederschlägt, d.h. in solchen, durch die eine kulturelle Tradition Veränderungen über die Zeit hinweg akkumuliert.

Kumulative kulturelle Evolution und der Wagenhebereffekt

Bestimmte kulturelle Traditionen akkumulieren die Veränderungen, die von verschiedenen Individuen in einem bestimmten Zeitraum ausgehen, und werden dadurch komplexer. Außerdem wird ein breiterer Bereich adaptiver Funktionen abgedeckt, was man kumulative kulturelle Evolution oder den »Wagenhebereffekt« nennen könnte (vgl. Abbildung 2.2). Beispielsweise entwickelte sich die Art und Weise, wie Menschen einen Gegenstand als Hammer gebraucht haben, im Laufe der Menschheitsgeschichte bedeutend. Dafür gibt es Belege in Dokumenten über Artefakte, in denen verschiedene hammerartige Werkzeuge festgehalten sind, die ihre funktionale Sphäre allmählich ausdehnten, indem sie immer wieder modifiziert wurden, um neuen Ansprüchen zu genügen, ausgehend von einfachen Steinen, über Werkzeuge, bei denen ein Stein an einem Stock befestigt ist, bis zu verschiedenen Typen moderner Metallhämmer und schließlich mechanischen Hämmern (von denen manche auch dazu verwendet werden können, Nägel herauszuziehen).[52] Obwohl wir keine

52 Basalla, 1988.

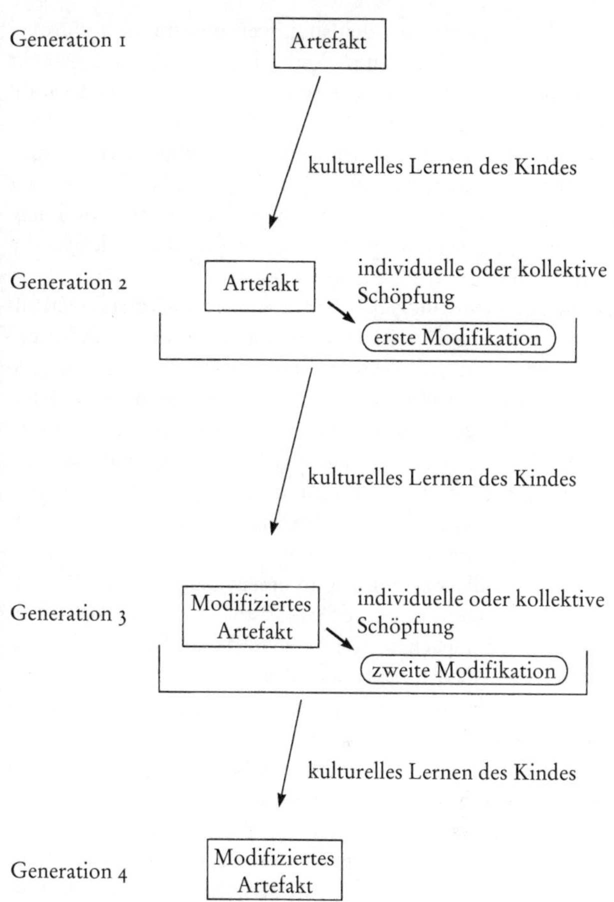

Abbildung 2.2 Vereinfachte Darstellung des Wagenhebereffekts, durch den ein Artefakt mit kumulativen Modifikationen entsteht.

sehr detaillierten Dokumente über Artefakte besitzen, ist es vermutlich so, daß manche kulturellen Konventionen und Rituale (z. B. menschliche Sprachen und religiöse Rituale) mit der Zeit ebenfalls komplexer geworden sind, weil sie verändert wurden, um neuen kommunikativen und sozialen Bedürfnissen gerecht zu werden. Dieser Prozeß mag für manche menschlichen Kulturen oder für manche Arten von Tätigkeiten kennzeichnender sein als für andere, aber alle Kulturen scheinen zumindest einige Artefakte zu besitzen, die durch den Wagenhebereffekt erzeugt wurden. Es scheint kein Verhalten anderer Tierarten, einschließlich der Schimpansen, zu geben, das eine kumulative kulturelle Evolution aufweist.[53]

Tomasello und Kollegen haben dafür argumentiert, daß kumulative kulturelle Evolution vom Imitationslernen und möglicherweise von aktivem Unterricht seitens der Erwachsenen abhängt und nicht mit Hilfe von »schwächeren« Formen sozialen Lernens, wie lokalen Verbesserungen, Emulationslernen, ontogenetischer Ritualisierung oder individuellem Lernen hervorgebracht werden kann.[54] Der Grund dafür ist, daß kumulative kulturelle Evolution von zwei Prozessen abhängt, nämlich Innovation und Imitation (möglicherweise ergänzt durch Unterricht), die über die Zeit hinweg in einem dialektischen Prozeß miteinander verschränkt werden müssen, so daß ein Schritt in diesem Prozeß den nächsten ermöglicht. Wenn also ein einzelner Schimpanse eine wirkungsvollere Art des Termitenangelns erfand, indem er einen Stock auf neuartige Weise gebrauchte, so daß mehr Termiten auf ihn krabbeln, würden Jungtiere, die durch Emulation lernten, diese genaue Verhaltensvariante nicht reproduzieren, weil sie sich nicht auf die Verhaltenstechnik des Neuerers konzentrieren würden. Sie würden ihre eigene Methode des Angelns verwenden, um mehr Termiten auf den Stock zu locken, und alle anderen Individuen, die ihnen zuschauten, würden gleichfalls ihre eigenen Methoden verwenden. Auf diese Weise würde die neue Strategie mit ihrem Erfinder aussterben. (Genau das ist die Hypothese von Kummer und Goodall, die der Ansicht sind, daß viele Akte kreativer Intelligenz seitens nichtmenschlicher Primaten deshalb von Menschen unbeobach-

53 Boesch und Tomasello, 1998.

54 Tomasello et al., 1993.

tet bleiben, weil sie in der Gruppe nicht getreu bewahrt werden.)[55] Wenn die Beobachter andererseits zum Imitationslernen fähig wären, könnten sie die neue strategische Variante des Termitenangelns mehr oder weniger genau vom Erfinder übernehmen. Dieses neue Verhalten würde sie dann sozusagen in einen neuen kognitiven Raum einführen, in dem sie über die Aufgabe und ihre Lösung im Sinne des Erfinders nachdenken könnten (seine »kognitiven Schuhe« anziehen). Alle Individuen, die das tun würden, wären dann möglicherweise in der Lage, andere Varianten zu erfinden, die auf der ursprünglichen Variante aufbauen und die von wieder anderen korrekt übernommen oder weiterentwickelt werden könnten. Die Wagenhebermetapher soll in diesem Kontext der Tatsache Rechnung tragen, daß Imitationslernen (mit aktiver Anweisung oder ohne) diejenige Art von korrekter Weitergabe ermöglicht, die notwendig ist, um die neue Variante in der Gruppe aufrechtzuerhalten und so eine Ausgangsbasis für weitere Innovationen zu legen, wobei die Innovationen selbst in dem Grad variieren, in dem sie individuell oder sozial bzw. kooperativ sind.

Allgemein können also menschliche kulturelle Traditionen von denen der Schimpansen – so wie die wenigen anderen Fälle von Kultur, die bei anderen Primatenarten beobachtet wurden – gerade durch die Tatsache unterschieden werden, daß sie Veränderungen über die Zeit hinweg akkumulieren, d. h. dadurch, daß sie eine kulturelle »Geschichte« ausbilden. Sie tun das, weil die zugrundeliegenden kulturellen Lernprozesse besonders wirksam sind. Und diese Prozesse sind deshalb so wirksam, weil sie von der spezifisch menschlichen Anpassung unterstützt werden, die im Verstehen der anderen als intentionale, dem eigenen Selbst ähnliche Wesen liegt. Diese Anpassung erzeugt Formen sozialen Lernens, die als Wagenheber fungieren, indem sie neu eingeführte Strategien in der sozialen Gruppe bewahren, bis eine weitere Innovation auftaucht, die sie ersetzt.

Ich räume ein, daß sich die Dinge wahrscheinlich nicht so eindeutig verhalten, wie ich sie eben dargestellt habe. In einem sehr

55 Kummer und Goodall, 1985.

interessanten Aufsatz mit dem Titel »Warum Kultur zwar verbreitet, kulturelle Evolution aber selten ist« vermuten Boyd und Richerson, daß sowohl Menschen als auch andere Primaten dieselben Arten von sozialem und Imitationslernen zeigen, daß es aber quantitative Unterschiede geben könnte.[56] So könnten Schimpansen zwar bestimmte Fähigkeiten zum Imitationslernen haben, aber sie könnten sie weniger oft oder in einem engeren Bereich von Kontexten als Menschen einsetzen, oder es könnte sogar sein, daß nur manche Schimpansen diese Fertigkeiten besitzen. Boyd und Richerson argumentieren, daß die Seltenheit von wichtigen sozialen Lernprozessen die kulturelle Evolution des kumulativen Typs unmöglich machen könnte. Das Grundproblem würde darin bestehen, daß der Wagenheber zu sehr nachgibt, weil z. B. ein Individuum die Innovation eines anderen durch Imitation erlernen könnte, aber keine anderen Individuen zu solchem Lernen fähig wären, oder weil die Individuen, die einen Imitationsversuch machen, nur ein sehr dürftiges Ergebnis zustande bringen. Das Argument ist also, daß es einen quantitativen Unterschied bezüglich der Fähigkeiten zu sozialem Lernen gibt, der zu einem qualitativen Unterschied in den historischen Entwicklungslinien der resultierenden kulturellen Traditionen führt. In beiden Fällen jedoch, egal ob der Unterschied zwischen den sozialen Lernfähigkeiten bei Menschen und Affen eher qualitativ und absolut oder quantitativ und graduell ist, besteht das Resultat darin, daß Menschen gegenwärtig sozio-kognitive und kulturelle Lernfähigkeiten besitzen, um als Spezies einzigartige kognitive Produkte auf der Basis kumulativer kultureller Evolution hervorzubringen.

Die Soziogenese von Sprache und Mathematik

Der Prozeß kumulativer kultureller Evolution kann als eine besonders wirksame Form kollektiven Erfindungsreichtums oder der Soziogenese aufgefaßt werden. In menschlichen Gesellschaften gibt es zwei Grundformen der Soziogenese, bei denen etwas

56 Boyd und Richerson, 1996.

Neues durch die soziale Interaktion von zwei oder mehreren Individuen geschaffen wird, und tatsächlich kann das neue Produkt in vielen Fällen nicht von einem Individuum allein hervorgebracht werden. Die erste Form der Soziogenese ist einfach diejenige, die durch den oben beschriebenen Wagenhebereffekt im Hinblick auf solche Dinge wie Hämmer und sprachliche Symbole entsteht. Ein Individuum steht mit einem Artefakt oder einer überkommenen kulturellen Praxis einer neuen Situation gegenüber, an die das Artefakt nicht vollkommen angepaßt ist. Es versucht dann, die Funktion des Artefakts festzustellen (die Absicht des Erfinders), bezieht diese Funktion auf die gegenwärtige Situation und modifiziert schließlich das Artefakt. In diesem Fall gibt es keine wirkliche Zusammenarbeit in dem Sinne, daß zwei oder mehrere Individuen anwesend sind, sondern vielmehr eine virtuelle, insofern die Zusammenarbeit über einen historischen Zeitraum hinweg stattfindet. Das gegenwärtige Individuum versucht, sich die Funktion des Artefakts vorzustellen, die es für frühere Benutzer hatte, und auf welche Weise es modifiziert werden muß, um in der gegenwärtigen Problemsituation erfolgreich verwendet zu werden.

Die zweite Art von Soziogenese besteht in der gleichzeitigen Zusammenarbeit von zwei oder mehreren Individuen, die gemeinsam versuchen, ein Problem zu lösen. Die Gleichzeitigkeit ist in diesen Fällen keine absolute, denn typischerweise nehmen die Individuen an einer Art dialogischer Interaktion teil, bei der der eine auf die innovativen Vorschläge des anderen reagiert und umgekehrt, bis dabei ein Produkt entsteht, das keines der Individuen alleine hervorgebracht haben könnte. Die Zusammenarbeit ist somit nicht virtuell, sondern real, und hat daher einige besondere Merkmale, beispielsweise in Form der unmittelbaren Rückmeldung, die ein Individuum für seine kreativen Vorschläge bekommt. Die beiden Formen der Zusammenarbeit können selbstverständlich gemeinsam auftreten, wie z. B. in dem Fall, wo eine kleine Gruppe von Leuten gemeinsam versucht, ein Artefakt oder eine Praxis zu modifizieren, die sie von anderen übernommen hat, um neuen Erfordernissen Rechnung zu tragen. Das ist wahrscheinlich die typische Situation. Viele bedeutende kulturelle Veränderungen, die sich in einem größeren Maßstab vollziehen und Religionen, Regierungsformen oder Wirtschaftssysteme betreffen, resultieren daraus, daß viele Menschen sowohl gleichzeitig als auch über Generationen hinweg auf eine Weise »zusammenarbeiten«, die von keiner einzelnen Person oder Gruppe beabsichtigt war oder vorhergesehen werden konnte (darin könnte eine dritte Art der »Zusammenarbeit« bestehen). Beispielsweise sind Marktwirtschaften kein kulturelles Ergebnis, das von irgendeiner Person vorhergesehen oder beabsichtigt wurde, obwohl sie auf individuellen intentionalen Akten beruhen. Diese Prozesse auf der Gruppenebene sind zwar von einem psychologischen Gesichtspunkt aus nicht gut zu verstehen, interagieren aber auf frappierende und bedeutende Weisen mit der intentionalen Ebene.[57]

Der Prozeß der Soziogenese kann besonders deutlich in zwei wichtigen kognitiven Bereichen beobachtet werden: Sprache und Mathematik. Ich werde mit der Sprache beginnen. Obwohl auf einer allgemeinen Ebene alle Sprachen bestimmte Merkmale gemein haben, besitzt jede von den tausenden von Sprachen ihr eigenes Inventar an sprachlichen Symbolen, einschließlich komplexer Konstruktionen, die es ihren Benutzern erlauben, Erfahrungen auszutauschen. Dieses Inventar von Symbolen und Konstruktionen gründet in universalen Strukturen menschlicher Kognition, menschlicher Kommunikation und den Mechanismen des Stimm- und Hörapparats. Die Eigenarten einzelner Sprachen rühren von Unterschieden zwischen den verschiedenen Völkern der Erde her und beziehen sich auf Dinge, über die zu sprechen sie für wichtig halten, und auf das, was sie hinsichtlich dieser Dinge als nützliche Informationen ansehen. Hinzu kommen natürlich verschiedene historische »Zufälle«. Für unseren gegenwärtigen Zweck ist der entscheidende Punkt jedoch, daß nicht alle Symbole und Konstruktionen einer Sprache auf einmal erfunden werden und daß, wenn sie einmal erfunden wurden, sie oft nicht lange unverändert bleiben. Vielmehr entwickeln sich sprachliche Konstruktionen und Symbole, sie verändern

57 Hutchins, 1995.

sich und akkumulieren Modifikationen über einen historischen Zeitraum, indem Menschen sie untereinander gebrauchen, d. h. durch Prozesse der Soziogenese. Die wichtigste Dimension des historischen Prozesses ist im gegenwärtigen Zusammenhang die Grammatikalisierung oder syntaktische Schematisierung, die z. B. beinhaltet, daß freistehende Wörter sich zu grammatischen Markern entwickeln und ungebundene und redundant organisierte Redestrukturen zu festen und weniger redundant organisierten syntaktischen Konstruktionen erstarren.[58] Einige Beispiele mögen das verdeutlichen:

- Der Futurmarker wird in fast allen Sprachen im Ausgang von freistehenden Wörtern für ein Wollen oder die Bewegung auf ein Ziel hin grammatikalisiert. Im Englischen z. B. war das ursprüngliche Verb *will* (wollen), wie in *I will it to happen* (Ich will, daß es geschieht), und dieses Verb wurde in dem Ausdruck *It will happen* (Es wird geschehen) grammatikalisiert (wobei die Willenskomponente »verblichen« ist). In ähnlicher Weise bezog sich die ursprüngliche Verwendung von *go* auf eine Bewegung, wie in *I'm going to the store* (Ich gehe zum Laden), und diese Verwendung wurde zu *I'm going to send it tomorrow* (Ich werde es morgen schicken) grammatikalisiert (wobei die Bewegung verblichen ist – vgl. auch *come* (kommen), wie in *Come Thursday, I will be 46* (Am nächsten Donnerstag werde ich 46)).
- Das englische Past Perfect mit der Verwendung von *have* (haben) ist sehr wahrscheinlich von Sätzen abgeleitet wie *I have a broken finger* (Ich habe einen gebrochenen Finger) oder *I have prisoners bound* (Ich habe Häftlinge, die gefesselt sind), in denen *have* ein besitzanzeigendes Verb ist, und erscheint nun in Sätzen wie *I have broken a finger* (Ich habe mir einen Finger gebrochen), bei denen die besitzanzeigende Bedeutung von *have* verblichen ist und das Wort nur noch den perfektiven Aspekt anzeigt.
- Englische Phrasen wie *on the top of* (oben drauf) und *in the side of* (drinnen) entwickelten sich zu *on top of* und *inside of* und schließlich zu *atop* und *inside*. In manchen Sprachen (jedoch nicht im Englischen) können Bezugswörter wie diese räumlichen Präpositionen auch als Kasusmarker an Nomina angehängt werden, in diesem Fall als mögliche Lokativmarker.
- Ungebundene Redesequenzen wie *Er zog an der Tür, und sie öffnete*

58 Traugott und Heine, 1991a; 1991b; Hopper und Traugott, 1993.

sich können in ein Syntaxschema gebracht werden, z. B. in *Er zog die Tür auf*, eine resultative Konstruktion.

- Ungebundene Redesequenzen wie *Mein Freund... Er spielt Klavier... Er spielt in einer Band* können zu *Mein Freund spielt Klavier in einer Band* werden. Entsprechend kann *Mein Freund... Er reitet Pferde... Er schließt Wetten auf sie ab* zu *Mein Freund, der Pferde reitet, schließt Wetten auf sie ab* werden.
- Wenn jemand die Überzeugung ausdrückt, daß Maria Hans heiraten wird, kann eine andere Person dadurch mit Zustimmung reagieren, daß sie sagt *Ich glaube das*, gefolgt von einer Wiederholung der ausgedrückten Überzeugung *Maria wird Hans heiraten*, und diese beiden Sätze können in dem einzelnen Satz *Ich glaube, daß Maria Hans heiraten wird* in ein syntaktisches Schema gebracht werden.
- Komplexe Sätze können auch von Redesequenzen ursprünglich getrennter Äußerungen abgeleitet werden, wie in *Ich möchte es... Ich kaufe es*, was zu *Ich möchte es kaufen* wird.

Systematische Untersuchungen von Prozessen der Grammatikalisierung und der syntaktischen Schematisierung stecken noch in den Kinderschuhen,[59] und gewiß ist der Vorschlag, daß Sprachen sich von strukturell einfacheren zu strukturell komplexeren Formen durch Prozesse der Grammatikalisierung und der syntaktischen Schematisierung entwickelt haben, in diesem Zusammenhang einigermaßen neu. Diese Prozesse werden nämlich von Sprachwissenschaftlern meist nur als Quellen für Veränderungen angesehen. Aber Grammatikalisierung und syntaktische Schematisierung sind in der Lage, in relativ kurzen Zeitspannen bedeutende Veränderungen der sprachlichen Struktur zu bewirken. Beispielsweise fand ein Großteil der Auseinanderentwicklung der romanischen Sprachen in einem Zeitraum von wenigen hundert Jahren statt. Deshalb sehe ich keinen Grund, warum diese Prozesse nicht auch in der Lage sein sollten, eine einfachere Sprache über einige tausend Jahre hinweg syntaktisch komplexer zu machen. Die Frage, wie genau die Grammatikalisierung und syntaktische Schematisierung in den konkreten Interaktionen von individuellen Menschen und Menschengruppen wirksam sind und in welcher Beziehung diese Prozesse zu den anderen

59 Vgl. Givón, 1979; 1995.

Prozessen der Soziogenese stehen, durch die die soziale Interaktion der Menschen kulturelle Artefakte verändert, ist eine Frage für zukünftige linguistische Forschungen.

Eine mögliche Konsequenz dieser Auffassung besteht darin, daß die frühesten modernen Menschen, die ihren Ursprung vor etwa 200000 Jahren in Afrika hatten, dieselben waren, die als erste symbolisch zu kommunizieren begannen, indem sie möglicherweise einfache symbolische Formen verwendeten, die analog sind zu denen, die von Kindern verwendet werden. Dann zerstreuten sie sich über die ganze Welt, so daß alle gegenwärtigen Sprachen ursprünglich auf jene einzige Protosprache zurückgehen. Wenn diese Protosprache jedoch sehr einfach war, könnte jede Kultur schon sehr früh Redesequenzen auf grundlegend verschiedene Weisen grammatikalisiert und syntaktisch schematisiert haben. Jenen Theoretikern gegenüber, die diese Hypothese für zu weit hergeholt halten, brauchen wir nur auf die alphabetische Schrift hinzuweisen, um eine kulturelle Erfindung zu sehen, die nur ein einziges Mal gemacht wurde und die einige ihrer wesentlichen Merkmale behalten hat, während sie zugleich verschiedene Formen in verschiedenen Kulturen angenommen hat. Dieser Prozeß vollzog sich in nur wenigen tausend Jahren verglichen mit den mehreren zehntausend Jahren, die für die Entwicklung der natürlichen Sprachen zur Verfügung standen.

Die andere intellektuelle Säule der abendländischen Zivilisation, nämlich die Mathematik, unterscheidet sich auf interessante Weise von der Sprache (weist allerdings einige Ähnlichkeiten, aber auch Unterschiede zur Schrift auf). Wie die Sprache beruht auch die Mathematik eindeutig auf universalen menschlichen Weisen der Welterfahrung (von denen viele auch bei anderen Primaten anzutreffen sind) und außerdem auf bestimmten Prozessen des Kulturschaffens und der Soziogenese. Aber in diesem Fall sind die Divergenzen zwischen den Kulturen viel größer als im Fall gesprochener Sprachen. Alle Kulturen haben komplexe Formen sprachlicher Kommunikation, wobei es Variationen bezüglich der Komplexität gibt, die im Grunde vernachlässigbar sind, während einige Kulturen hoch komplexe mathematische

Systeme entwickelten (die nur von wenigen ihrer Mitglieder praktiziert werden), verglichen mit anderen Kulturen, die recht einfache Zahlen- und Zählsysteme haben.[60] Wegen dieser großen Variation hat nie jemand vorgeschlagen, daß die Struktur der modernen komplexen Mathematik auf einem angeborenen Modul beruht, wie man es im Fall der Sprache getan hat (obwohl es logisch möglich wäre, eine Theorie zu konstruieren, die sich an Chomskys Prinzipien und Parametern orientiert, und nach der bestimmte Umweltvariablen, die in einigen Kulturen nicht vorhanden sind, in anderen bestimmte angeborene mathematische Strukturen ansprechen könnten).

Die Gründe für die großen kulturellen Unterschiede bezüglich der mathematischen Praxis sind im allgemeinen nicht schwer zu erkennen. Erstens haben verschiedene Kulturen und Personen einen unterschiedlichen Bedarf an Mathematik. Die meisten Kulturen und Personen müssen einen Überblick über ihre Güter behalten, wofür ein paar wenige natürlichsprachliche Zahlwörter ausreichen werden. Wenn eine Kultur oder Person Gegenstände zählen oder Dinge genauer messen muß, z. B. bei komplexen Bauprojekten oder dergleichen, entsteht das Bedürfnis nach einer komplexeren Mathematik. Die moderne Wissenschaft als eine Unternehmung, die nur von einigen Leuten in einigen Kulturen praktiziert wird, wirft eine große Zahl neuer Probleme auf, die komplexe mathematische Techniken zu ihrer Lösung erfordern. Aber – und darin liegt die Analogie zur Schrift – komplexe Mathematik, wie wir sie heute kennen, kann nur durch den Gebrauch bestimmter graphischer Symbole verwirklicht werden. Insbesondere ist das arabische Zahlsystem älteren abendländischen Systemen für die Zwecke komplexer Mathematik weit überlegen (z. B. römischen Zahlzeichen), und der Gebrauch arabischer Zahlzeichen, einschließlich der Null und des Stellensystems zur Angabe verschieden großer Einheiten, eröffnete den abendländischen Wissenschaftlern und anderen Personen ganz neue Sichtweisen auf mathematische Operationen.[61]

Die Geschichte der Mathematik ist ein Forschungsgebiet, in

60 Saxe, 1981.

61 Danzig, 1954.

dem genauere Untersuchungen unzählige komplexe Weisen aufgedeckt haben, wie Individuen und Gruppen das von früheren Generationen Überkommene aufnehmen und es dann jeweils verändern, um mit neuen praktischen und wissenschaftlichen Problemen besser umgehen zu können.[62] Einige Mathematikhistoriker haben besondere Prozesse beschrieben, durch die bestimmte mathematische Symbole und Techniken erfunden, gebraucht und modifiziert wurden.[63] Um nur ein bekanntes Beispiel zu nennen: Descartes erfand das cartesische Koordinatensystem, in dem er schöpferisch bestimmte der raumbasierten, geometrischen Techniken mit bestimmten auf Zahlen beruhenden Techniken aus anderen Gebieten der Mathematik seiner Zeit verknüpfte, wobei der Infinitesimalkalkül eine Variation dieses Themas war. Die Annahme dieser Technik durch andere Wissenschaftler und Mathematiker hob die ganze Welt der Mathematik unmittelbar auf eine höhere Stufe und veränderte die abendländische Mathematik für immer. So kann die Soziogenese der modernen abendländischen Mathematik, die nur von einer Minderheit der Menschen in diesen Kulturen ausgeübt wird, als Funktion sowohl der mathematischen Bedürfnisse des jeweiligen Volkes als auch der ihm zur Verfügung stehenden Ressourcen verstanden werden. Das setzt zumindest das bei Primaten vorhandene Verstehen von kleinen Quantitäten als grundlegend voraus, aber die moderne Mathematik erfordert sehr wahrscheinlich mehr als das. Meine Hypothese, die ich in Kapitel 6 entwickeln werde, lautet, daß Menschen, indem sie auf diesem grundlegenden Sinn der Primaten für Quantität aufbauen, außerdem ihre erstaunlichen Fähigkeiten zur Perspektivenübernahme und zur alternativen Auffassung konkreter Objekte und Objektmengen verwenden (die in der Fähigkeit zur Perspektivenübernahme und sprachlichen Kommunikation eine soziale Grundlage hat), um eine komplexe Mathematik aufzubauen. In manchen Kulturen wird die Rekrutierung dieser Fertigkeiten zu mathematischen Zwecken mehr benötigt als in anderen.

In beiden Fällen, der Mathematik und der Sprache, hat die

62 Eves, 1961.

63 Z.B. Danzig, 1954; Eves, 1961; Damerow, 1998.

Struktur des jeweiligen heute existierenden Gebildes eine kulturelle Geschichte (tatsächlich handelt es sich um viele kulturelle Geschichten), und die entsprechenden Prozesse der Soziogenese können von Sprach- und Mathematikhistorikern untersucht werden (obwohl die meisten dieser Gelehrten kein unmittelbares Interesse an Psychologie haben). Die Unterschiede zwischen beiden Fällen sind lehrreich. Obwohl die Komplexität in modernen Sprachen viele verschiedene Formen annimmt, ist eine komplexe Sprache ein Universale unter den Völkern der Erde. Das hat seinen Grund entweder darin, daß die ursprüngliche Erfindung vieler der gesprochenen Symbole, die eine Sprache möglich machen, stattfand, bevor die modernen Menschen sich in verschiedene Populationen verzweigten, oder darin, daß die Fähigkeit, gesprochene Symbole hervorzubringen, den Menschen auf so natürliche Weise zufällt, daß die verschiedenen Gruppen sie alle auf ähnliche, aber nicht identische Weise erfanden, nachdem sie sich verzweigt hatten. Eine komplexe Mathematik ist dagegen kein kulturelles Universale, weil die kulturellen Bedürfnisse bezüglich einer komplexen Mathematik und/oder der Bereitstellung der erforderlichen kulturellen Ressourcen erst auftraten, nachdem die modernen Menschen damit begonnen hatten, in verschiedenen Populationen zu leben. Anscheinend haben nicht alle heutigen Völker der Erde diese Bedürfnisse und/oder Ressourcen. Eine der zentralen Tatsachen bezüglich der Sprache, die manche Linguisten zu der Annahme geführt hat, daß bestimmte moderne sprachliche Strukturen angeboren sind – nämlich die Tatsache, daß diese Strukturen nur beim Menschen vorkommen und daß sie allen Menschen gemein sind, während das für viele mathematische und andere kognitive Fertigkeiten nicht gilt[64] –, könnte deshalb nichts weiter als das Ergebnis einer Laune der menschlichen Kulturgeschichte in dem Sinne sein, daß, aus welchem Grund auch immer, die Fertigkeiten zur sprachlichen Kommunikation sich entwickelt haben, bevor die modernen Menschen sich in verschiedene Populationen aufspalteten.

Der Ort, an dem die intellektuellen Bedürfnisse am unmit-

64 Z. B. Pinker, 1996.

telbarsten auf kulturelle Ressourcen treffen, ist natürlich die menschliche Ontogenese. In der Tat können Soziogenese und Kulturgeschichte als eine Folge von Ontogenesen aufgefaßt werden, in denen sowohl unreife als auch reife Mitglieder einer Kultur lernen, effektiv zu handeln, wenn sie mit Problemen in Berührung kommen und mit Ressourcen versorgt werden, darunter soziale Interaktionen mit geübten Problemlösern. Die grundlegendsten kognitiven Fertigkeiten, die für den Spracherwerb und das Erlernen einer komplexen Mathematik als zwei besonders interessanten Beispielen erforderlich sind, stehen zwar allen Menschen zur Verfügung. Aber die vielen und verschiedenartigen Strukturen dieser beiden kulturellen Artefakte, die sich in den vielen verschiedenen menschlichen Gesellschaften der Erde manifestieren, können nicht schon vorher direkt in den Genen kodiert sein. Die Grundidee ist also, daß Menschen kognitive Fertigkeiten besitzen, die biologisch über eine phylogenetische Zeitspanne hinweg vererbt werden; sie verwenden diese Fertigkeiten, um kulturelle Ressourcen zu nutzen, die sich über einen historischen Zeitraum entwickelt haben; und sie nutzen diese Ressourcen während der ontogenetischen Zeitspanne.

Die Ontogenese des Menschen

Vygotskij und zahlreichen anderen Kulturpsychologen folgend, behaupte ich, daß viele der interessantesten und wichtigsten menschlichen kognitiven Leistungen, wie Sprache und Mathematik, historische Zeitspannen und Prozesse zu ihrer Verwirklichung brauchen, auch wenn die meisten Kognitionswissenschaftler diese historischen Prozesse weithin nicht zur Kenntnis nehmen. Außerdem möchte ich gemeinsam mit anderen Entwicklungspsychologen behaupten, daß viele der interessantesten und wichtigsten kognitiven Kompetenzen des Menschen eine bedeutende ontogenetische Zeitspanne und Prozesse zu ihrer Verwirklichung benötigen, auch wenn diese Prozesse ebenfalls von vielen Kognitionswissenschaftlern ignoriert werden. Die kognitionswissenschaftliche Unterschätzung der Ontogenese und ihrer formgebenden Rolle bei der Schaffung reifer Formen menschlicher Kognition hat zu einem großen Teil mit der Überschätzung einer uralten philosophischen Debatte zu tun, die sich überlebt hat, wenn sie überhaupt je von Nutzen war.[65] Deshalb möchte ich diese Debatte zumindest kurz ansprechen, bevor ich zu einer ausführlichen Darstellung der kognitiven Ontogenese des Menschen übergehe.

Philosophischer Nativismus und Entwicklung

Moderne Diskussionen über Natur versus Umwelt und über angeborene versus erworbene Merkmale beziehen ihre Struktur aus den Debatten zwischen rationalistischen und empiristischen Philosophen im Europa des achtzehnten Jahrhunderts, die über den menschlichen Geist und die geistigen Eigenschaften des Menschen stritten. Diese rahmenstiftenden Debatten fanden statt, bevor Charles Darwin der wissenschaftlichen Gemeinschaft neue Wege des Denkens über biologische Prozesse aufzeigte. Die Einführung des Darwinschen Denkens bezüglich der Phylogenese und der Rolle der Ontogenese innerhalb der Phylogenese hätte eigentlich die Debatte überflüssig machen sollen. Das war aber nicht der Fall, und tatsächlich hat der Aufstieg der modernen Genetik sie in einer neuen und bestimmteren Weise mit der Gegenüberstellung von Genen und Umwelt wiederbelebt. Der Grund, warum die Debatte nicht zum Stillstand kam, liegt darin, daß sich auf ihrem Hintergrund die Möglichkeit bietet, die Frage zu beantworten: Wodurch wird das Merkmal X bei erwachsenen Menschen bestimmt? Wenn man die Frage so stellt, ist sogar der Versuch möglich, den relativen Beitrag von Genen und Umwelt hinsichtlich eines bestimmten Merkmals, wie z. B. »Intelligenz«, quantitativ zu bestimmen.[66] Die Frage so zu stellen und zu beantworten ist analog zur Frage, wodurch der Ausbruch der Französischen Revolution bestimmt war, und dann den relativen Beitrag von Wirtschaft, Politik, Religion etc. zu quantifizieren. Aber die darwinistische Sichtweise ist eine prozessuale Sicht-

65 Elman et al., 1997.

66 Scarr und McCarthy, 1983.

weise, bei der wir nicht Kategorien von Faktoren in einem statischen, zeitlosen »Jetzt« betrachten. Wenn wir fragen, wie eine bestimmte Art sich zu ihrer heutigen Form entwickelte (oder wie die Französische Revolution zustande kam), besteht die Antwort in einer Geschichte, die sich in der Zeit entfaltet, wobei verschiedene Prozesse in verschiedenen Richtungen an mehreren Stellen der Entwicklung am Werke sind, obwohl invariante Prozesse, wie genetische Variation und natürliche Selektion, berücksichtigt werden müssen.

Wenn wir die Phylo- und Ontogenese des Menschen verstehen wollen, sollten wir uns diese Darwinsche Denkweise zu eigen machen. Während der Phylogenese wählt die Natur ontogenetische Pfade aus, die zu bestimmten Ergebnissen beim geschlechtsreifen Phänotyp führen. Ich wiederhole: Die Natur wählt ontogenetische Pfade aus, die zu bestimmten phänotypischen Resultaten führen. Diese Pfade können im Hinblick auf ihre Verwirklichung mehr oder weniger von der Verwendung exogenen Materials und von Information abhängen, und Säugetiere im allgemeinen, Primaten und Menschen im besonderen, haben viele ontogenetische Pfade hervorgebracht, die sich einfach nicht ohne dieses exogene Material und die Information hätten entwickeln können. Aber unabhängig von dem Ausmaß, in dem exogenes Material in diesen Prozeß einbezogen wird, ist unser Ziel als Entwicklungstheoretiker biologischer oder psychologischer Provenienz bei jedem ontogenetischen Szenario, den gesamten Pfad bezüglich eines bestimmten Phänomens und seine Funktionsweise zu verstehen.

Es ist sehr bezeichnend, daß es kaum Leute gibt, die sich selbst Biologen nennen und zugleich vorgeben, Nativisten zu sein. Wenn Entwicklungsbiologen den sich entwickelnden Embryo betrachten, haben sie keine Verwendung für den Begriff der Angeborenheit. Der Grund dafür ist nicht, daß sie den Einfluß der Gene unterschätzen – die bedeutende Rolle des Genoms wird als selbstverständlich vorausgesetzt –, sondern vielmehr, daß das kategorische Urteil, ein Merkmal sei angeboren, nichts zu einem Verständnis des Prozesses beiträgt. Es würde den Biologen beispielsweise nichts nützen, wenn sie sagten, daß das Auftreten von Knospen für Körperglieder in der zehnten Woche der menschlichen Embryonalentwicklung angeboren sei. Wenn wir an dem gesamten Prozeß interessiert sind, durch den Glieder in der Embryonalentwicklung gebildet werden, wollen wir zunächst die einzelnen Entwicklungsschritte beschreiben und dann bestimmen, wie die Prozesse der Proteinsynthese, Zelldifferenzierung, der Interaktion des Organismus mit intrauterinen Enzymen, etc. an verschiedenen Punkten der Entwicklung ansetzen. Wenn wir Prozesse, die eine bestimmte Anzahl von Merkmalen gemein haben, »angeboren« nennen wollen – z. B. weil sie für ihren Ablauf nur sehr schwach von der Existenz intrauteriner Enzyme abhängen –, können wir das gewiß tun, und es kann für bestimmte Zwecke auch von Nutzen sein. Aber zum größten Teil hilft eine solche Benennung nicht beim Verstehen der beteiligten ontogenetischen Prozesse. (Vgl. Wittgensteins These, daß irreführende philosophische Probleme nicht gelöst werden, sondern daß wir uns von ihnen wie von einer Krankheit befreien.)[67]

In der Kognitionswissenschaft gab es jedoch schon immer eine nativistische Strömung, welche die Frage in genau derselben Weise stellt, wie es die europäischen Philosophen des achtzehnten Jahrhunderts taten, und es gibt nur sehr wenige Anzeichen für einen Einfluß des Darwinschen Prozeßdenkens.[68] Da diese Theoretiker meistens nicht die relevanten genetischen Prozesse direkt untersuchen, sondern sie vielmehr nur aus logischen Betrachtungen erschließen wollen, könnte man diese theoretische Perspektive vielleicht am besten philosophischen Nativismus nennen. Das soll nicht heißen, daß die Suche nach angeborenen Aspekten menschlicher Kognition nicht zu manchen sehr bedeutenden Einsichten geführt hat. Um nur ein Beispiel anzuführen: Diese Suche hat ergeben, daß der ontogenetische Prozeß, den Piaget als entscheidend für das kindliche Verständnis von Objekten im Raum ansah, nämlich die manuelle Manipulation von Gegenständen, kein entscheidender Bestandteil dieses Verständnisses sein kann, da Kleinkinder räumliche Dinge verstehen,

67 Wittgenstein, 1980.

68 Z. B. Chomsky, 1980; Fodor, 1983.

bevor sie sie mit ihren Händen manipuliert haben.[69] Dieser Ausschluß eines potentiellen Entwicklungsprozesses ist eine bedeutende wissenschaftliche Entdeckung. Aber diese Entdeckung sollte den Forschungsprozeß nicht anhalten – wir sollten nicht einfach sagen, daß X angeboren ist und wir deshalb mit unserer Arbeit fertig sind –, sondern sie sollte uns vielmehr dazu bringen, andere Fragen zu stellen, z. B. hinsichtlich der Rolle der visuellen Erfahrung für die Entwicklung eines Gegenstandsbegriffs, wenn Gegenstände noch nicht manipuliert werden. Auf diese Weise gehen Entwicklungsbiologen vor, obwohl sie natürlich wirkungsvollere Methoden zur Verfügung haben, da sie in die Ontogenese von Tierembryonen in einer Weise eingreifen können, die sich für menschliche Kinder verbietet. Was jedoch immer die Mittel sein mögen (z. B. die Untersuchung des Gegenstandsbegriffs bei blinden Kindern), so besteht das Ziel nicht darin, zu entscheiden, ob eine bestimmte Struktur »angeboren« ist oder nicht, sondern vielmehr darin, die an ihrer Entwicklung beteiligten Prozesse zu bestimmen. Die Suche nach angeborenen Aspekten menschlicher Kognition ist in dem Maße wissenschaftlich fruchtbar, in dem sie uns dabei hilft, die Entwicklungsprozesse zu verstehen, die während der menschlichen Ontogenese am Werk sind, einschließlich aller Faktoren, die dabei eine Rolle spielen, zu welcher Zeit und wie genau sie das tun.

Individuelle und kulturelle Entwicklungslinien

Anstelle des Gegensatzes zwischen Angeborenem und Gelerntem bevorzuge ich eine andere Zweiteilung, die manche für genauso problematisch halten: die Vygotskijsche Dichotomie zwischen individuellen und kulturellen Entwicklungslinien. Es handelt sich dabei im wesentlichen um die Unterscheidung zwischen biologischer und kultureller Vererbung, obwohl sie die Ontogenese anstatt der Phylogenese betrifft. In meiner Deutung dieser Unterscheidung hat die individuelle Linie der kognitiven Entwicklung (was Vygotskij die »natürliche« Linie nannte) mit

69 Spelke, 1990; Baillargeon, 1995.

solchen Dingen zu tun, die der Organismus kennt und alleine lernt, und zwar ohne den direkten Einfluß anderer Personen oder ihrer Artefakte. Demgegenüber betrifft die kulturelle Linie der kognitiven Entwicklung diejenigen gewußten und gelernten Inhalte, die von Handlungen abgeleitet sind, bei denen er versucht, die Welt aus der Perspektive anderer Personen zu sehen (einschließlich der Perspektiven, die in Artefakten verkörpert sind). Ich möchte betonen, daß es sich hier um eine etwas idiosynkratische Weise der Auffassung von kultureller Vererbung und Entwicklung handelt, die viel enger ist als die Begriffsbildungen der meisten Kulturpsychologen. Ich zähle diejenigen Dinge, die ein Organismus ohne Unterstützung anderer von seiner besonderen kulturellen Umgebung oder deren »Habitus« weiß oder lernt, nicht zur kulturellen Vererbung, z. B. wenn ein Kind individuell etwas über die Anordnung der Häuser in seiner näheren Umgebung lernt.[70] Meine engere Definition von kultureller Vererbung – und folglich von kulturellem Lernen und kultureller Entwicklungslinie – konzentriert sich auf intentionale Phänomene, bei denen ein Organismus das Verhalten eines anderen oder dessen Perspektive auf etwas Drittes übernimmt.

Die Schwierigkeit liegt natürlich darin, daß diese beiden Entwicklungslinien sich schon sehr früh in der Entwicklung des Menschen unauflöslich miteinander verbinden und fast jeder kognitive Akt von Kindern ab einem bestimmten Alter Anteile an beiden enthält. In späteren Kapiteln werde ich z. B. nachweisen, daß Kinder in der Zeit zwischen einem und drei Jahren insofern »Imitationsmaschinen« sind, als ihre natürliche Reaktion auf viele Situationen darin besteht, daß sie das tun, was die anderen in ihrer Umgebung tun. Tatsächlich ist das, was sie jeweils für sich selbst in den meisten Situationen zustande bringen, sehr begrenzt. Trotzdem sind die interessantesten Aspekte der Entwicklung während dieser Zeitspanne gerade in den Interaktionen zwischen den individuellen und kulturellen Entwicklungslinien zu finden. Denn das Kind übernimmt die kulturellen Konventionen, die es durch Imitation oder eine andere Form kulturellen

70 Kruger und Tomasello, 1996.

Lernens erworben hat, und macht dann einen kreativen Sprung, der über sie hinausgeht. Dabei stellt es ganz alleine eine bestimmte kategorielle oder analoge Beziehung auf der Grundlage von allgemeinen, für Primaten typischen Fähigkeiten zur Kategorisierung her. Diese kreativen Sprünge beruhen zwar manchmal selbst auf einem kulturellen Instrument, wie z. B. der Sprache, mathematischen Symbolen oder konventionellen bildhaften Vorstellungen, die es Kindern ermöglichen, kategorielle oder analoge Beziehungen zu entdecken. Trotzdem deuten alle Belege auf die Tatsache hin, daß im Alter von vier bis fünf Jahren sich das Gleichgewicht zwischen der Tendenz der Kinder, andere nachzuahmen, und ihrer Tendenz, ihre eigenen kreativen kognitiven Strategien zu verwenden, verlagert hat. Denn in diesem Alter haben sie, hauptsächlich durch sprachliche Interaktion, viele verschiedene Perspektiven verinnerlicht, die ihnen erlauben, für sich selbst in einer stärker selbstregulierten Weise zu reflektieren und zu planen, obwohl die dabei benutzten Mittel manchmal wiederum kulturellen Ursprungs sind.

Viele Kulturpsychologen sind der Ansicht, daß der Versuch einer solchen Unterscheidung nutzlos ist, weil das Individuum und die Kultur Teil desselben Entwicklungsprozesses sind und das Kind in jedem Alter über ein Wissen und Fertigkeiten verfügt, die das Ergebnis eines langen dialektischen Prozesses sind, der beide Faktoren einschließt. Ich stimme mit dieser Kritik teilweise überein, glaube aber dennoch, daß der Versuch, die Wirkungen der spezifisch menschlichen Anpassung an Kultur während der menschlichen Ontogenese zu isolieren und zu bestimmen, ein sinnvolles Unternehmen ist. Es ist zuallererst deshalb sinnvoll, weil wir dadurch die vergleichend-evolutionäre Frage beantworten können, wie und warum sich Menschen von ihren nächsten Primatenverwandten kognitiv unterscheiden. Denn diese entwickeln sich auf ihre eigene arttypische Weise, ohne über ein Analogon zur menschlichen Version der kulturellen Entwicklungslinie zu verfügen, bei der geschichtlich entstandene Artefakte und soziale Praktiken von den sich entwickelnden Nachkommen verinnerlicht werden. Darüber hinaus ist es auch deshalb sinnvoll, weil es ein Verständnis der vermutlich grundlegenden dialektischen Spannung innerhalb der menschlichen kognitiven Entwicklung ermöglicht: die Spannung zwischen dem konventionellen Tun von etwas, das offenkundige Vorteile hat, und dem kreativen Tun, das ebenfalls seine Vorteile hat.

Das Modell der dualen Vererbung

Da die kulturelle Organisation des Menschen von derjenigen anderer Tiere so verschieden ist, da das Aufziehen von Tieren innerhalb eines kulturellen Kontextes diese nicht durch ein Wunder in menschenähnliche Kulturwesen verwandelt und da es Menschen mit biologischen Ausfallerscheinungen gibt, so daß sie an ihren Kulturen nicht im vollen Sinne teilhaben, ist die Schlußfolgerung unausweichlich, daß Menschen eine biologisch vererbte Fähigkeit zur kulturellen Lebensform besitzen. Diese Fähigkeit, die ich als Fähigkeit zum Verstehen der Artgenossen als intentionale und geistbegabte Akteure beschrieben habe, kommt ab dem Alter von etwa neun Monaten zum Tragen, wie wir in Kapitel 3 sehen werden. Durch einen systematischen Vergleich zwischen Menschen und ihren nächsten Verwandten unter den Primaten habe ich zu zeigen versucht, daß diese Fähigkeit leicht zu identifizieren, sehr charakteristisch und für die menschliche Spezies einzigartig ist, obwohl sie sehr wahrscheinlich auf der Anpassungsleistung für relationales Denken aufbaut, welche die Kognition der Primaten von der Kognition anderer Säugetiere im allgemeinen unterscheidet. Die evolutionären Bedingungen, unter denen sich diese einzigartige sozio-kognitive Fähigkeit entwickelte, sind gegenwärtig unbekannt, aber eine mögliche Hypothese besagt, daß sie erst mit dem modernen *Homo sapiens* auftrat und daß sie wirklich das kognitive Hauptmerkmal ist, das moderne von prämodernen Menschen unterscheidet.

Dieser kleine biologische Unterschied zwischen Menschen und ihren engsten Primatenverwandten hatte und hat weiterhin sehr große kognitive Folgen. Außer daß er die Menschen in die Lage versetzt, flexibler und wirksamer mit bestimmten Dingen und Ereignissen in ihrer Umgebung umzugehen, bereitet er auch den Weg für die spezifisch menschliche Form kultureller Vererbung. Wie wir in späteren Kapiteln noch sehen werden, ruht die kulturelle Vererbung als Prozeß auf den beiden Säulen der Soziogenese, durch welche die meisten kulturellen Artefakte und Praktiken erzeugt werden, und des kulturellen Lernens, durch das diese Erzeugnisse und die ihnen zugrundeliegenden menschlichen Absichten und Perspektiven von den sich entwickelnden Nachkommen verinnerlicht werden. Gemeinsam setzen Soziogenese und kulturelles Lernen Menschen in den Stand, materielle und symbolische Artefakte zu schaffen, die aufeinander aufbauen, und dadurch über einen historischen Zeitraum Veränderungen zu akkumulieren (der Wagenhebereffekt), so daß die kognitive Entwicklung von Kindern im Kontext eines Prozesses stattfindet, der der gesamten Kulturgeschichte ihrer sozialen Gruppe gleicht.

Das heißt nicht, daß sozio-kulturelle Prozesse neue Kulturprodukte und kognitive Fertigkeiten aus dem Nichts hervorbringen. Schimpansen sind in kognitiver Hinsicht sehr hochentwickelte Geschöpfe, und die gemeinsamen Vorfahren von Menschen und Schimpansen vor sechs Millionen Jahren waren es zweifellos ebenfalls. Prozesse der Soziogenese und des kulturellen Lernens haben maßgebende kognitive Fertigkeiten in bezug auf den Raum, Gegenstände, Kategorien, Quantitäten, soziale Beziehungen, Kommunikation und verschiedene andere Fertigkeiten zu ihrer Grundlage, über die alle Primaten verfügen. Der Unterschied besteht nur darin, daß menschliche Kulturprozesse diese grundlegenden kognitiven Fertigkeiten in bestimmte neue und unerwartete Richtungen steuern und daß sie das von einem evolutionären Gesichtspunkt aus mit großer Geschwindigkeit tun. Die Alternative zu dieser theoretischen Perspektive besteht darin, jeden einzelnen speziesspezifischen Aspekt menschlicher Kognition dadurch zu erklären, daß man für jede besondere kognitive Fertigkeit eine genetische Basis in Anspruch nimmt. Beispielsweise könnte man bei dem Versuch, die Evolution der Sprache zu erklären, ein oder mehrere genetische Ereignisse in der jüngeren Menschheitsgeschichte annehmen, die die Strukturen moderner Sprachen bestimmten. Und man könnte annehmen, daß dieses genetische Ereignis grundsätzlich unabhängig von anderen solchen Ereignissen war, die für andere spezifisch menschliche, »angeborene Module«, z. B. der Mathematik und dergleichen, verantwortlich sind.[71] Obwohl man sich in Einzelfällen immer streiten kann, ist diese Erklärungsstrategie nicht unvernünftig, wenn unser einziges Interesse sich auf einen spezifisch menschlichen, kognitiven Modul richtet. Aber wenn sich die Zahl angeborener Module vervielfacht, wird das Problem des Zeithorizonts akut. Wir haben höchstens sechs Millionen Jahre, aber viel wahrscheinlicher nur eine Viertel Million Jahre, um die spezifisch menschliche Kognition hervorzubringen, und diese Zeit reicht nach keinem plausiblen evolutionären Szenario aus, um durch genetische Variation und natürliche Selektion viele verschiedene, voneinander unabhängige, spezifisch menschliche kognitive Module zu erzeugen. Ein großer Vorteil der hier vorgelegten Erklärung ist daher, daß nur *eine* größere biologische Anpassung angenommen wird, die zu beliebiger Zeit, und zwar auch in jüngerer Vergangenheit, während der Evolution des Menschen auftreten konnte. Das Problem des Mangels an evolutionärer Zeit, das mehr genetisch basierte Ansätze plagt, stellt sich deshalb einfach nicht.

71 Z. B. Tooby und Cosmides, 1989; Pinker, 1996; 1998.

3
Gemeinsame Aufmerksamkeit und kulturelles Lernen

Wenn man die Dinge von ihren Anfängen an wachsen sieht, dann wird man hier wie auch sonst den besten Überblick bekommen.
Aristoteles

Unser Vergleich zwischen menschlichen und nichtmenschlichen Primaten führt zu dem Ergebnis, daß das Verstehen der Artgenossen als intentionale Wesen, die dem Selbst ähnlich sind, eine spezifisch menschliche kognitive Fähigkeit ist, die entweder direkt oder indirekt über kulturelle Prozesse viele der außerordentlichen Merkmale menschlicher Kognition erklärt. Diese kognitive Kompetenz entsteht in der menschlichen Ontogenese jedoch nicht mit einem Schlag und wirkt dann die ganze Zeit über auf dieselbe Weise. Im Gegenteil, das Verstehen der anderen als intentionale Wesen tritt zunächst in einem Alter von ungefähr neun Monaten auf, aber seine wahre Kraft erscheint erst allmählich, wenn Kinder die kulturellen Instrumente, vor allem die Sprache, aktiv gebrauchen, die ihnen erlaubt, dieses Verstehen zu beherrschen. Um die menschliche Anpassung an die Kultur ganz zu verstehen, müssen wir dem Verlauf dieser Anpassung eine gewisse Strecke folgen. Das möchte ich in den Kapiteln 4-6 tun. In diesem Kapitel versuche ich, zu beschreiben und zu erklären, was im Alter von neun Monaten geschieht.

Die Kognition im frühen Säuglingsalter

Allem Anschein nach sind menschliche Neugeborene äußerst schwache und nahezu völlig hilflose Wesen. Sie können nicht selbst essen, selbständig sitzen, sich bewegen oder Gegenstände ergreifen. Ihre Sehschärfe ist sehr gering, und natürlich wissen sie so gut wie nichts von den kulturellen und sprachlichen Aktivitäten, die um sie herum geschehen. Deshalb nahm William James um die Jahrhundertwende vernünftigerweise an, daß die Erfahrungswelt des Säuglings ein wirbelndes, brausendes Durcheinander sei.[1] In den letzten beiden Jahrzehnten haben Entwicklungspsychologen jedoch entdeckt, daß neugeborene und sehr junge Säuglinge eine Reihe kognitiver Kompetenzen haben, die in ihrem äußeren Verhalten nicht unmittelbar in Erscheinung treten. Das gilt für das Verstehen von Dingen, für das Verstehen anderer Personen und für das Verstehen des Selbst.

Das Verstehen von Dingen

In seinen klassischen Arbeiten über die Kindheit des Menschen legte Piaget eine Theorie der Kognition des Kleinkinds vor, die allen nachfolgenden Ansätzen als Ausgangspunkt diente.[2] Piaget bemerkte, daß Kleinkinder im Alter von etwa vier Monaten anfangen, nach Gegenständen zu greifen; mit etwa acht Monaten fangen sie an, nach verschwundenen Gegenständen zu suchen, und räumen sogar bei ihren Greifversuchen Hindernisse aus dem Weg; und mit etwa zwölf bis achtzehn Monaten beginnen sie, den sichtbaren und unsichtbaren Ortsveränderungen von Gegenständen zu folgen und zum Teil räumliche, zeitliche und kausale Beziehungen zwischen Dingen zu verstehen. Piaget vermutete, daß alle diese Entwicklungsveränderungen im sensu-motorischen Verhalten ein Ergebnis der aktiven Manipulation und Erkundung der Dinge seien, indem die Kleinkinder die Wirklichkeit durch konvergierende Linien von sensorischer und motorischer Information konstruierten.

Eine große Herausforderung für Piagets Ansicht kam von Forschern, die entdeckten, daß Kleinkinder ein gewisses Verständnis einer unabhängig existierenden physischen Welt schon in einem Alter haben, das mit ihren frühesten Manipulationen von Gegenständen zusammenfällt, und zwar noch bevor sie die Zeit gehabt haben könnten, diese Manipulationen zur »Kon-

1 William James, 1890.

2 Piaget, 1974; 1992.

struktion« ihrer Welt zu verwenden. Baillargeon und Mitarbeiter haben z. B. festgestellt, daß Kleinkinder schon im Alter von drei bis vier Monaten – wenn sie von den Forschern nicht aufgefordert werden, Gegenstände zu manipulieren, sondern nur bestimmte Szenen anzusehen – ein Verständnis von Gegenständen als selbständigen Entitäten zeigen, die auch dann existieren, wenn man sie nicht beobachtet.[3] Mit Hilfe derselben Untersuchungsmethode haben Spelke und Kollegen außerdem gezeigt, daß Kinder in demselben frühen Alter eine Reihe anderer Prinzipien verstehen, die das Verhalten von Dingen betreffen, z. B. daß Gegenstände zu derselben Zeit nicht an zwei verschiedenen Orten sein können, daß sie einander nicht durchdringen können etc. Und wiederum scheinen Kleinkinder diese Prinzipien zu verstehen, bevor sie mehr Erfahrung bei der Manipulation von Gegenständen gesammelt haben. In späteren Phasen ihres ersten Lebensjahres zeigen Kleinkinder dann weitere Arten des Verstehens von Objekten im Raum. Vor ihrem ersten Geburtstag können sie beispielsweise Dinge aufgrund ihrer Wahrnehmung kategorisieren, kleine Quantitäten schätzen und sich diese trotz wahrnehmungsmäßiger Verdeckung merken, Gegenstände in ihrer Vorstellung drehen und sich so durch den Raum bewegen, daß die Annahme naheliegt, sie würden eine kognitive Landkarte benutzen.[4]

Es gibt natürlich methodologische Streitfragen bezüglich der neuen Methode, die Kognition von Kleinkindern durch ihr Blickverhalten festzustellen.[5] Der entscheidende Punkt im gegenwärtigen Zusammenhang ist jedoch, daß es sich dabei sämtlich um kognitive Fähigkeiten handelt, die auch nichtmenschliche Primaten besitzen. Wie in Kapitel 2 dargelegt, haben nichtmenschliche Primaten ein gewisses Geschick im Hinblick auf Objektpermanenz, die Abbildung der Orte von Gegenständen auf kognitiven Landkarten, wahrnehmungsmäßige Kategorisierung, das Schätzen kleiner Quantitäten und das mentale Drehen von Gegenständen. Vermutlich haben sie diese Fertigkeiten, weil sie ein auf Repräsentationen beruhendes Verständnis von Dingen im

3 Vgl. die Übersicht bei Baillargeon, 1995.

4 Vgl. die Übersicht bei Haith und Benson, 1997.

5 Siehe Haith und Benson, 1997.

Raum haben, das demselben allgemeinen Typ angehört wie das menschliche Verstehen. So spielen menschliche Kleinkinder einfach nur ihre Primatenerbschaft aus. Nur daß sie eben länger dafür brauchen, weil sie in einem Zustand schwach entwickelter Wahrnehmung und Motorik geboren werden.

Das Verstehen anderer Personen

Bezüglich des Verstehens anderer Personen gibt es bei Säuglingen nicht annähernd so viele Untersuchungen. Offensichtlich sind Säuglinge vom Augenblick ihrer Geburt an, wenn nicht schon früher, sehr soziale Wesen. Nur wenige Stunden nach der Geburt schauen sie selektiv auf schematische Zeichnungen menschlicher Gesichter gegenüber anderen Wahrnehmungsmustern;[6] noch *in utero* scheinen sie sich an die Stimme ihrer Mutter zu gewöhnen;[7] und schon in einem sehr frühen Entwicklungsstadium erkennen sie andere Personen als Lebewesen, die sich von physischen Gegenständen unterscheiden.[8] All das entspricht dem allgemeinen Primatenmuster. Es gibt jedoch zwei soziale Verhaltensweisen, die dafür sprechen könnten, daß menschliche Säuglinge nicht einfach nur soziale Wesen wie andere Primaten sind, sondern daß sie vielmehr »ultra-sozial« sind.

Erstens, wie Trevarthen und andere deutlich gemacht haben, nehmen Säuglinge schon bald nach der Geburt an »Protokonversationen« mit denen teil, die für sie sorgen.[9] Protokonversationen sind soziale Interaktionen, bei denen ein Elternteil und der Säugling ihre Aufmerksamkeit aufeinander richten – oft mit einander zugewandten Gesichtern, so daß sich beide ansehen, sich berühren und Laute von sich geben –, ihre Grundstimmungen ausdrücken und miteinander teilen. Außerdem haben diese Protokonversationen eine klare Struktur von Rollenwechseln. Obwohl es in verschiedenen Kulturen Unterschiede bezüglich des Ablaufs dieser Interaktionen gibt – besonders hinsichtlich der

6 Fantz, 1963.

7 Decasper und Fifer, 1980.

8 Legerstee, 1991.

9 Trevarthen, 1979.

Art und Häufigkeit der gegenseitigen visuellen Zuwendung –, scheinen sie in der einen oder anderen Form ein universales Merkmal der menschlichen Eltern-Kind-Interaktion zu sein.[10] Manche Forscher, insbesondere Trevarthen, glauben, daß diese frühen Interaktionen »intersubjektiv« sind. Meiner Meinung nach können sie aber nicht intersubjektiv sein, bevor die Säuglinge die anderen als Subjekte von Erfahrungen verstehen, was sie erst mit neun Monaten tun (vgl. den nächsten Abschnitt). Trotzdem sind diese frühen Interaktionen zutiefst sozial, insofern sie einen emotionalen Inhalt und die Struktur des Rollenwechsels aufweisen.

Zweitens ahmen menschliche Neugeborene bei diesen frühen sozialen Interaktionen bestimmte Körperbewegungen der Erwachsenen nach, besonders bestimmte Mund- und Kopfbewegungen. Meltzoff und Moore stellten fest, daß Säuglinge schon sehr bald nach der Geburt z. B. das Herausstrecken der Zunge, das Öffnen des Mundes und Kopfbewegungen nachahmen.[11] Obwohl die Säuglinge schon wissen, wie man diese Bewegungen macht und so nur ihre Häufigkeit in Gegenwart eines passenden Reizes steigern (so wie manche Vogelarten die Lauterzeugnisse der Erwachsenen schon früh in ihrer Entwicklung nachahmen), stellten Meltzoff und Moore fest, daß sechs Wochen alte Säuglinge ein natürliches Verhalten (das Herausstrecken der Zunge) modifizieren konnten, um es dem Verhalten eines Erwachsenen anzupassen, der unter Anstrengung die Zunge von einem Mundwinkel zum anderen bewegte. Es ist also möglich, daß die Imitation bei Neugeborenen eine Tendenz von Säuglingen widerspiegelt, nicht nur bekannte Bewegungen nachzuahmen, sondern sich in gewissem Sinn mit den Artgenossen zu »identifizieren«.[12] Wenn das richtig ist, würde es mit Sterns Ansicht übereinstimmen, daß die Anpassung der Säuglinge an den emotionalen Zustand der Erwachsenen durch »Affektregelung« ebenfalls einen sehr tiefgreifenden Identifikationsprozeß darstellt.[13]

10 Trevarthen, 1993a; 1993b; Keller, Schölmerich und Eibl-Eibesfeldt, 1988.

11 Meltzoff und Moore, 1977; 1989.

12 Meltzoff und Gopnik, 1993.

13 Stern, 2000.

Unklar ist, ob nichtmenschliche Primaten sich an Protokonversationen oder an der geschilderten Art von Nachahmung so wie Menschen beteiligen. Meistens wenden sich nichtmenschliche Primatenmütter und deren Säuglinge einander nicht in derselben intensiven Weise zu, die für westliche Mütter der Mittelschicht und ihre Säuglinge charakteristisch ist: Sie sind jedoch in ständigem Körperkontakt und daher könnten ihre Interaktionen, wie die Interaktionen mancher nichtwestlicher Mütter und Säuglinge, Protokonversationen einer anderen Art sein. Es gibt eine Untersuchung eines einzelnen Schimpansensäuglings, der von Menschen aufgezogen wurde und der das Herausstrecken der Zunge auf dieselbe Weise wie menschliche Säuglinge nachahmte.[14] Aber es gibt keine Untersuchungen der Nachahmung bei Schimpansen für andere Arten von Handlungen. Ebenso fehlen Untersuchungen von Anpassungsbemühungen bei der Nachahmung neuer Bewegungen. Ob ganz junge menschliche Säuglinge auf eine für Menschen spezifische Weise sozial sind oder ob die soziale Einzigartigkeit des Menschen auf weitere Entwicklungen im Alter von neun Monaten oder später angewiesen ist, ist also an diesem Punkt eine offene Frage. Jedenfalls ist es keine unplausible Hypothese, daß menschliche Säuglinge bald nach der Geburt eine besonders wirksame Anpassung zeigen. Das drückt sich in ihrer Tendenz aus, bei Protokonversationen sensibel zu interagieren, als auch in dem Versuch, das Verhalten von Erwachsenen zu reproduzieren, was erst nach vorhergehenden Vergleichen möglich ist.

Das Verstehen des Selbst

Wenn Kleinkinder mit ihrer physischen und sozialen Umgebung interagieren, erfahren sie sich auch selbst. Von besonderer Bedeutung ist dabei die Tatsache, daß sie ihre eigenen Verhaltensziele sowie das Ergebnis ihrer umweltorientierten Handlungen erfahren, wenn äußere Dinge ihren zielgerichteten Aktivitäten nachgeben oder ihnen widerstehen, d. h. sie erfahren das »ökolo-

14 Myowa, 1996.

gische Selbst«.[15] Auf diesem Weg lernen Säuglinge etwas über ihre eigenen Verhaltensmöglichkeiten und -beschränkungen in bestimmten Situationen, z. B. indem sie davon absehen, nach Gegenständen zu greifen, die zu weit entfernt sind oder die eine solche Veränderung ihrer Körperhaltung erfordern, daß sie ihr Gleichgewicht verlieren würden.[16] Wenn Säuglinge ihren eigenen Körper erkunden, erleben sie eine Entsprechung zwischen ihrem Verhaltensplan und der Rückmeldung durch die Wahrnehmung, die nichts anderem in ihrer Erfahrung gleicht.[17] Obwohl sehr wenige Untersuchungen dieser Art mit nichtmenschlichen Primaten durchgeführt wurden, gibt es Studien, die zeigen, daß manche Arten genügend über ihre eigenen Fertigkeiten wissen, um von Aufgaben abzustehen, die ihre Fähigkeiten übersteigen.[18] Außerdem scheint man häufig zu beobachten, daß nichtmenschliche Primaten ein Wissen über ihre eigenen motorischen Möglichkeiten und Beschränkungen haben, wenn sie sich durch teilweise neue Umgebungen bewegen.[19] Deshalb ist es sehr wahrscheinlich, daß der Sinn menschlicher Säuglinge für ein ökologisches Selbst etwas ist, was sie mit Primaten teilen. Es gibt nur sehr wenige Untersuchungen, die sich gezielt auf das Verständnis der Säuglinge ihrer selbst als sozialer Akteure richten. Das ist zumindest teilweise deshalb so, weil es unklar ist, was ein Verständnis des sozialen Selbst in diesem frühen Alter überhaupt bedeutet.

Die Neunmonatsrevolution

Im Alter von etwa neun bis zwölf Monaten beginnen Kleinkinder eine Vielfalt neuer Verhaltensweisen zu zeigen, die auf eine Revolution ihres Weltverständnisses hinweisen, besonders bezüglich ihrer sozialen Welt. Wenn es auch fraglich sein mag, ob

15 Neisser, 1988; 1995; Russell, 1997.
16 Rochat und Barry, 1998.
17 Rochat und Morgan, 1995.
18 Smith und Washburn, 1997.
19 Povinelli und Cant, 1996.

die soziale Kognition der Kleinkinder sich von der anderer Primaten in den Monaten vor dieser Revolution unterscheidet, so kann danach kein Zweifel mehr an einem solchen Unterschied bestehen. Mit neun Monaten fangen Kleinkinder an, eine Reihe von Verhaltensweisen sogenannter gemeinsamer Aufmerksamkeit zu zeigen, die das plötzlich auftauchende Verstehen anderer Personen als intentionale Akteure widerspiegeln, deren Beziehungen zu äußeren Gegenständen nun verfolgt, gesteuert oder geteilt werden können.[20] In diesem Abschnitt möchte ich diese neu einsetzenden Verhaltensweisen beschreiben, im nächsten werde ich versuchen, ihre ontogenetischen Ursprünge zu erklären, und im letzten Abschnitt des Kapitels führe ich den Nachweis, wie sie ganz zwanglos zu den Prozessen kulturellen Lernens führen, die die Kleinkinder in die Welt der Kultur katapultieren.

Das Auftauchen gemeinsamer Aufmerksamkeit

Sechs Monate alte Säuglinge interagieren dyadisch mit Gegenständen, indem sie nach ihnen greifen und sie manipulieren, und sie interagieren dyadisch mit anderen Menschen, indem sie in einer Folge von Rollenwechseln wechselseitig ihre Gefühle ausdrücken. Wenn sie Gegenstände in Gegenwart von anderen manipulieren, ignorieren sie meistens die Anwesenden. Wenn sie in Gegenwart von Gegenständen mit anderen interagieren, ignorieren sie meistens die Gegenstände. Zwischen ungefähr neun und zwölf Monaten beginnt jedoch eine Reihe neuer Verhaltensweisen aufzutauchen, die nicht wie diese frühen Verhaltensweisen dyadisch, sondern in dem Sinne triadisch sind, daß sie eine Koordination ihrer Interaktionen mit Gegenständen und Menschen beinhalten, die in einem referentiellen Dreieck von Kind, Erwachsenem und Gegenstand oder Ereignis resultieren, auf den bzw. das beide ihre Aufmerksamkeit gemeinsam richten. Am häufigsten wurde der Ausdruck *gemeinsame Aufmerksamkeit* (joint attention) verwendet, um diesen ganzen Komplex sozialer

20 Tomasello, 1995a.

Fähigkeiten und Interaktionen zu charakterisieren.[21] In diesem Alter beginnen Säuglinge zum ersten Mal, auf anpassungsfähige und zuverlässige Weise dorthin zu blicken, wohin die Erwachsenen blicken (Verfolgen des Blicks), mit ihnen während relativ langer Zeitspannen in bezug auf einen Gegenstand sozial zu interagieren (gemeinsame Beschäftigung), Erwachsene als soziale Bezugspunkte anzusehen (soziale Referenzbildung) und mit Gegenständen in derselben Weise wie die Erwachsenen umzugehen (Imitationslernen). Kurz, in diesem Alter fangen Säuglinge zum ersten Mal damit an, sich auf die Aufmerksamkeit und das Verhalten Erwachsener gegenüber äußeren Gegenständen »einzustellen«.

Nicht zufällig beginnen Säuglinge auch um dieselbe Zeit damit, die Aufmerksamkeit und das Verhalten der Erwachsenen auf äußere Dinge zu lenken, indem sie deiktische Gesten verwenden, wie z. B. auf einen Gegenstand deuten oder ihn hochhalten, um ihn jemandem zu zeigen. Diese kommunikativen Verhaltensweisen stellen Versuche der Säuglinge dar, die Erwachsenen auf *ihre* Aufmerksamkeit bezüglich einer dritten Entität einzustellen. Da diese deiktischen Gesten über dyadische Ritualisierungen wie »Arme hochheben« als Bitte, hochgehoben zu werden, hinausgehen – die den dyadischen Ritualisierungen der Schimpansen (wie in Kapitel 2 beschrieben) in vielen Hinsichten ähnlich sind –, sind sie eindeutig triadisch, insofern sie gegenüber einem Erwachsenen auf einen äußeren Gegenstand hinweisen. Ebenfalls von Bedeutung ist die Tatsache, daß unter diesen frühen deiktischen Gesten sich sowohl Imperative, d. h. Versuche, die Erwachsenen dazu zu bewegen, etwas mit einem Gegenstand oder Ereignis zu tun, als auch deklarative Äußerungen befinden, d. h. Versuche, die Erwachsenen dazu zu bringen, auf einen Gegenstand oder ein Ereignis zu achten. Deklarative Äußerungen sind von besonderer Bedeutung, weil sie besonders deutlich zeigen, daß das Kind nicht nur an einem bestimmten Ergebnis interessiert ist, sondern wirklich die Aufmerksamkeit mit einem Erwachsenen teilen möchte. Daher behaupten manche Theoreti-

21 Siehe Moore und Dunham, 1995.

ker, ich selbst eingeschlossen, daß der bloße Akt des Deutens auf einen Gegenstand gegenüber jemand anderem zum alleinigen Zweck der Aufmerksamkeitslenkung ein spezifisch menschliches Kommunikationsverhalten ist,[22] dessen Mangel ein wesentliches Merkmal des Autismussyndroms während der Kindheit darstellt.[23]

Aufgrund der relativ konsistenten Ergebnisse vieler Untersuchungen weiß man seit einiger Zeit, daß alle diese verschiedenen Verhaltensweisen – sowohl diejenigen, durch die Säuglinge sich auf Erwachsene einstellen, als auch jene, durch die sie die Erwachsenen dazu bringen, sich auf sie einzustellen – zwischen neun und zwölf Monaten auftreten. Vor kurzem haben Carpenter, Nagell und Tomasello diese Frage untersucht, indem sie die sozio-kognitive Entwicklung von vierundzwanzig Kindern zwischen neun und fünfzehn Monaten verfolgten.[24] In Abständen von jeweils einem Monat wurde das Verhalten dieser Kleinkinder anhand von neun verschiedenen Maßen gemeinsamer Aufmerksamkeit erhoben: gemeinsame Beschäftigung, Verfolgen des Blicks, Verfolgen einer hinweisenden Geste, Imitation instrumenteller Handlungen, Imitation willkürlicher Handlungen, Reaktion auf soziale Hindernisse, Verwendung von Befehlsgesten und Verwendung von hinweisenden Gesten (einschließlich proximaler Gesten wie »zeigen« und distaler Gesten wie »deuten«). In allen Fällen wurden strenge Kriterien angewendet, um sicherzustellen, daß die Kinder entweder versuchten, der Aufmerksamkeit oder dem Verhalten des Erwachsenen zu folgen, oder dessen Aufmerksamkeit bzw. Verhalten zu steuern (z. B. die Aufmerksamkeit zwischen Ziel und Erwachsenem hin- und hergleiten zu lassen) und nicht nur auf einen diskriminierenden Reiz reagierten. Die wichtigsten Untersuchungsergebnisse für den gegenwärtigen Zusammenhang waren folgende:

- Jede der neun Fertigkeiten gemeinsamer Aufmerksamkeit trat bei den meisten Kindern zwischen neun und zwölf Monaten auf.
- Alle diese Fertigkeiten erschienen bei den einzelnen Kindern in einer

22 Z. B. Gómez, Sarriá und Tamarit, 1993.

23 Z. B. Baron-Cohen, 1993.

24 Carpenter, Nagell und Tomasello, 1998.

engen Entwicklungssynchronizität, wobei fast 80 Prozent der Kinder alle neun Aufgaben innerhalb eines Zeitfensters von vier Monaten beherrschten.

- Das Alter des Auftretens war für alle Fertigkeiten interkorreliert (jedoch nur leicht, da ein nahezu gleichzeitiges Auftreten der Fertigkeiten zu niedriger individueller Variation führte).

Der Abstand, der bei der Entwicklung einzelner Kinder zwischen verschiedenen Fertigkeiten beobachtet wurde, hatte eine offensichtliche Erklärung, denn es gab eine systematische Reihenfolge von erfüllten Aufgaben. Zwanzig der vierundzwanzig Kinder erledigten zuerst Aufgaben, die das Teilen und das Feststellen der Aufmerksamkeit des Erwachsenen in nächster Nähe verlangten (z.B. während der gemeinsamen Beschäftigung zum Erwachsenen hochblicken). Anschließend folgten Aufgaben, die verlangten, daß man die Aufmerksamkeit des Erwachsenen auf entferntere Gegenstände verfolgte (z.B. Verfolgen des Blicks). Am Ende standen Aufgaben, bei denen man die Aufmerksamkeit des Erwachsenen auf äußere Gegenstände lenken sollte (z.B. einen Erwachsenen auf einen entfernten Gegenstand hinweisen). Abbildung 3.1 stellt diese drei Situationen dar. Die Erklärung für diese Reihenfolge besteht darin, daß die Aufgaben des Teilens bzw. Feststellens einfach nur verlangten, daß das Kind das Gesicht des Erwachsenen anschaute; in diesem Fall mußten die Kinder nur wissen, »daß« der Erwachsene da war und zuschaute. Im Gegensatz dazu verlangten die Aufgaben, bei denen die Kinder entweder der Aufmerksamkeit des Erwachsenen folgten oder sie steuerten, daß sie genau auf das achteten, »worauf« der Erwachsene seine Aufmerksamkeit richtete, wobei das Verstehen (der Aufmerksamkeit und dem Verhalten des Erwachsenen zu folgen) der Produktion (die Aufmerksamkeit und das Verhalten des Erwachsenen zu steuern) vorangeht. Offensichtlich verlangt ein Wissen darüber, auf »welchen« äußeren Gegenstand ein Erwachsener achtet, präzisere Fertigkeiten der gemeinsamen Aufmerksamkeit, als nur zu wissen, »daß« ein Erwachsener der Interaktion als ganzer beiwohnt. Man kann also schließen, daß bei fast allen Kindern das ganze Rüstzeug von Fertigkeiten der gemeinsamen Aufmerksamkeit in leicht korrelierter Weise nahezu gleichzeitig auftaucht, und zwar in einer hoch konsistenten Reihenfolge, welche die verschiedenen Ebenen der Spezifizität bezüglich der gemeinsamen Aufmerksamkeit widerspiegelt.

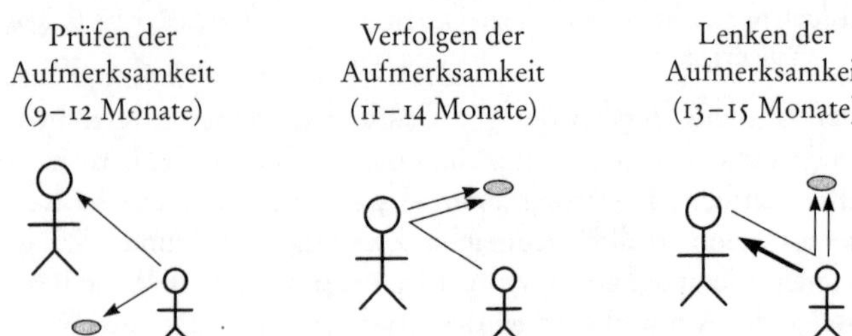

Abbildung 3.1 Drei Haupttypen der Interaktion, die gemeinsame Aufmerksamkeit beinhalten, und das Alter, in dem sie auftauchen; nach der Untersuchung von Carpenter, Nagell und Tomasello (1998). (Etwa 80 Prozent der Probanden liegen in den angegebenen Altersspannen.)

Die Ergebnisse dieser Untersuchung stimmen mit einer großen Zahl anderer Untersuchungen überein, bei denen eine oder mehrere dieser frühen sozio-kognitiven Fertigkeiten einzeln untersucht wurden.[25] Sie zeigen mit besonderer Deutlichkeit, daß das Erscheinen von Fertigkeiten gemeinsamer Aufmerksamkeit im Alter von neun bis zwölf Monaten ein zusammenhängendes Entwicklungsphänomen ist, das nach einer zusammenhängenden Entwicklungserklärung verlangt. Diese Ansicht wird auch durch eine andere Reihe von Studien gestützt, die von Gergely und Kollegen durchgeführt wurde.[26] Diese Forscher zeigten neun Monate alten Kindern einen Punkt, der sich auf einem Bildschirm in einer für Erwachsene deutlich zielgerichteten Weise zu einem bestimmten Ort bewegte, indem er auf seinem Weg einem Hindernis auswich. Die Kinder verstanden die Bewegungen des Punkts eindeutig als zielgerichtet: Sie stutzten, wenn der Punkt

25 Vgl. die detaillierte Übersicht bei Carpenter, Nagell und Tomasello, 1998.
26 Gergely et al., 1995; Csibra et al., 1999.

dieselben Bewegungen machte, nachdem das Hindernis entfernt worden war (und so der Umweg unnötig war), blieben aber im Hinblick auf die Bewegung des Punktes habituiert, solange er demselben Ziel zustrebte, und zwar unabhängig von seiner jeweiligen Bahn. Interessanterweise waren sechs Monate alte Kinder nicht auf dieselbe Weise für die Ziele von Akteuren empfänglich. Rochat, Morgan und Carpenter fanden ähnliche Belege für das Verständnis intentionaler Handlungen bei neun Monate alten Kindern im Vergleich mit sechs Monate alten. Die Kinder sahen dabei einen Ball, der einen anderen in zielgerichteter Weise »jagte«.[27] Diese Untersuchungsergebnisse, die mit Techniken der Habituation und des bevorzugenden Anblickens gewonnen wurden, stellen somit starke konvergierende Belege für die Wichtigkeit des Alters von neun Monaten in der sozio-kognitiven Entwicklung von Kleinkindern dar, indem sie die Kognition des Kleinkinds durch Verhaltensreaktionen maßen, die von einer ganz anderen Art sind als die bei Kindern natürlich auftretenden Verhaltensweisen der gemeinsamen Aufmerksamkeit.

Gemeinsame Aufmerksamkeit und soziale Kognition

Zur Zeit gibt es eine heftige Kontroverse über die Natur der sozialen Kognition von Kindern, die diesen plötzlich auftauchenden triadischen Verhaltensweisen zugrunde liegt. Manche Theoretiker meinen, daß die soziale Kognition der Kleinkinder von Geburt an der von Erwachsenen gleicht und daß das Auftreten von Verhaltensweisen gemeinsamer Aufmerksamkeit zwischen neun und zwölf Monaten einfach die Entwicklung von Verhaltensfertigkeiten zur Manifestation dieser Kognition in sichtbarem Verhalten widerspiegelt. Trevarthen hat z. B. behauptet, daß Kinder mit einem dialogischen Geist geboren werden, mit einem angeborenen Sinn für den »virtuellen anderen«, und nur die motorischen Fertigkeiten erwerben müssen, die notwendig sind, um dieses Wissen im Verhalten auszudrücken.[28] Trevarthens Belege für diese Ansicht sind komplexe dyadische soziale Interak-

27 Rochat, Morgan und Carpenter, 1997.

28 Trevarthen, 1979; 1993a.

tionen von Säuglingen in den ersten Lebensmonaten, die er »primäre Intersubjektivität« genannt hat. Am beeindruckendsten ist die Untersuchung von Murray und Trevarthen, in der zwei Monate alte Säuglinge eine außerordentliche Sensibilität für Kontingenzen innerhalb der sozialen Interaktion mit anderen zu zeigen schienen, was Trevarthen als Beleg dafür interpretiert, daß das Kind die Subjektivität des anderen versteht.[29] Eine Reihe von Forschern, die in jüngster Zeit diese Ergebnisse zu replizieren versuchten, hatten dabei jedoch nur teilweise Erfolg. Wichtiger ist jedoch die Tatsache, daß keiner von ihnen das Interaktionsverhalten der Kinder anders als im Sinne einer Analyse sozialer Kontingenzen interpretiert.[30] Außerdem scheint es klar zu sein, daß fünf Monate alte Kinder alle notwendigen motorischen Fertigkeiten haben, um dem Blick von anderen zu folgen (sie verfolgen nämlich mit dem Blick Gegenstände, die sich bewegen) und ihnen gegenüber auf etwas zu deuten (sie greifen nach Gegenständen und strecken recht häufig ihre Zeigefinger aus). Deshalb können motorische Beschränkungen alleine nicht erklären, warum junge Säuglinge, wenn sie schon über eine hochentwickelte soziale Kognition verfügen, kein Verhalten triadischer gemeinsamer Aufmerksamkeit zeigen. Motorische Beschränkungen erklären ebenfalls nicht den Mißerfolg von Kleinkindern in Untersuchungen zur Blickdauer, die sich auf intentionale Handlungen beziehen, deren Anforderungen an das Verhalten minimal sind.[31]

Andere nativistisch eingestellte Theoretiker (wie z. B. Baron-Cohen) glauben, daß Kleinkinder mit verschiedenen voneinander unabhängigen sozio-kognitiven Modulen ausgestattet sind, wie z. B. mit einem Detektor für die Blickrichtung, einem Detektor für Intentionen und einem Mechanismus für geteilte Aufmerksamkeit.[32] Nach Baron-Cohens Ansicht hat jeder dieser Module seinen eigenen vorherbestimmten Entwicklungszeitplan, der weder von der Ontogenese der anderen Module noch durch

29 Murray und Trevarthen, 1985.

30 Rochat und Striano, 1999; Nadel und Tremblay-Leveau, 1999; Muir und Hains, 1999.

31 Z. B. die von Gergely et al., 1995.

32 Baron-Cohen, 1995.

die Interaktionen des Organismus mit seiner sozialen Umwelt beeinflußt wird. Kinder werden zwar nicht mit einem Wissen über andere Personen geboren, aber sie müssen dieses Wissen auch nicht lernen; die jeweiligen kognitiven Module reifen einfach in den ersten Monaten nach ihrem unausweichlichen Zeitplan heran. Das Problem ist in diesem Fall, daß die Daten mit dieser Ansicht einfach nicht übereinstimmen. Belege aus der Untersuchung von Carpenter, Nagell und Tomasello und indirekte Belege aus anderen Studien zeigen, daß die von diesem Ansatz angenommenen Schlüsselfertigkeiten (Verfolgen des Blicks, Verstehen intentionaler Handlungen und gemeinsame Beschäftigung) entwicklungsmäßig synchron und miteinander korreliert im Alter von neun bis zwölf Monaten auftreten. Diese Tatsachen passen nicht zu einer Theorie, die verschiedene unabhängige Module annimmt, und es gibt auch keine empirische Stützung der Ansicht, daß das Auftreten dieser Fertigkeiten nicht bestimmte Arten sozialer Interaktion erfordert.[33]

Wieder andere Theoretiker glauben, daß die triadischen Interaktionen der Kinder zwischen neun und zwölf Monaten erlernte Verhaltenssequenzen sind. Insbesondere meint Moore,[34] daß die zwischen neun und zwölf Monaten auftretenden Verhaltensweisen unabhängige Verhaltensfertigkeiten sind, von denen jede ihre eigenen kritischen Auslösereize, Abhängigkeiten von der Umwelt und Lerngeschichte hat, die nicht auf ausgefeilten sozio-kognitiven Fertigkeiten beruhen. Beispielsweise lernen Kinder, dem Blick dadurch zu folgen, daß sie sich (am Anfang vielleicht zufällig) in die Richtung der Erwachsenen wenden und dort dann etwas Interessantes zu sehen bekommen. Sie schauen das Gesicht des Erwachsenen in diesen und ähnlichen Interaktionen an, weil das Lächeln und die Ermutigungen von Erwachsenen ebenfalls belohnend sind. Um die Synchronie in der Entwicklung und die Verbundenheit der verschiedenen sozio-kognitiven Fertigkeiten zu erklären, bemüht Moore eine neue Fähigkeit zur Informationsverarbeitung, durch welche die Aufmerksamkeit auf zwei Dinge zugleich gerichtet werden kann. Die Schwierig-

33 Siehe auch die Kritik von Baldwin und Moses, 1994.

34 Moore, 1996; Barresi und Moore, 1996.

keit ist hier, daß diese Fähigkeit zur Informationsverarbeitung nie unabhängig gemessen und mit der frühen sozialen Kognition in Verbindung gebracht wurde. Tatsächlich gab es in der Untersuchung von Carpenter, Nagell und Tomasello verschiedene gegenstandsbezogene Aufgaben, von denen man annehmen könnte, daß sie zu einem bestimmten Grad von dieser vermuteten Fertigkeit zur Informationsverarbeitung abhängen, aber sie paßten nicht zu der beobachteten Entwicklungsreihenfolge der Fertigkeiten und korrelierten auch nicht systematisch mit den objektiven sozio-kognitiven Messungen.[35]

Meiner Ansicht nach zwingen uns die Daten also, nach einer Erklärung der gemeinsamen Aufmerksamkeit zu suchen, die kohärenter ist als alle diese Alternativen, seien sie nun nativistisch oder lernorientiert, indem sie erklärt, warum alle diese verschiedenen Verhaltensweisen gemeinsamer Aufmerksamkeit in ihrer bestimmten Art und Weise und zu einem bestimmten Zeitpunkt auftauchen. Wir brauchen also eine theoretische Erklärung, die die folgenden beiden Fragen beantwortet:

- Warum treten alle Fertigkeiten gemeinsamer Aufmerksamkeit miteinander korreliert auf?
- Warum tun sie das im Alter von neun Monaten?

Es wird nicht überraschen, daß ich jene Erklärung favorisiere, die annimmt, daß Kleinkinder erst dann an Interaktionen gemeinsamer Aufmerksamkeit teilnehmen, wenn sie andere Personen als intentionale Akteure wie sich selbst zu verstehen beginnen.[36] Intentionale Akteure sind Lebewesen mit Zielen, die eine aktive Wahl zwischen Verhaltensmitteln treffen, einschließlich der Auswahl dessen, worauf sie bei der Zielverfolgung ihre Aufmerksamkeit richten sollen. Natürlich ist nicht alles Verhalten in diesem Sinne intentional. Beispielsweise haben das Blinzeln und andere Reflexe biologische Funktionen, die analog zu Zielen sind. Aber die Individuen treffen Willensentscheidungen darüber, wie sie diese Ziele erreichen sollen, auf der Grundlage ihrer Einschätzung der gegenwärtigen Situation. Gergely et al. spre-

35 Carpenter, Nagell und Tomasello, 1998.

36 Tomasello, 1995a.

chen hier von »rationaler« Handlung: Das Verhalten eines Organismus ergibt für uns einen Sinn, wenn wir verstehen, wie er seine Verhaltensentscheidungen trifft, die instrumentell für das Erreichen des Ziels sind.[37]

Darüber hinaus habe ich dafür argumentiert, daß wir die Aufmerksamkeit als eine Art von intentionaler Wahrnehmung betrachten sollten.[38] Individuen entscheiden sich absichtlich dafür, auf bestimmte Dinge zu achten und andere außer Betracht zu lassen, die eine direkte Beziehung zur Verfolgung ihrer Ziele haben. Gibson und Rader geben das Beispiel eines Malers und eines Bergsteigers, die bei den Vorbereitungen ihrer jeweiligen Tätigkeit denselben Berg anblicken. Sie sehen dasselbe Objekt, achten aber auf sehr verschiedene seiner Aspekte.[39] Das nahezu gleichzeitige Auftreten der vielen verschiedenen Verhaltensweisen gemeinsamer Aufmerksamkeit, die alle in der einen oder anderen Weise auf dem Verständnis anderer Personen als wahrnehmender, sich verhaltender und zielgerichteter Wesen beruhen – ergänzt durch experimentelle Befunde wie die von Gergely und Kollegen –, legt sehr stark die Vermutung nahe, daß diese Verhaltensweisen gemeinsamer Aufmerksamkeit nicht nur isolierte kognitive Module oder einzeln gelernte Verhaltenssequenzen sind. Sie spiegeln alle das heraufdämmernde kindliche Verständnis anderer Personen als intentionale Akteure wider. Vielleicht liefert kein einzelnes solches Verhalten einen unzweideutigen Beleg für dieses Verständnis, aber zusammen stellen diese Verhaltensweisen einen überzeugenden Hinweis auf ein solches Verständnis dar, besonders jene, die vom Kleinkind verlangen, daß es genau feststellt, »worauf« der Erwachsene seine Aufmerksamkeit richtet oder »was« er tut, da sich in ihnen ein klares Verständnis der Aufmerksamkeit des Erwachsenen zeigt. Kleinkinder müssen jedoch immer noch viel über andere Personen und deren Funktionsweise lernen. Insbesondere werden wir in späteren Kapiteln sehen, daß junge Kinder beim Erwerb ihrer Fertigkeiten zur sprachlichen Kommunikation viel darüber lernen, wie

37 Gergely et al., 1995.
38 Tomasello, 1995a.
39 Gibson und Rader, 1979.

genau man der Aufmerksamkeit der Erwachsenen folgt und sie steuert. Natürlich wissen einjährige Kinder nicht genug über den Zusammenhang zwischen Wahrnehmen und Handeln, um wirksam in diesen Prozeß einzugreifen, indem sie z. B. täuschende Wahrnehmungsreize produzieren, damit der Erwachsene ihren Wünschen nachgibt – eine Fertigkeit, die zwei bis drei Jahre weiterer Übung in der Interaktion mit anderen bedarf. Wir haben es hier erst mit dem Anfangsstadium dieses Prozesses zu tun.

Es stellt sich also die Frage: Wenn das Auftreten gemeinsamer Aufmerksamkeit eine Revolution im kindlichen Verstehen anderer Personen ist, woher kommt es? Ich habe einige Belege dafür angegeben, daß das Verhalten von Kleinkindern schon in einer sehr frühen Entwicklungsphase eine soziale Dimension hat, die man bei anderen Primaten nicht findet. Das wird durch ihre Teilnahme an Protokonversationen und ihre frühe Nachahmung nahegelegt. Diese Verhaltensweisen beinhalten keine gemeinsame Aufmerksamkeit oder irgendeine andere Form des Verstehens anderer als intentionale Akteure. Daher stellt sich die Frage, in welcher Beziehung diese früheren und späteren sozio-kognitiven Entwicklungen zueinander stehen, falls sie überhaupt aufeinander bezogen sind, und warum sie im Verstehen der anderen als intentionale Akteure gerade im Alter von neun Monaten kulminieren.

Eine »Simulationserklärung« der Neunmonatsrevolution

Gesellschaftstheoretiker von Vico und Dilthey bis zu Cooley und Mead haben immer wieder betont, daß unser Verständnis anderer Personen auf einer besonderen Wissensquelle beruht, die nicht zum Einsatz kommt, wenn wir versuchen, das Funktionieren unbelebter Gegenstände zu verstehen, nämlich die Analogie mit dem Selbst. Die theoretische Schlüsselannahme besteht darin, daß wir Informationsquellen bezüglich des Selbst und seiner Tätigkeit haben, die für keinen äußeren Gegenstand, gleichgültig von welcher Art, eingesetzt werden. Wenn ich handle, habe ich die innere Erfahrung eines Ziels und des Strebens nach diesem Ziel, sowie verschiedene Formen propriozeptiver Wahrnehmung meines zielgerichteten Verhaltens (die mit der äußeren Wahrnehmung korreliert sind), die dazu dienen, Ziel und Verhaltensmittel miteinander zu verknüpfen. In dem Maße, in dem ich eine äußere Entität als »mir ähnlich« auffasse und dieser Entität dieselben inneren Vorgänge zuschreiben kann, die in mir selbst stattfinden, in diesem Maße kann ich ein zusätzliches besonderes Wissen darüber erwerben, wie diese Entität funktioniert. Wahrscheinlich ist die Analogie am stärksten und natürlichsten, wenn sie andere Personen betrifft.

Mein theoretischer Ansatz besteht nun darin, diese allgemeine Einsicht in die Beziehung zwischen dem Verstehen von sich selbst und von anderen zu nutzen, um die sozio-kognitive Neunmonatsrevolution zu erklären. Allgemein gesprochen ist die These, daß Kleinkinder bei dem Versuch, andere Personen zu verstehen, das anwenden, was sie bereits an sich selbst erfahren. Diese Selbsterfahrung ändert sich in der frühen Entwicklung, besonders im Hinblick auf das selbstverursachte Handeln. Meine Hypothese ist, daß sich durch diese neue Erfahrung selbstverursachten Handelns ein neues Verständnis anderer als direkte Folge einstellt. Der gegenwärtige Ansatz kann deshalb als eine Variante des Simulationsmodells betrachtet werden, demzufolge Individuen andere Personen anhand einer Analogie mit dem Selbst verstehen, da die anderen »wie ich selbst« sind, und zwar so, wie sie es bei unbelebten Gegenständen nicht tun, da diese eben nicht »wie ich selbst« sind.

Die Verbindung zwischen dem Selbst und dem Anderen

Gestützt auf Befunde, die sich hauptsächlich auf die Imitation bei Neugeborenen beziehen, schlagen Meltzoff und Gopnik die Hypothese vor, daß Kleinkinder von Geburt an verstehen, daß andere Personen ihnen ähnlich sind, wobei sie später natürlich noch viele Details lernen müssen.[40] Aber sie geben keine Erklä-

40 Meltzoff und Gopnik, 1993; siehe auch Gopnik und Meltzoff, 1997.

rung, nach der diese vergleichende Einstellung eine wesentliche Rolle für die nachfolgende sozio-kognitive Entwicklung spielt, insbesondere verknüpfen sie diese Einstellung nicht eigens mit dem Auftreten von Verhaltensweisen gemeinsamer Aufmerksamkeit zwischen neun und zwölf Monaten. Tatsächlich vertreten Meltzoff und Gopnik als Anhänger der »Theorie-Theorie« die Ansicht, daß Kleinkinder andere Personen dadurch verstehen, daß sie dieselbe Art von vorwissenschaftlicher Theorienbildung verwenden, die sie in allen anderen Bereichen der Kognition einsetzen. Die »mir ähnlich«-Einstellung spielt in diesem Prozeß keine wirkliche Rolle, sondern die neuen Entwicklungserscheinungen im Alter von neun Monaten sind einfach das Resultat direkter Beobachtung und von Schlußfolgerungen über das Verhalten anderer Personen (und in der Tat argumentiert Gopnik auch dafür, daß wir die intentionalen Zustände der anderen so gut wie unsere eigenen und in manchen Fällen sogar besser kennen).[41]

Meine eigene Sichtweise stimmt mit Meltzoff und Gopnik darin überein, daß das frühkindliche Verstehen anderer als »mir ähnlich« tatsächlich das Ergebnis einer spezifisch menschlichen biologischen Anpassung ist, obwohl das genaue Alter, in dem es in der Ontogenese auftritt, und das Ausmaß und die Art von persönlicher Erfahrung, die auf dem arttypischen Entwicklungspfad notwendig sind, unklar bleiben.[42] Dieses Verstehen, das in jedem Fall während der ersten Lebensmonate erscheint, ist dann ein Schlüsselelement dafür, daß Kleinkinder mit neun Monaten andere als intentionale Akteure verstehen. Das heißt, es wird zu einem Schlüsselelement, wenn der andere unverzichtbare Faktor in Erscheinung tritt, und dieser andere Faktor erklärt, warum das Alter von neun Monaten so besonders ist. Dieser Faktor ist das neue Verständnis, das die Säuglinge von ihren eigenen intentionalen Handlungen haben. Da andere Personen »mir ähnlich« sind, führt jedes neue Verständnis meiner eigenen Tätigkeit unmittelbar zu einem neuen Verständnis von deren Tätigkeit. Ich simuliere mehr oder weniger die psychische Tätigkeit der an-

41 Gopnik, 1993.

42 Baresi und Moore, 1996.

deren durch eine Analogie zu meiner eigenen, mit der ich am unmittelbarsten und innigsten vertraut bin. Folglich ist die spezifische Hypothese, daß Kleinkinder, wenn sie ein neues Verständnis ihrer eigenen intentionalen Handlungen erwerben, anschließend die »mir ähnlich«-Einstellung einnehmen, um das Verhalten anderer auf dieselbe Weise zu verstehen. Und es gibt Belege dafür, daß das Alter zwischen acht und neun Monaten tatsächlich ein besonderes Alter dafür ist, daß Kleinkinder ihre eigenen intentionalen Handlungen verstehen.

Das Selbst wird intentional

In den ersten Lebensmonaten verstehen Kleinkinder, daß sie mit ihren Handlungen Ergebnisse in der äußeren Umgebung erzielen, aber sie scheinen nicht zu wissen, wie oder warum sie das tun. Piaget dachte sich eine Reihe von raffinierten Experimenten aus, in denen Kinder interessante Wirkungen bei beweglichen Dingen, Spielsachen und Haushaltsgegenständen erzielten und dann die Gelegenheit bekamen, diese Wirkungen zu reproduzieren, manchmal unter leicht modifizierten Umständen, die eine Akkommodation seitens der Kinder erforderten.[43] In den ersten sechs bis acht Lebensmonaten wiederholten Piagets Säuglinge im Grunde die Verhaltensweisen, die interessante Resultate reproduzierten, akkommodierten sich aber nur sehr wenig an die Erfordernisse der jeweiligen Situation. Wenn der Säugling zum Beispiel eine Rassel schüttelte und aufgrund dessen, daß seine Hand mit der Rassel durch eine Schnur verbunden war, eine interessante Ansicht oder ein interessantes Geräusch produzierte, führte die Entfernung der Schnur zu keiner Verhaltensänderung: Der Säugling machte dieselben Armbewegungen. Piaget beobachtete viele andere Beispiele dieses »magischen« Denkens bezüglich dessen, wie Handlungen Ergebnisse in der Außenwelt hervorbringen.

Aber mit etwa acht Monaten schienen Piagets Säuglinge ein neues Verständnis der Beziehungen zwischen Handlungen und

43 Piaget, 1974; 1992.

ihren Folgen zu zeigen. Die neuen Verhaltensweisen, die dieses neue Verständnis belegten, waren (a) der Gebrauch verschiedener Verhaltensmittel für dasselbe Ziel und (b) das Erkennen und der Gebrauch von verhaltensmäßigen Zwischengliedern bei der Zielverfolgung. Wenn die Säuglinge z. B. nach einem Spielzeug greifen wollten und Piaget ein Kissen als Hindernis in den Weg legte, begannen die weniger als acht Monate alten Säuglinge mit dem Kissen zu interagieren und vergaßen das ursprüngliche Spielzeug oder blieben auf das Spielzeug konzentriert und waren einfach frustriert; mit acht Monaten reagierten die Säuglinge jedoch auf den Eingriff mit dem Kissen so, daß sie innehielten, dann das Kissen entfernten oder es runterwarfen und schließlich nach dem Spielzeug griffen. Das Gegenstück zur Entfernung von Hindernissen bestand im Gebrauch von Zwischengliedern, meistens anderer Menschen, um ihre Ziele zu erreichen. Wenn die Kinder z. B. auf ein Spielzeug einwirken wollten und es nicht konnten, schoben sie die Hand des Erwachsenen zu ihm hin und warteten auf das Ergebnis (in ein paar wenigen Fällen versuchten sie, unbelebte Zwischenglieder als Instrumente zu gebrauchen, aber diese wurden meistens erst wenige Monate später verwendet).

Obwohl man zugeben muß, daß Säuglinge bis zum Alter von acht Monaten in dem allgemeinen Sinne intentional handeln, daß ihr Verhalten auf ein Ziel bezogen ist, weist doch der Gebrauch verschiedener Mittel für denselben Zweck und die Verwendung von Zwischengliedern auf ein neues Niveau intentionaler Tätigkeit hin.[44] Ein Mittel, das in einer bestimmten Situation nützlich war, kann in einer anderen Situation durch ein anderes ersetzt werden; das Kind muß eine Wahl treffen. Und es kann sogar sein, daß ein Verhalten, das bei einer Gelegenheit ein Selbstzweck war, z. B. das Herunterwerfen eines Kissens, jetzt nur noch ein Mittel für einen weiteren Zweck ist (nach einem Spielzeug zu greifen). Daraus geht hervor, daß die Säuglinge nun ein neues Verständnis der verschiedenen Rollen von Mitteln und Zwecken in bezug auf ihr Verhalten haben. Sie können das Ziel, das sie verfolgen, von

44 Frye, 1991.

den Verhaltensmitteln, die sie bei seiner Verfolgung einsetzen, nun viel deutlicher als bei ihren früheren sensu-motorischen Handlungen unterscheiden. Wenn der Säugling ein Hindernis entfernt und sich unverzüglich auf das Ziel hin bewegt, ist die Annahme plausibel, daß er schon vorher das Ziel deutlich vor Augen hatte (vermutlich in Form eines vorgestellten Sachverhalts in der Welt), dieses Ziel während der ganzen Zeit, in der er das Hindernis beseitigte, nicht aus den Augen verlor und es deutlich von den verschiedenen Verhaltensmitteln abgrenzte, unter denen er zu wählen hatte, um das Ziel zu erreichen.

Die Simulation intentionaler Handlungen anderer

Piaget vermutete, daß die kindliche Zuschreibung kausaler Kräfte zu Entitäten, die vom Selbst verschieden sind, sich ursprünglich auf andere Personen bezieht: »Personen ... sind ... höchstwahrscheinlich die ersten vergegenständlichten Quellen der Kausalität und dies, weil es dem Subjekt dank der Imitation einer anderen Person schnell möglich ist, der Handlung seiner Modelle eine Wirkungsfähigkeit ›allein durch ihre Ausübung‹ analog seiner eigenen Handlung zuzuschreiben.«[45] Dieser allgemeine Ansatz ist ebenfalls der Kern meiner eigenen Theorie, obwohl Piaget in seiner kursorischen Behandlung des Gegenstands die wichtige Unterscheidung zwischen dem Verstehen der anderen als Quellen der Selbstbewegung und Kraft, d. h. als Lebewesen, und deren Auffassung als Wesen, die Verhaltens- und Wahrnehmungsentscheidungen treffen, d. h. als intentionale Wesen, nicht macht. Meiner Ansicht nach verstehen Kleinkinder die anderen sehr wahrscheinlich als Lebewesen mit der Fähigkeit zur Selbstbewegung weit vor dem Alter von acht bis neun Monaten, und zwar auf eine Weise, die der von Primaten entspricht, weil dieses Verstehen auf keiner Identifikation mit dem Selbst oder der Zuschreibung von Intentionalität beruht. Selbsterzeugte Bewegung kann direkt wahrgenommen und von Bewegungen unterschieden werden, die von äußeren Kräften erzwungen werden. Aber

45 Piaget, 1974, S. 307.

das Verstehen anderer als intentionale Wesen mit Zielen, Aufmerksamkeit und Fähigkeiten, Entscheidungen zu treffen, ist nochmal etwas anderes.

Diese Unterscheidung ist wesentlich. Betrachten wir z. B. die Befunde von Leslie und Woodward.[46] Kleinkinder im Alter von fünf bis sechs Monaten sind überrascht, wenn sie beobachten, daß die Hände anderer Personen sich so bewegen, wie sie es normalerweise nicht tun. Kinder in diesem Alter scheinen also zu wissen, daß andere Menschen Lebewesen sind, die Fähigkeit zur Selbstbewegung haben und sich auf bestimmte Weisen verhalten. Das entspricht genau dem, wie Kleinkinder ihre eigenen Handlungen in diesem Alter verstehen, nämlich als Verfahrensweisen, die zu bestimmten Resultaten führen (siehe oben). Das Verstehen anderer als Lebewesen, d. h. als Wesen, die Ereignisse verursachen, ist jedoch nicht dasselbe wie das Verstehen anderer als intentionale Wesen, d. h. Wesen, in deren Verhalten Ziel, Aufmerksamkeit und Verhaltensstrategie miteinander verknüpft sind. Nach der gegenwärtigen Simulationstheorie ist dazu eine Entwicklung notwendig, durch die das Kind bei seinen eigenen sensu-motorischen Handlungen Ziele von Verhaltensmitteln unterscheidet. Diese Unterscheidung eröffnet dann die Möglichkeit, andere nicht nur als Quellen von Kräften sondern als Individuen mit Zielen zu verstehen, die Entscheidungen zwischen verschiedenen Verhaltens- und Wahrnehmungsstrategien treffen. Das wiederum ermöglicht ein Verständnis der Dimension der Gerichtetheit der Intentionalität, die fehlt, wenn Kleinkinder nur verstehen, daß andere eine globale Fähigkeit haben, Ereignisse zu verursachen.

Die Theorie besagt also, daß Kleinkinder sich schon sehr früh in ihrer Ontogenese mit anderen Lebewesen identifizieren und daß das auf einer spezifisch menschlichen, biologischen Erbschaft beruht (die wahrscheinlich längere Interaktionen mit der sozialen Umwelt erfordert). Solange Kinder sich selbst nur allgemein als Lebewesen mit der Fähigkeit, Dinge zu verursachen, verstehen, d. h. in den ersten sieben bis acht Monaten, solange

46 Leslie, 1984; Woodward, 1998.

verstehen sie auch andere Personen so. Wenn sie anfangen, sich selbst als intentionale Akteure zu verstehen, dann verstehen sie auch die anderen so. Dieses Verständnis schafft auch die Basis für ein Verständnis der Wahrnehmungsentscheidungen der anderen – und dafür, daß ihre Aufmerksamkeit von ihrer Wahrnehmung verschieden ist –, obwohl wir gegenwärtig nur wenige Einzelheiten dieses Prozesses kennen. Auch wenn wir an diesem Punkt das Argument nicht überstrapazieren sollten, so besteht doch die Möglichkeit, daß Kinder manche dieser Simulationen unangemessenerweise auch bei unbelebten Gegenständen vornehmen und daß sie so zu ihrer Auffassung darüber gelangen, wie bestimmte physische Ereignisse andere »erzwingen«: Die erste Billardkugel stößt die zweite mit derselben Art von Kraft an, die ich spüre, wenn ich sie anstoße.[47] Wahrscheinlich ist diese Art von Simulation nicht so intensiv wie die Simulation anderer Personen, weil die Analogie zwischen ihnen und unbelebten Gegenständen schwächer ist.

Ich möchte an dieser Stelle hinzufügen, daß eine Menge von Einwänden gegen die Simulationstheorie erhoben wurde, die aus meiner Sicht auf einem Mißverständnis beruhen. Oft meint man, die Simulationstheorie beinhalte, daß Kinder zuerst in der Lage sein müssen, Begriffe von ihren eigenen intentionalen Zuständen zu bilden, bevor sie diese Zustände dazu benutzen können, die Perspektive der anderen zu simulieren. Das scheint aber empirisch nicht der Fall zu sein: Kinder bilden keine Begriffe ihrer mentalen Zustände, bevor sie Begriffe der mentalen Zustände anderer bilden,[48] und sie sprechen auch vorher nicht von solchen Zuständen.[49] Aber das braucht nicht unbedingt ein Problem zu sein, wenn die Simulation nicht als ein expliziter Prozeß verstanden wird, bei dem das Kind einen Begriff eines geistigen Inhalts bildet, wobei es sich dessen bewußt ist, daß es sich um seinen eigenen geistigen Inhalt handelt, und dann diesen Inhalt in einer bestimmten Situation einer anderen Person zuschreibt. Meine Vermutung ist einfach, daß Kinder das kategorische Urteil fällen,

47 Piaget, 1974.
48 Gopnik, 1993.
49 Bartsch und Wellman, 1995.

daß die anderen »mir ähnlich« sind und daß sie deshalb auch wie ich funktionieren sollten. Es wird nicht behauptet, daß es für Kinder in bestimmten Situationen leichter ist, einen bewußten Zugang zu ihren eigenen geistigen Zuständen zu haben als zu den geistigen Zuständen anderer Personen. Sie nehmen die allgemeine Funktionsweise der anderen einfach durch eine Analogie mit sich selbst wahr, wobei ihre Fähigkeit, bestimmte geistige Zustände in bestimmten Umständen zu erkennen, von vielen Faktoren abhängt. Im einfachsten Fall sieht oder imaginiert das Kind einfach den Zielzustand, den die andere Person erreichen will, und zwar so, wie es diesen Zustand sich selbst vorstellen würde, und dann sieht es das Verhalten der anderen Person analog seinem eigenen als ebenso auf dieses Ziel gerichtet.

Schimpansen und autistische Kinder

Wenn wir nun zu einer Betrachtung unserer nächsten Verwandten unter den Primaten zurückkehren, gelangen wir zu folgender Schlußfolgerung: Schimpansen und einige andere nichtmenschliche Primaten haben offensichtlich ein Verständnis der Wirksamkeit ihrer eigenen Handlungen auf die Umgebung, und tatsächlich zeigen sie intentionale sensu-motorische Handlungen, bei denen sie verschiedene Mittel für dasselbe Ziel einsetzen, Hindernisse beseitigen und Zwischenglieder, wie z. B. Werkzeuge, verwenden. Wenn, wie ich vermute, sie andere nicht als intentionale Akteure verstehen, dann kann das nicht an dieser Komponente liegen. Statt dessen ist meiner Meinung nach der Grund für das mangelnde Verständnis in der zweiten Komponente zu suchen: Sie identifizieren sich mit den anderen nicht so, wie Menschen das tun. Eine rein spekulative Hypothese besteht darin, daß das auch der Ursprung ihrer Schwierigkeiten mit physikalischen Problemen ist, bei denen sie versuchen müssen, die kausalen Beziehungen zwischen dem Verhalten unbelebter Gegenstände zu verstehen. Sie versuchen in keiner Weise, sich mit den jeweiligen Gegenständen zu identifizieren. Eine interessante Wendung dieser Vorgänge findet sich bei akkulturierten Menschenaffen, die bestimmte menschenähnliche Fertigkeiten gemeinsamer Aufmerksamkeit zu erwerben scheinen, wie z. B. befehlendes Hinweisen gegenüber Menschen und das Imitationslernen bestimmter instrumenteller Fertigkeiten (siehe Kapitel 2). Aber diese Affen zeigen trotzdem keine deklarativen hinweisenden Gesten und verwenden auch ihre anderen Kommunikationssignale nicht deklarativ, d. h. nur mit dem Ziel, die Aufmerksamkeit des anderen zu lenken, und man findet bei ihnen keine Tätigkeiten, die Kooperation und Unterricht beinhalten. Die gegenwärtige Hypothese ist, daß diese Individuen zwar etwas im Hinblick darauf lernen mögen, wie effektiv Menschen mit ihrer Umgebung umgehen – mit wem man in Kontakt treten muß, um seine Bedürfnisse zu stillen –, ihnen aber doch kein noch so langes Training zu der spezifisch menschlichen Prädisposition verhelfen kann, sich mit anderen in einer menschenähnlichen Weise zu identifizieren.

Wenn wir unterstellen, daß Menschen eine biologisch angeborene Fähigkeit haben, sich mit ihren Artgenossen zu identifizieren, liegt es nahe, nach Individuen Ausschau zu halten, die ein biologisches Defizit bezüglich dieser Fähigkeit aufweisen. Es ist bekannt, daß autistische Kinder beträchtliche Schwierigkeiten hinsichtlich gemeinsamer Aufmerksamkeit und Perspektivenübernahme haben. Sie zeigen z. B. eine Reihe von Schwächen bezüglich der Fähigkeit, gemeinsam mit anderen auf Gegenstände zu achten,[50] bringen nur sehr wenige deklarative Gesten hervor[51] und machen nur sehr selten symbolische oder Imitationsspiele, was in vielen Fällen die Übernahme der Rolle anderer erfordert. Manche autistische Kinder mit weniger gravierenden Schwächen können dem Blick eines anderen folgen, aber Kinder mit größeren Mängeln stellen sich nur schlecht auf die Wahrnehmungsperspektive der anderen ein.[52] Langdell kommt zu dem allgemeinen Schluß, daß autistische Kinder als Gruppe »Schwierigkeiten dabei haben, den Standpunkt einer anderen Person einzunehmen«[53], und Loveland beschreibt sie als im

50 Loveland und Landry, 1986; Mundy, Sigman und Kasari, 1990.

51 Baron-Cohen, 1993.

52 Loveland, 1991.

53 Zitiert bei Baron-Cohen, 1988.

Grunde »akulturell«.[54] Zur Zeit gibt es keine Möglichkeit, den Ursprung der Schwierigkeiten autistischer Kinder in Erfahrung zu bringen – es gibt viele konkurrierende Theorien –, aber *eine* Hypothese besagt, daß sie Schwierigkeiten haben, sich mit anderen Personen zu identifizieren, und daß diese Schwierigkeiten viele verschiedene Formen annehmen können in Abhängigkeit von solchen Faktoren wie Zeitpunkt und Ausmaß des Traumas und in Abhängigkeit von anderen kognitiven Fähigkeiten, die ein Individuum zur Kompensation hat.

Frühes kulturelles Lernen

Das menschliche Verstehen von Artgenossen als intentionale Akteure ist somit eine kognitive Fähigkeit, die aus der Identifikation des Menschen mit seinen Artgenossen hervorgeht, sehr früh in der Kindheit auftritt und artspezifisch ist. Sie beruht auf der intentionalen Organisation seiner eigenen sensu-motorischen Handlungen, die der Mensch mit anderen Primaten teilt und die sich zwischen etwa acht und neun Monaten einstellt. Diese beiden Fertigkeiten sind in dem Sinne biologisch angeboren, daß ihre normalen Entwicklungspfade in einer Reihe verschiedener Umgebungen (die alle Artgenossen enthalten) auftreten, die innerhalb des normalen Variationsbereichs liegen.

Diese spezifisch menschliche Form des sozialen Verstehens hat tiefgreifende Auswirkungen auf die Art und Weise, wie Kinder mit Erwachsenen und miteinander interagieren. Im gegenwärtigen Zusammenhang ist die wichtigste dieser Auswirkungen, daß dieses Verstehen dem Kind die spezifisch menschlichen Formen kultureller Vererbung erschließt. Kinder, die verstehen, daß andere Personen intentionale Beziehungen zur Welt unterhalten, die ihren eigenen intentionalen Beziehungen ähnlich sind, können die Möglichkeiten nutzen, die andere Individuen sich ausgedacht haben, um ihre Ziele zu erreichen. Kinder sind an diesem Punkt auch in der Lage, sich auf die intentionale

54 Loveland, 1993.

Dimension von Artefakten einzustellen, die von Menschen geschaffen wurden, um ihre Strategien des Verhaltens und der Aufmerksamkeit in besonderen zielgerichteten Situationen zu vermitteln. Die These ist also folgende: Kinder mögen zwar in eine reichhaltige kulturelle Umgebung hineingeboren werden, wenn sie aber andere nicht als intentionale Akteure verstehen – was Säuglinge vor neun Monaten, nichtmenschliche Primaten und die meisten Autisten typischerweise nicht tun –, dann sind sie nicht in der Lage, die kognitiven Fertigkeiten und das Wissen ihrer Artgenossen zu nutzen, das sich in diesem kulturellen Milieu manifestiert. Wenn Kleinkinder einmal mit dem kulturellen Lernen von anderen begonnen haben, hat dieser Vorgang überraschende Folgen dafür, wie sie lernen, mit Gegenständen und Artefakten umzugehen, wie sie lernen, mit anderen Personen durch Gesten zu kommunizieren, und wie sie lernen, über sich selbst zu denken.

Kultur als ontogenetische Nische

Organismen erben ihre Umwelten so, wie sie ihr Genom erben. Das kann nicht genug betont werden. Fische sind dazu geschaffen, sich im Wasser zu bewegen, und Ameisen sind dazu geschaffen, in Ameisenhaufen zu leben. Menschen sind dazu geschaffen, in einer bestimmten Art sozialer Umwelt zu leben, und ohne eine solche würden die Jungen (vorausgesetzt, man könnte sie am Leben halten) sich weder sozial noch kognitiv normal entwikkeln. Diese bestimmte Art sozialer Umwelt ist es, was wir Kultur nennen, und es ist einfach die arttypische und einzigartige »ontogenetische Nische« für die Entwicklung des Menschen.[55] Ich werde zwei Weisen unterscheiden, wie die menschliche kulturelle Umwelt den Kontext für die kognitive Entwicklung von Kindern abgibt: als kognitiver »Habitus« und als eine Quelle aktiven Unterrichts durch Erwachsene. Anschließend werde ich betrachten, wie Kinder in, von und durch diese Umwelt lernen.

Zunächst haben die Mitglieder einer bestimmten sozialen

55 Gauvain, 1995.

Gruppe eine bestimmte Lebensweise. Sie haben bestimmte Weisen der Nahrungszubereitung und des Essens, sie richten ihr Leben auf bestimmte Art ein, gehen zu bestimmten Orten und tun dort bestimmte Dinge. Da Säuglinge und Kleinkinder von Erwachsenen vollkommen abhängig sind, essen sie auf genau diese Weisen, leben in diesen Einrichtungen und begleiten die Erwachsenen zu diesen Orten und bei ihren Handlungen. Grob gesagt, können wir dies den »Habitus« der Kindesentwicklung nennen.[56] Wenn das Kind an den üblichen Praktiken der Menschen, mit denen es aufwächst, teilnimmt, gleichgültig auf welchem Niveau seiner Beteiligung und Fertigkeiten, macht es bestimmte Erfahrungen. Der besondere Habitus, in den ein Kind hineingeboren wird, legt die Modi seiner sozialen Interaktionen fest, die Arten von physischen Gegenständen, die ihm zur Verfügung stehen, die Sorten von Lernerfahrungen und Gelegenheiten, denen es begegnen wird, und die Arten von Schlußfolgerungen, die es über den Lebensstil seiner Umgebung ziehen wird. Der Habitus hat somit direkte Auswirkungen auf die kognitive Entwicklung, insofern er das »Rohmaterial« zur Verfügung stellt, mit dem das Kind umgehen muß. Und wir können uns die verheerenden Folgen bezüglich der kognitiven Entwicklung von Kindern vorstellen, die ein Verlust bestimmter Teile dieses Rohmaterials hätte.

Obwohl der Habitus von Menschengruppen und jener von Schimpansengruppen sich offensichtlich unterscheiden, sind doch sehr wahrscheinlich die Prozesse individuellen Lernens und Schlußfolgerns, durch welche die kognitive Entwicklung der beiden Arten von ihren Lebensstilen beeinflußt wird, in vielerlei Hinsicht ähnlich. Junge Schimpansen essen das, was ihre Mütter essen, gehen dorthin, wo ihre Mütter hingehen, und schlafen, wo ihre Mütter schlafen. Zusätzlich jedoch nehmen menschliche Erwachsene im allgemeinen eine aktivere, stärker intervenierende Rolle bei der Entwicklung ihrer Kinder ein als andere Primaten und Tiere. Während Erwachsene im Hinblick auf viele kulturelle Fertigkeiten eine Laissez-faire-Haltung ver-

56 Bourdieu, 1976.

treten, deren Reichweite in verschiedenen Kulturen sehr unterschiedlich ist, gibt es in allen menschlichen Gesellschaften einige Dinge, bei deren Erlernen die Erwachsenen Kindern helfen. In einigen Fällen geben sie den Kindern einfach Hilfestellung, was man nach Wood, Bruner und Ross das Bereitstellen eines Gerüsts (scaffolding) nennen könnte.[57] Erwachsene sehen, welche Mühe Kinder damit haben, eine bestimmte Fertigkeit zu erlernen, und versuchen dann, die Aufgabe einfacher zu gestalten oder die Aufmerksamkeit des Kindes auf bestimmte Schlüsselaspekte der Aufgabe zu lenken. Oder sie erledigen einen Teil der Aufgabe selbst, so daß das Kind nicht von zu vielen Variablen überfordert wird. In manchen Kulturen geschieht diese Unterweisung einfach so, daß der Erwachsene das Kind auffordert, sich hinzusetzen und zuzuschauen, wie er einen Teppich webt, das Essen zubereitet oder im Garten arbeitet.[58] In allen menschlichen Gesellschaften gibt es jedoch einige Aufgaben oder Wissenselemente, die für so wichtig gehalten werden, daß die Erwachsenen den Jüngeren hierzu direkte Anweisungen geben.[59] Dabei gibt es eine Spannweite, die von äußerst wichtigen Tätigkeiten bezüglich des Lebensunterhalts bis zum Auswendiglernen der Namen von Familienvorfahren oder religiösen Ritualen reicht. Der entscheidende Punkt ist, daß der Erwachsene sowohl beim Bereitstellen eines Gerüsts als auch bei der direkten Anweisung ein Interesse daran hat, daß das Kind eine Fertigkeit oder ein Wissenselement erwirbt, und in vielen Fällen begleitet er den Prozeß so lange, bis das Kind den jeweiligen Stoff gelernt oder ein bestimmtes Tüchtigkeitsniveau erreicht hat. Bullock hat vor allem betont, daß dieser explizite Unterricht ein sehr wirksamer Faktor bei der kulturellen Weitergabe ist, da er mit einer bestimmten Wahrscheinlichkeit sicherstellt, daß eine besondere Fertigkeit oder ein Wissenselement tatsächlich weitergegeben wird.[60]

King hat einen Überblick über eine große Anzahl von Bele-

57 Wood, Bruner und Ross, 1976.

58 Greenfield und Lave, 1982.

59 Kruger und Tomasello, 1996.

60 Bullock, 1987.

gen zum sozialen Lernen bei nichtmenschlichen Primaten und außerdem über mögliche Beispiele von Unterricht durch erwachsene Primaten gegeben, was sie als »Informationsspende« bezeichnet.[61] Abgesehen von der Interpretation einiger interessanter Anekdoten, ergibt sich jedoch ein recht eindeutiges Bild: Die sich entwickelnden Jungtiere sind bei allen Primatenarten mit Ausnahme des Menschen meist sich selbst überlassen, wenn sie die Informationen erwerben, die sie zum Überleben und zur Fortpflanzung brauchen; die Erwachsenen tun wenig, um ihnen Informationen bereitzustellen. Eine der bedeutendsten Dimensionen menschlicher Kultur besteht daher darin, daß Erwachsene ihre Kinder aktiv unterrichten. Außer durch die allgemeinen Auswirkungen, die das Leben in einem besonderen Habitus hat, wird die ontogenetische Nische für sich entwickelnde Menschen von einer reichhaltigen Kultur gebildet.

Imitationslernen

Mit etwa neun Monaten sind Kinder in der Lage, an dieser Kulturwelt auf bestimmte, tiefgreifend neue Weisen teilzuhaben. Die erste und wichtigste davon besteht darin, daß das neue Verständnis anderer Personen als intentionale Akteure dem neun Monate alten Säugling kulturelles Lernen ermöglicht, dessen ontogenetisch erste Form das Imitationslernen ist. Das bedeutet, daß das Kleinkind mit neun Monaten beginnt, die intentionalen Handlungen der Erwachsenen gegenüber äußeren Gegenständen zu reproduzieren, während es in der frühen Kindheit nur eine dyadische Nachahmung des Verhaltens von Angesicht zu Angesicht gab. Dadurch ergibt sich die Möglichkeit, den konventionellen Gebrauch von Werkzeugen und Artefakten verschiedener Art zu erwerben und es stellt somit das erste wirklich kulturelle Lernen gemäß meiner engeren Definition des Begriffs dar. Obwohl es nur wenige systematische Daten zu dieser Frage gibt, wurde von manchen die Vermutung geäußert, daß im Gegensatz zur vorherrschenden Meinung ganz junge Kinder die Verhaltensweisen

61 King, 1991.

der Erwachsenen nicht so häufig imitieren, wenn diese sich nicht um jene kümmern, sondern viel häufiger Verhaltensweisen imitieren, die die Erwachsenen ihnen eigens vormachen.[62] Wenn das stimmt, würde darin ein interessantes und relativ direktes Verbindungsglied zwischen der aktiven Anweisung von Kindern durch Erwachsene und den frühesten Formen des kulturellen Lernens bestehen.

Ein Mitglied einer Kultur zu werden bedeutet, neue Sachen von anderen Menschen zu lernen. Wie wir bei der Übersicht über das soziale Lernen von Primaten in Kapitel 2 gesehen haben, gibt es jedoch verschiedene Weisen des sozialen Lernens von Neuem. Im Hinblick auf Gegenstände, Werkzeuge und Artefakte inbegriffen, findet man (a) Prozesse der Reizsteigerung, bei denen ein Erwachsener einen Gegenstand nimmt und etwas mit ihm tut, was das Interesse der Kinder weckt, diesen Gegenstand ebenfalls zu berühren und ihn zu manipulieren (wodurch dann ihr eigenes Lernen gefördert wird); (b) Emulationslernen, bei dem die Kinder sehen, wie ein Erwachsener einen Gegenstand manipuliert und so etwas Neues über das dynamische Verhaltenspotential dieses Gegenstands lernen, was sie alleine nicht entdeckt hätten; und (c) Imitationslernen, bei dem das Kind etwas über menschliche intentionale Handlungen lernt. Viele der klassischen Untersuchungen zum Imitationslernen von Kindern haben nicht die Kontrollbedingungen eingesetzt, die nötig sind, um sicherzustellen, daß Kinder wirklich das intentionale Verhalten der Erwachsenen imitieren und nicht einfach nur die Wirkungen produzieren, die die Handlungen der Erwachsenen auf Gegenstände haben. Es gibt jedoch verschiedene Studien aus jüngerer Zeit, die solche Kontrollbedingungen berücksichtigt haben und deshalb besonders überzeugende Demonstrationen des Imitationslernens von Kleinkindern sind.

Meltzoff ließ 14 Monate alte Kinder einen Erwachsenen beobachten, der sich mit dem Oberkörper nach vorne beugte, mit seinem Kopf eine Schalttafel berührte und dadurch ein Licht einschaltete.[63] Die meisten Kinder führten danach mehr oder we-

62 Killen und Uzgiris, 1981.

63 Meltzoff, 1988.

niger dasselbe Verhalten aus, obwohl es ungewöhnlich und umständlich war und obwohl es einfacher und natürlicher gewesen wäre, die Tafel mit der Hand zu drücken. Eine Deutung dieses Verhaltens ist, daß die Kinder verstanden, daß (a) der Erwachsene das Ziel hatte, das Licht anzuschalten, (b) er eines von mehreren möglichen Mitteln wählte, um dieses Ziel zu erreichen, und (c) sie dasselbe Mittel wählen könnten, wenn sie dasselbe Ziel hätten – eine Handlung, bei der sich das Kind in die Lage des anderen versetzt. Imitationslernen dieser Art beruht also im Grunde auf der sehr früh auftretenden Tendenz der Kinder, sich mit den Erwachsenen zu identifizieren, und auf ihrer mit neun Monaten erscheinenden Fähigkeit, in den Handlungen der anderen das zugrundeliegende Ziel und die verschiedenen Mittel zu unterscheiden, mit denen es erreicht werden kann. Andernfalls hätten die Kinder Emulationslernen zeigen können, bei dem sie das Licht einfach mit der Hand angeschaltet hätten (was sie jedoch nicht taten), oder sie hätten die Handlung nur nachgeahmt, ohne Rücksicht auf ihre zielgerichtete Struktur. Letzteres ist eine mögliche Interpretation von Meltzoffs Untersuchung, die jedoch bei den Imitationsaufgaben von Carpenter, Nagell und Tomasello ausgeschlossen wurde.[64] Darin wurden jungen Säuglingen ebenfalls neue und ungewöhnliche Handlungen vorgeführt, die interessante Ergebnisse zeitigten. Carpenter et al. beobachteten jedoch sehr sorgfältig die begleitenden Verhaltensweisen, als die Kinder die Handlung reproduzierten. Das Resultat war, daß die Mehrheit der Kinder zwischen elf und vierzehn Monaten sowohl die ungewöhnliche Handlung reproduzierten als auch das Ergebnis in ihrer Erwartung vorwegnahmen. Damit zeigten sie, daß sie nicht nur ein Verhalten kopierten, sondern eine zielgerichtete Handlung nachahmten.

Zwei andere kürzlich durchgeführte Untersuchungen haben auf direktere Weise getestet, welches Verständnis Kleinkinder von den intentionalen Handlungen anderer im Kontext des Imitationslernens haben. In der ersten Studie zeigte Meltzoff 18 Monate alten Kindern zwei Arten von Vorführungen (wobei es ver-

64 Carpenter, Nagell und Tomasello, 1998.

schiedene Kontrollbedingungen gab).[65] Kinder der einen Gruppe sahen ähnlich wie in früheren Untersuchungen, wie ein Erwachsener bestimmte Handlungen mit Gegenständen ausführte. Kinder der anderen Gruppe sahen jedoch, wie der Erwachsene sich bemühte, das Ziel der jeweiligen Handlungen aber nicht erreichte. Beispielsweise versuchte der Erwachsene, zwei Teile eines Gegenstands voneinander zu trennen, es gelang ihm aber nie. Kinder in dieser Gruppe sahen also nie vollständige, erfolgreiche Handlungen. Meltzoff stellte fest, daß die Kinder in beiden Gruppen die Zielhandlungen gleich gut ausführten, d. h. sie schienen zu verstehen, was der Erwachsene tun wollte und führten diese Handlung aus, anstatt das tatsächliche Verhalten des Erwachsenen nachzuahmen. (Und sie waren unter beiden Bedingungen viel besser als unter den Kontrollbedingungen, bei denen der Erwachsene die Gegenstände nur auf zufällige Weise manipulierte.) In der zweiten Studie untersuchten Carpenter, Akhtar und Tomasello die Imitation der Kinder von zufälligen gegenüber beabsichtigten Handlungen.[66] In dieser Studie schauten 14 bis 18 Monate alte Kinder einem Erwachsenen zu, wie er zweiteilige Handlungssequenzen an Gegenständen ausführte, die interessante Resultate hervorbrachten. Eine Handlung der Sequenzen wurde lautlich als intentional gekennzeichnet (»So!«), und eine Handlung wurde als zufällig gekennzeichnet (»Hoppla!«), wobei die Reihenfolge über die Sequenzen hinweg systematisch variiert wurde. Die Kinder hatten dann Gelegenheit, das beobachtete Resultat selbst hervorzubringen. Sie imitierten durchgängig fast doppelt so viele intentionale Handlungen des Erwachsenen wie seine zufälligen, und zwar unabhängig von der Reihenfolge, in der sie sie sahen. Das weist darauf hin, daß sie zwischen diesen beiden Arten von Handlungen unterschieden und daß sie wie die Kinder in Meltzoffs Untersuchung in der Lage waren, das zu reproduzieren, was der Erwachsene zu tun beabsichtigte und nicht nur sein sichtbares Verhalten.

Das Imitationslernen stellt also den ersten Einstieg der Kinder in die sie umgebende kulturelle Welt in dem Sinne dar, daß sie

65 Meltzoff, 1995.

66 Carpenter, Akhtar und Tomasello, 1998.

nun anfangen können, von Erwachsenen, oder genauer durch die Erwachsenen, in kognitiv signifikanter Weise zu lernen. Bezeichnenderweise wurde in einer Reihe von Untersuchungen festgestellt, daß sich dieses Lernen nicht nur auf die Dispositionen von Gegenständen bezieht, die entdeckt werden, wenn andere diese Gegenstände manipulieren, oder nur auf das sichtbare Verhalten im Sinne der genauen motorischen Bewegungen. Statt dessen beginnen Kleinkinder um die Zeit ihres ersten Geburtstages, sich sowohl auf das Ziel des Erwachsenen als auch auf die gewählten Verhaltensmittel einzustellen und beides zu reproduzieren. Da jüngere Kinder das Verhalten der anderen nicht als intentional wahrnehmen, können sie nur die äußeren Resultate des Verhaltens reproduzieren oder seine sensu-motorische Form nachahmen. Später aber nehmen sie notwendigerweise wahr, daß Papa »den Tisch abräumt« oder »versucht, die Schublade zu öffnen«, und nicht einfach nur bestimmte Körperbewegungen macht oder auffällige Veränderungen im Zustand der Umgebung herbeiführt. Und es sind diese intentionalen Handlungen, die sie zu reproduzieren versuchen.

Das Erkennen der intentionalen Angebote[67] von Artefakten

Das Imitationslernen spielt eine besonders wichtige Rolle bei den Interaktionen der Kinder mit bestimmten Arten von Gegenständen, insbesondere mit kulturellen Artefakten. Schon früh in ihrer Entwicklung, wenn Kleinkinder Gegenstände ergreifen, an ihnen saugen und sie manipulieren, lernen sie etwas über die Angebote dieser Objekte im Hinblick auf Handlungen.[68] Dabei handelt es sich um unmittelbares, individuelles Lernen, das manchmal durch Emulationslernen ergänzt werden kann, wodurch das Kind neue Angebote von Gegenständen entdeckt,

67 Der Begriff des Angebots (affordance) wurde von J.J. Gibson in seiner Wahrnehmungspsychologie geprägt und bedeutet das, was man mit einem Gegenstand tun kann, welche Handlungen er ermöglicht, was er an Handlungspotential bietet (Gibson, 1982). (A.d.Ü.)

68 Gibson, 1982.

indem es sieht, wie sich diese Gegenstände in bisher unbekannter Weise verhalten. Aber die Werkzeuge und Artefakte einer Kultur haben noch eine andere Dimension, die Cole die »ideale« Dimension nennt und aus der sich eine weitere Menge von Angeboten für jeden ergibt, der die geeigneten Fertigkeiten zu sozialer Kognition und sozialem Lernen besitzt.[69] Wenn Kinder andere Menschen dabei beobachten, wie sie Kulturwerkzeuge und Artefakte gebrauchen, durchlaufen sie oft einen Prozeß des Imitationslernens, bei dem sie versuchen, sich in den »intentionalen Raum« des Benutzers zu versetzen, und sein Ziel erkennen, d. h. »wozu« er das Artefakt benutzt. Durch dieses Imitationslernen paßt sich das Kind dem anderen in der Bekräftigung dessen an, »wozu« »wir« diesen Gegenstand gebrauchen: Wir verwenden Hämmer zum Hämmern und Bleistifte zum Schreiben. Wenn es einen solchen Prozeß durchlaufen hat, erkennt das Kind Kulturgegenstände und Artefakte als etwas, das zusätzlich zu seinen natürlichen sensu-motorischen Angeboten eine weitere Menge von Eigenschaften aufweist, die wir intentionale Angebote nennen könnten. Diese Auffassung beruht auf seinem Verständnis der intentionalen Beziehungen, die andere Personen zu diesem Gegenstand oder Artefakt haben, d. h. die intentionalen Beziehungen, die andere Personen zur Welt durch das Artefakt unterhalten.[70]

Die Unterscheidung zwischen natürlichen und intentionalen Angeboten wird beim frühen symbolischen Spiel der Kinder besonders deutlich, weil sie bei diesem Spiel im Grunde die intentionalen Angebote verschiedener Gegenstände extrahieren und spielerisch mit ihnen umgehen. So kann z. B. ein Zweijähriger einen Bleistift nehmen und vorgeben, er sei ein Hammer. Hobson hat jedoch darauf hingewiesen, daß das Kind mehr tut, als einfach nur den Bleistift auf eine ungewöhnliche Weise zu gebrauchen.[71] Beim frühen symbolischen Spiel schaut das Kleinkind einen Erwachsenen außerdem mit einem spielerischen Ausdruck an, weil es weiß, daß dies nicht die intentionale/konven-

69 Cole, 1996.

70 Tomasello, 1999a.

71 Hobson, 1993.

tionelle Gebrauchsweise dieses Gegenstands ist und daß seine unkonventionelle Verwendung als etwas »Spaßiges« betrachtet werden könnte. Man kann dieses Verhalten so interpretieren, daß das symbolische Spiel zwei entscheidende Schritte beinhaltet. Zuerst muß das Kind in der Lage sein, die Absichten der Erwachsenen bei ihrer Verwendung von Gegenständen zu verstehen und zu übernehmen, d.h. das Kind versteht zuerst, wie wir Menschen Bleistifte gebrauchen; es versteht ihre intentionalen Angebote. Der zweite Schritt besteht darin, daß das Kind die intentionalen Angebote von ihren jeweiligen Gegenständen und Artefakten »entkoppelt«, so daß diese miteinander vertauscht und mit »unpassenden« Gegenständen verknüpft werden können. So gelangt das Kind dazu, einen Bleistift auf eine Weise zu verwenden, wie man gewöhnlich einen Hammer verwenden würde, während es dabei den Erwachsenen anlächelt, um ihm zu zeigen, daß es sich dabei nicht um Dummheit, sondern um ein Spiel handelt. Diese Fähigkeit, die intentionalen Angebote von Gegenständen und Artefakten abzulösen und sie relativ zwanglos im symbolischen Spiel miteinander zu vertauschen, ist meines Erachtens ein sehr überzeugender Beleg dafür, daß das Kind die intentionalen Angebote gelernt hat, die von kulturellen Artefakten verkörpert werden, und zwar so, daß sie zum Teil vom dinglichen Material unabhängig sind.

Dieser Vorgang wird besonders gut in einer vor kurzem durchgeführten Untersuchung von Tomasello, Striano und Rochat veranschaulicht.[72] Kinder zwischen 18 und 35 Monaten machten ein Spiel, bei dem ein Erwachsener zu verstehen gab, welchen von verschiedenen Gegenständen er haben wollte, woraufhin das Kind diesen Gegenstand auf einer Rutsche zu ihm hinuntergleiten ließ. Wenn der Erwachsene den Gegenstand mit einem Namen benannte, erledigten Kinder aller Altersstufen in einer Aufwärmphase diese Aufgabe fast ohne Fehler. Bei der eigentlichen Aufgabe bat der Erwachsene um den Gegenstand, indem er ein Spielzeugmodell des Zielgegenstands hochhielt (z.B. bat er um einen echten Hammer, indem er einen kleinen Plastikhammer

72 Tomasello, Striano und Rochat, 1999.

hochhielt). In diesem Fall erreichten jedoch die jüngeren Kinder sehr schlechte Ergebnisse bei der Interpretation der kommunikativen Absichten des Erwachsenen, der das Spielzeugmodell zeigte – ein überraschender Befund, da aus der Erwachsenenperspektive die bildliche Ähnlichkeit des Spielzeughammers die Interpretation des Kindes besonders leicht machen sollte. Ein möglicher Grund für diese Schwierigkeit könnte sein, daß die jüngeren Kinder sich mit dem Spielzeuggegenstand als sensumotorischem Gegenstand beschäftigten, der sich greifen und manipulieren ließ, wodurch es schwieriger war, ihn als reines Symbol aufzufassen (und in der Tat versuchten die jüngeren Kinder sehr häufig, nach dem Spielzeuggegenstand zu greifen, während der Erwachsene ihn hochhielt). Interessanterweise verstanden Kinder ab 26 Monaten Gegenstände in diesem Spiel richtig als Symbole, außer in einem besonderen Fall. Sie hatten große Schwierigkeiten, wenn der Gegenstand, der als Symbol verwendet wurde, eine andere intentionale Verwendung hatte, z. B. wenn der Erwachsene eine Tasse als Hut gebrauchte. Es scheint, daß dadurch der Tasse eine weitere konkurrierende Auffassung hinzugefügt wurde, d. h. die Tasse war zugleich

- ein sensu-motorischer Gegenstand zum Greifen und Saugen;
- ein intentionales Artefakt mit konventioneller Verwendung zum Trinken; und in dieser Situation
- ein Symbol für einen Hut.

Diese Ergebnisse zeigen ganz deutlich, daß das kindliche Verstehen der intentionalen Angebote von Gegenständen, das sich letztlich von ihren Beobachtungen anderer Personen und ihren Interaktionen mit ihnen innerhalb der kulturellen Entwicklungslinie herleitet, sich von ihrem zuvor in der individuellen Entwicklungslinie etablierten Verständnis der sensu-motorischen Angebote von Gegenständen unterscheidet oder sogar mit ihnen konkurrieren kann.

Die Hypothese ist also, daß die Welt der kulturellen Artefakte mit intentionalen Angeboten durchdrungen ist, die die sensumotorischen Angebote ergänzen, wenn Kinder anfangen, andere Personen als intentionale Akteure zu verstehen und so durch

Imitation die konventionelle Verwendung von Artefakten von ihnen lernen. Dabei ist die starke Tendenz der Kinder, die Interaktionen der Erwachsenen mit Gegenständen zu imitieren, ganz deutlich erkennbar.[73] Dieses Verständnis ermöglicht das symbolische Spiel mit den intentionalen Angeboten verschiedener Gegenstände und Artefakte. Trotz der interessanten Verhaltensweisen mancher von Menschen aufgezogenen Affen beim Manipulieren menschlicher Artefakte handelt es sich hier um ein spezifisch menschliches Verhalten.[74] Ich möchte auch darauf hinweisen, daß etwas Ähnliches für den Bereich sozialer Konventionen gilt, an denen keine Gegenstände beteiligt sind, beispielsweise für die Sprache und andere symbolische Artefakte, die kommunikative Konventionen beinhalten. Da aber der Lernprozeß in diesem Fall etwas anders verläuft, werde ich die Diskussion auf das nächste Kapitel verschieben.

Das Lernen gestischer Kommunikation

Ein weiterer wichtiger Bereich, in dem das Imitationslernen eine Rolle spielt, ist der Bereich gestischer Kommunikation. Die frühesten Gesten menschlicher Säuglinge sind typischerweise dyadische Ritualisierungen, die im wesentlichen den Gesten von Schimpansen gleichen (siehe Kapitel 2). Beispielsweise halten viele Kinder auf der ganzen Welt ihre Hände hoch, wenn sie hochgehoben werden wollen.[75] Wie die Gesten von Schimpansen sind frühe Gesten dieses Typs

- dyadisch in dem Sinne, daß kein äußerer Gegenstand daran beteiligt ist;
- befehlend in dem Sinne, daß sie sich darauf beziehen, was das Kind will; und
- ritualisiert und nicht imitiert, d. h. sie sind Signale (Verfahren zur Erreichung bestimmter Ziele) und keine Symbole (Konventionen zur Mitteilung von Erfahrungen).

Zwischen elf und zwölf Monaten beginnen Kinder dann triadische deklarative Gesten hervorzubringen, wie z. B. bestimmte

73 Siehe Striano, Tomasello und Rochat, 1999 und Kapitel 4.

74 Call und Tomasello, 1996.

75 Lock, 1978.

Formen des Hinweisens. Wie Kinder lernen, anderen Personen gegenüber auf etwas hinzuweisen, ist gegenwärtig nicht bekannt, aber die beiden naheliegenden Möglichkeiten sind Ritualisierung und Imitationslernen.

Viele Kinder strecken den Arm und Zeigefinger aus, um ihre eigene Aufmerksamkeit auf Dinge zu richten, und wenn der Erwachsene auf geeignete Weise reagiert, kann diese Art des Zeigens ritualisiert werden. In diesem Szenario wäre es für ein Kind möglich, anderen gegenüber auf etwas zu zeigen, obwohl es die Zeigegesten der anderen noch nicht versteht, d. h. es würde das Zeigen nur aus seiner eigenen Perspektive verstehen. Tatsächlich haben eine Reihe empirischer Untersuchungen bei vielen Kindern genau eine solche Dissoziation zwischen dem Verstehen und dem Hervorbringen festgestellt.[76] Kinder, die das Zeigen nur durch Ritualisierung gelernt haben, verstehen es bloß als ein effektives Verfahren, andere zu einem bestimmten Verhalten zu bewegen (als Signal, so wie Schimpansen ihre Gesten verstehen), nicht als ein geteiltes Symbol.

Alternativ dazu kann ein Kind einen Erwachsenen beobachten und verstehen, daß der Erwachsene versucht, seine Aufmerksamkeit auf etwas zu lenken, d. h. es versteht das kommunikative Ziel der Geste. Das Kind lernt dann die Geste durch Imitation, indem es einsieht, daß es dasselbe Mittel verwenden kann, wenn es dasselbe Ziel hat. Auf diese Weise bringt es eine intersubjektive Geste hervor, durch die die Aufmerksamkeit gelenkt wird. Es ist entscheidend, daß das Kind in diesem Lernprozeß nicht nur nachahmt, wie Erwachsene ihren Finger ausstrecken, sondern daß es wirklich den intentionalen kommunikativen Akt des Erwachsenen versteht und versucht, ihn zu reproduzieren. Das ist entscheidend, weil ein intersubjektiv verstandenes Kommunikationsmittel nur dann erzeugt werden kann, wenn das Kind zuerst die kommunikative Intention des Erwachsenen versteht und sich dann mit dieser kommunikativen Intention identifiziert, d. h. wenn es »dieselben« Mittel für »dasselbe« Ziel einsetzt. Die Intersubjektivität des entstehenden kommunikativen Symbols, wie

76 Franco und Butterworth, 1996.

wir es in solchen Fällen nennen sollten, leitet sich von der Art des Lernprozesses ab. Wenn Imitationslernen dabei beteiligt ist, beginnt das Kind zu verstehen, daß es dasselbe Kommunikationsverhalten wie andere gebraucht; wir »teilen« das Symbol. Ich werde auf diesen Prozeß in Kapitel 4 ausführlicher zu sprechen kommen, wenn ich die Art und Weise genauer beschreibe, wie Kinder sogenannte symbolische Gesten und Sprache verwenden.

Empirisch gesehen, wissen wir nicht, ob Kinder das Zeigen durch ontogenetische Ritualisierung oder Imitationslernen erwerben oder ob, wie ich vermute, manche Kinder es auf die eine Art (besonders vor ihrem ersten Geburtstag) und andere es auf die andere Art lernen. Es mag sogar sein, daß ein Kind, das durch Ritualisierung zu zeigen lernt, das Zeigen des Erwachsenen später auf neue Weise versteht und dadurch zu einem neuen Verständnis seines eigenen Zeigens und dessen Vergleichbarkeit mit dem des Erwachsenen gelangt. So fanden Franco und Butterworth, daß Kinder, wenn sie mit der Verwendung von Zeigegesten beginnen, überhaupt nicht auf die Reaktion des Erwachsenen achten.[77] Erst einige Monate später blicken sie den Erwachsenen an, um seine Reaktion zu beobachten, nachdem sie auf etwas gezeigt haben, und wieder einige Monate später schauen sie zuerst den Erwachsenen an, um sich seiner Aufmerksamkeit zu vergewissern, bevor sie auf etwas hindeuten. Die Vermutung ist also, daß Kinder schon bald nach ihrem ersten Geburtstag das Zeigen gegenüber anderen durch Imitation lernen (unabhängig davon, ob sie vorher auf ritualisierte Weise zeigten oder nicht), und zu dieser Zeit lernen sie die kulturelle Konvention des Zeigens in dem Sinne, daß sie seine intentionale Bedeutung und seine Rolle für die Aufmerksamkeit verstehen.

Das Lernen selbstbezogener Inhalte

Niemand weiß wirklich, was für ein Verständnis Kinder von sich selbst haben, aber Tomasello hat eine Erklärung vorgeschlagen, die sich direkt von der vorliegenden Erklärung hinsichtlich des

77 Ebd.

Verstehens anderer als intentionale Akteure ableitet. Die Grundidee ist folgende: Wenn Kinder zwischen neun und zwölf Monaten damit beginnen, der Aufmerksamkeit anderer zu folgen und sie auf äußere Gegenstände zu lenken, geschieht es gelegentlich, daß die andere Person, deren Aufmerksamkeit das Kind beobachtet, sich auf das Kind selbst konzentriert. Das Kind beobachtet dann die Aufmerksamkeit dieser Person *ihm* gegenüber auf eine Weise, die vorher nicht möglich war, d.h. vor der sozio-kognitiven Neunmonatsrevolution. Von da an erfahren die von Angesicht zu Angesicht stattfindenden Interaktionen mit anderen, die auf der Oberfläche den Interaktionen aus der frühen Kindheit gleichen, eine radikale Umwandlung. Es weiß nun, daß es mit einem intentionalen Akteur interagiert, der es wahrnimmt und der ihm gegenüber bestimmte Absichten hat. Als das Kind noch nicht verstand, daß andere Personen wahrnehmen und auf die Außenwelt bezogene Absichten haben, konnte die Frage nicht aufkommen, wie sie *mich* wahrnehmen und welche Absichten sie *mir* gegenüber haben. Nachdem es dieses Verständnis erreicht hat, kann das Kind die intentionale Beziehung des Erwachsenen zur Welt, einschließlich zu ihm selbst, beobachten (William James' und George Herbert Meads »Ich« (Me)). Durch denselben Prozeß werden Kinder in diesem Alter auch in die Lage versetzt, die emotionalen Einstellungen der Erwachsenen ihnen gegenüber festzustellen. Es handelt sich um eine Art des sozialen In-Beziehung-Setzens der Einstellungen anderer zum Selbst. Dieses neue Verständnis dessen, welche Gefühle andere mir gegenüber haben, ermöglicht die Entwicklung von Schüchternheit, Befangenheit und eines Sinns für Selbstachtung.[78] Ein Beleg dafür ist die Tatsache, daß Kleinkinder innerhalb weniger Monate nach der sozio-kognitiven Revolution um den ersten Geburtstag die ersten Anzeichen von Schüchternheit und Sprödigkeit gegenüber anderen Personen und Spiegeln zeigen.[79]

Es ist wichtig zu betonen, daß das, was um den ersten Geburtstag herum geschieht, nicht das plötzliche Auftauchen eines vollentwickelten Selbstkonzepts ist, sondern nur die Eröffnung

78 Harter, 1983.
79 Lewis et al., 1989.

einer Möglichkeit. Die neu erworbenen sozio-kognitiven Fertigkeiten eröffnen den Kindern die Möglichkeit, daß sie nun etwas über die Welt vom Standpunkt der anderen lernen können und daß sie von diesem Standpunkt aus auch etwas über sich selbst lernen können. Da das Kind beim kulturellen Lernen alle grundlegenden Lern- und Kategorisierungsprozesse anwendet, die es auch bei seinem individuellen Lernen benutzt, gebraucht es die Simulationen der Wahrnehmungen anderer von sich selbst, um sich relativ zu anderen auf verschiedene Weise zu kategorisieren. Diese Kategorisierungskomponente stellt ebenfalls eine wichtige Dimension des Selbstkonzepts dar, besonders während der Vorschulzeit, da Kinder sich anhand konkreter Kategorien verstehen, wie z. B. Kind, männlich, kann gut auf Bäume klettern, kann nicht gut Fahrrad fahren etc.[80]

Die ontogenetischen Wurzeln der Kultur

Ich habe angenommen, daß die wesentlich sozio-kognitive Fähigkeit, die der menschlichen Kultur zugrunde liegt, in der Fähigkeit und der Tendenz des einzelnen Menschen besteht, sich mit anderen zu identifizieren. Diese Fähigkeit ist ein Teil des einzigartigen biologischen Vermächtnisses der Art *Homo sapiens*. Sie könnte ein Teil der kognitiven Fähigkeiten des Kindes bei seiner Geburt sein oder möglicherweise einige Monate später heranreifen. Es ist nicht bekannt, welche Erfahrungen, falls überhaupt, eine Rolle bei der Ontogenese dieser Fähigkeit spielen, und das wird wohl auch zum Teil weiterhin so bleiben, weil Wissenschaftler mit der menschlichen Entwicklung nicht nach Belieben experimentieren können. Damit aber Kinder sich von anderen Primaten in bedeutsamer Weise kognitiv unterscheiden können, muß diese einzigartige Fähigkeit während der Ontogenese mit anderen sich entwickelnden kognitiven Fähigkeiten interagieren, insbesondere muß sie mit der eigenen, sich entwikkelnden Intentionalität des Kindes in Wechselwirkung treten,

80 Lewis and Brooks-Gunn, 1979.

was sich an der Differenzierung zwischen Zielen und Verhaltensmitteln in seinen auf die Umgebung bezogenen, sensu-motorischen Handlungen zeigt. Aufgrund der Identifikation des Kindes mit anderen führt die Erfahrung ihrer eigenen Intentionalität neun Monate alte Säuglinge zu der Einsicht, daß andere Personen intentionale Akteure sind wie sie selbst. Das schafft dann die Möglichkeit, daß sie kulturelle Lernprozesse durch diese anderen Personen vollziehen können.

Dabei handelt es sich um nichts anderes als die ontogenetischen Wurzeln von Vygotskijs kultureller Linie der kognitiven Entwicklung. Es ist nicht so, daß sechs Monate alte Kinder keine kulturellen Wesen in dem Sinne wären, daß sie nicht in den Habitus ihrer Kultur verstrickt sind. Sie sind solche Wesen, und während der ganzen ersten neun Lebensmonate werden sie auf immer aktivere und teilnehmende Weise allmählich zu Mitgliedern ihrer Kulturen. Aber bevor sie andere als intentionale Wesen verstehen, mit denen sie ihre Aufmerksamkeit auf äußere Dinge konzentrieren können, durchlaufen sie nur individuelle Lernprozesse bezüglich der Welt, in die sie hineingeboren wurden. Wenn sie dann andere als intentionale Akteure wie sich selbst verstehen, beginnt sich eine ganz neue Welt intersubjektiv geteilter Wirklichkeit für sie zu öffnen. Eine Welt, die von materiellen und symbolischen Artefakten und von sozialen Praktiken bevölkert ist, die Angehörige ihrer Kultur sowohl in der Vergangenheit als auch in der Gegenwart für den Gebrauch anderer geschaffen haben. Um diese Artefakte gemäß ihrem intendierten Zweck verwenden zu können und um an diesen sozialen Praktiken gemäß ihrer intendierten Bedeutung teilhaben zu können, müssen Kinder in der Lage sein, sich an die Stelle der erwachsenen Benutzer und Teilhaber zu versetzen, die sie beobachten. Erst dann gelangen sie zu einem Verständnis dessen, wie »wir« die Artefakte und Praktiken unserer Kultur gebrauchen bzw. »wozu« sie gedacht sind.

Die intentionalen Beziehungen anderer zur Außenwelt zu verfolgen, bedeutet auch, daß das Kind gewissermaßen beiläufig die Aufmerksamkeit anderer Personen verfolgt, die sich ihm zuwenden. Hierdurch wird dann der Prozeß der Bildung eines Selbstkonzepts in Gang gesetzt, und zwar in dem Sinne, daß das Kind versteht, wie andere »mich« sowohl begrifflich als auch emotional auffassen. Wenn wir ein Thema aus Kapitel 4 vorwegnehmen, so läßt sich sagen, daß diese Fähigkeit, das Selbst als einen Interaktionsteilnehmer unter anderen zu verstehen, die sozio-kognitive Grundlage für die Fähigkeit des Kindes ist, die verschiedenen Arten gemeinsamer sozialer Ereignisse zu verstehen, welche die grundlegenden Formen gemeinsamer Aufmerksamkeit für den Spracherwerb und andere Arten kommunikativer Konventionen darstellen.

Bezeichnenderweise haben autistische Kinder biologische Defizite bei genau jenem Komplex von Fertigkeiten, auf den wir uns hier konzentrierten.[81] Sie haben Schwierigkeiten mit einer Reihe verschiedener Fertigkeiten, die gemeinsame Aufmerksamkeit erfordern, sie haben Probleme beim Imitationslernen, sie machen normalerweise keine symbolischen Spiele, sie scheinen nicht dieselbe Art von Selbstverständnis zu haben wie Kinder, die sich normal entwickeln, und sie haben Schwierigkeiten damit, sprachliche Symbole zu lernen und in kommunikativ angemessener Weise zu verwenden (wie wir in Kapitel 4 sehen werden). Es gibt bei autistischen Kindern eine große Variabilität in allen diesen Defiziten, mit Übergängen zu verwandten Störungen wie dem Asperger-Syndrom. Daher ist es gewagt, allgemeine Behauptungen aufzustellen. An dieser Stelle möchte ich einfach nur auf folgendes hinweisen: Wenn wir die Ontogenese der spezifisch menschlichen sozio-kognitiven Fähigkeit, an der Kultur teilzuhaben, nicht als eine direkte kausale Verbindung zwischen Genen und Erwachsenen betrachten, sondern vielmehr als einen Prozeß, der viele Monate und Jahre zu seiner Entfaltung braucht und in dem Kinder auf verschiedenen Entwicklungsstufen mit ihrer physischen und sozialen Umgebung interagieren, können wir uns gewiß vorstellen, daß verschiedene Probleme in verschiedenen Entwicklungsphasen zu völlig verschiedenen Resultaten in der kognitiven Entwicklung dieser Kinder führen können.

Insgesamt stimmen alle Forscher darin überein, daß im Alter

81 Baron-Cohen, 1995; Hobson, 1993; Happé, 1995; Loveland, 1993; Sigman und Capps, 1997.

von etwa neun Monaten etwas Dramatisches mit der sozialen Kognition von Säuglingen geschieht. Während die soziale Kognition von Säuglingen vor diesem Alter vieles mit der von nichtmenschlichen Primaten gemein hat, kann es keinen Zweifel daran geben, daß wir es mit einzigartigen Prozessen sozialer Kognition zu tun haben. Es ist zwar immer noch ein langer Weg in der weiteren Entwicklung, bevor Kinder so etwas wie falsche Überzeugungen verstehen. Aber im gegenwärtigen Zusammenhang ist das Verstehen anderer als intentionale Akteure der entscheidende Schritt in der Ontogenese menschlicher sozialer Kognition, weil er Kleinkindern ermöglicht, ihre lebenslange Reise entlang der kulturellen Entwicklungslinie anzutreten. Indem dieses neue Verständnis sie in die Lage versetzt, Prozesse kulturellen Lernens zu durchlaufen und die Perspektiven anderer Personen zu internalisieren, ermöglicht ihnen das, ihr Verständnis der Welt mit dem von anderen Personen zu vermitteln. Dazu gehören auch das Verstehen und die Perspektiven anderer, die in den materiellen und symbolischen Artefakten verkörpert sind, die von räumlich und zeitlich weit entfernten anderen Menschen geschaffen wurden.

4
Sprachliche Kommunikation und symbolische Repräsentation

Jede einzelne Bezeichnung
hebt einen bestimmten Standpunkt hervor.
Ludwig Wittgenstein

In Diskussionen über menschliche Kognition von einem phylogenetischen Standpunkt aus wird oft die Sprache als Grund der kognitiven Einzigartigkeit des Menschen angeführt. Aber die Sprache als eine evolutionäre Ursache menschlicher Kognition anzusehen, ist genauso, wie wenn man Geld als evolutionäre Ursache menschlicher Wirtschaftstätigkeit ausgeben würde. Es steht außer Frage, daß der Erwerb und die Verwendung einer natürlichen Sprache zur Eigenart menschlicher Kognition beitragen, ja sie sogar verwandeln, ebenso wie Geld die Eigenart ökonomischer Tätigkeit verwandelt. Aber die Sprache entstand nicht aus dem Nichts. Sie kam nicht aus dem Weltraum auf die Erde herab wie ein verirrter Asteroid, und sie entstand auch nicht, im Gegensatz zu den Ansichten mancher zeitgenössischer Gelehrter, wie z. B. Chomsky,[1] als eine bizarre genetische Mutation, die keine Beziehung zu anderen Aspekten menschlicher Kognition und des Soziallebens hatte. Genau wie Geld eine symbolisch verkörperte soziale Institution ist, die historisch aus zuvor existierenden wirtschaftlichen Aktivitäten entstand, ist eine natürliche Sprache eine symbolisch verkörperte soziale Institution, die sich historisch aus zuvor existierenden sozio-kommunikativen Tätigkeiten entwickelte.

Damit Kinder die Verwendung sprachlicher oder monetärer Zeichen in der für ihre Gesellschaften üblichen Weise lernen können, muß es zuerst ein ontogenetisches Analogon zu diesen historisch primären, kommunikativen und wirtschaftlichen Tätigkeiten geben. Im Falle der Sprache besteht das ontogenetische

1 Chomsky, 1980.

Analogon natürlich in den verschiedenen Aktivitäten gemeinsamer Aufmerksamkeit und nichtsprachlicher Kommunikation, an denen, wie eben beschrieben, vorsprachliche Kinder und Erwachsene teilnehmen. Um jedoch einen Teil einer Sprache zu Bestimmung der spezifischen kommunikativen Absicht eines Erwachsenen, der im Zusammenhang einer gemeinsame Aufmerksamkeit erfordenden Tätigkeit unbekannte sprachliche Ausdrücke benutzt, ist alles andere als offensichtlich. Eine solche Bestimmung verlangt, daß das Kind in der Lage ist, sowohl die verschiedenen Rollen zu verstehen, die Sprecher und Hörer bei der gemeinsamen Tätigkeit spielen, als auch die besonderen kommunikativen Absichten des Erwachsenen im Hinblick auf diese Tätigkeit. Und es muß in der Lage sein, anderen gegenüber dieselbe kommunikative Absicht auszudrücken, die ihm gegenüber ausgedrückt wurde.[2] Sehr häufig muß das Kind diese Dinge im Fluß der natürlich ablaufenden sozialen Interaktionen tun, in denen sowohl der Erwachsene als auch das Kind versuchen, bestimmte Handlungen in ihrer Umgebung auszuführen, und nicht etwa erst dann, wenn der Erwachsene seine Handlung unterbricht, um ihm ein bestimmtes Wort beizubringen.

Die Folgen des Lernens, wie man sprachliche Symbole und andere symbolische Artefakte verwendet, sind vielgestaltig. Offensichtlich werden Kindern dadurch Handlungen ermöglicht, die sie sonst in bestimmten Situationen nicht tun könnten, da diese symbolischen Artefakte zum Zweck der Erleichterung bestimmter Arten von kognitiver und sozialer Interaktionen geschaffen wurden. Wichtiger ist jedoch die Tatsache, daß sie zu einer radikal neuen Form kognitiver Repräsentation führen, die die Art und Weise verändert, wie Kinder die Welt auffassen. Während nichtmenschliche Primaten und menschliche Neugeborene ihre Umgebung dadurch repräsentieren, daß sie vergangene Wahrnehmungen und propriozeptive Erlebnisse aus ihrer eigenen Erfahrung (im Grunde handelt es sich um sensu-motorische Repräsentationen) aufbewahren, gehen Kinder, sobald

2 Hobson, 1993.

sie mit anderen intentionalen Akteuren symbolisch zu kommunizieren beginnen, über diese unmittelbaren subjektbezogenen Repräsentationen hinaus. Die symbolischen Repräsentationen, die Kinder in ihren sozialen Interaktionen mit anderen Personen lernen, sind deshalb so besonders, weil sie (a) intersubjektiv in dem Sinne sind, daß ein Symbol mit anderen »geteilt« wird; und weil sie (b) perspektivisch in dem Sinne sind, daß jedes Symbol eine besondere Sichtweise eines bestimmten Phänomens darstellt (wobei die Kategorisierung ein Spezialfall dieses Prozesses ist). Der zentrale theoretische Punkt ist, daß sprachliche Symbole die unzähligen Weisen der intersubjektiven Auslegung der Welt verkörpern, die in einer Kultur über einen historischen Zeitraum hinweg akkumuliert wurden; und der Erwerb des konventionellen Gebrauchs dieser symbolischen Artefakte, und damit die Verinnerlichung dieser Auslegungen, verwandelt die Eigenart der kognitiven Repräsentationen von Kindern grundlegend.

Sozio-kognitive Grundlagen des Spracherwerbs

Die Erklärung der menschlichen Anpassung an die Kultur in Kapitel 3 basierte auf der zwischen neun und zwölf Monaten auftretenden Fähigkeit der Kinder, andere Personen als intentionale Akteure zu verstehen. Diese Fähigkeit tritt natürlich nicht in einem Vakuum auf, sondern *in situ*, während das Kind anderen Personen begegnet und mit ihnen auf verschiedene Weisen interagiert. Bei manchen dieser Interaktionen machen andere Personen seltsame Geräusche und Handbewegungen dem Kind gegenüber und erwarten anscheinend eine Reaktion von ihm. Um diese Geräusche und Handbewegungen als kommunikativ bedeutsam anzusehen und als etwas, das man selbst lernen und verwenden könnte, muß das Kind verstehen, daß sie von einer besonderen Absicht motiviert sind, nämlich einer kommunikativen Absicht. Das Verstehen einer kommunikativen Absicht kann jedoch nur vor dem Hintergrund gemeinsamer Aufmerksamkeit stattfinden, die seine sozio-kognitive Grundlage darstellt. Außerdem erfordert das Lernen, dieselbe kommunikative Absicht ausdrücken zu können (die Benutzung derselben kommunikativen Mittel) die Einsicht, daß die Mitspielerrollen bei diesem Kommunikationsereignis potentiell vertauscht werden können: Ich kann jemand anderem gegenüber tun, was er gerade mir gegenüber getan hat. Die vorliegende Erklärung konzentriert sich also auf: (a) Situationen gemeinsamer Aufmerksamkeit als sozio-kognitive Grundlage des frühen Spracherwerbs; (b) das Verstehen kommunikativer Intentionen als wichtigsten sozio-kognitiven Prozeß, durch den Kinder den Gebrauch sprachlicher Zeichen von Erwachsenen verstehen; und (c) die Imitation des Rollenwechsels als wichtigsten kulturellen Lernprozeß, durch den Kinder den aktiven Gebrauch sprachlicher Symbole erwerben.

Szenen gemeinsamer Aufmerksamkeit

Viele Theoretiker haben durch viele Jahrhunderte der abendländischen intellektuellen Tradition hindurch Akte sprachlicher Referenz nur durch zwei Begriffe beschrieben: das Symbol und sein Referent in der wahrgenommenen Welt. Diese Sichtweise ist jedoch völlig unangemessen. Sie ist theoretisch unangemessen, wie von den Philosophen Wittgenstein[3] und Quine[4] gezeigt wurde, und sie ist in vielen Hinsichten empirisch unangemessen, insbesondere aufgrund ihrer Unfähigkeit, den Erwerb und den Gebrauch solcher sprachlicher Symbole zu erklären, die bestenfalls spärliche Verbindungen zur Wahrnehmungswelt haben, d. h. der meisten sprachlichen Zeichen, die keine Eigennamen oder wahrnehmungsnahen Nomina sind (z. B. Verben, Präpositionen, Artikel, Konjunktionen).[5] Wir müssen daher ausdrücklich die theoretische Tatsache anerkennen, daß sprachliche Referenz ein *sozialer* Akt ist, bei dem eine Person versucht, die Aufmerksamkeit einer anderen Person auf etwas in der Welt zu fokussieren. Und wir müssen ebenfalls die empirische Tatsache anerkennen,

3 Wittgenstein, 1980.
4 Quine, 1980.
5 Siehe Tomasello und Merriman, 1995.

daß sprachliche Referenz nur in einem Kontext sozialer Interaktionen verstanden werden kann, die ich Szenen gemeinsamer Aufmerksamkeit nennen werde.[6]

Szenen gemeinsamer Aufmerksamkeit sind soziale Interaktionen, bei denen das Kind und der Erwachsene während einer bestimmten Zeit ihre Aufmerksamkeit auf einen dritten Gegenstand konzentrieren und außerdem jeweils gegenseitig auf die Aufmerksamkeit des anderen hinsichtlich dieses dritten Gegenstands achten. Begriffe, die in vorhergehenden Diskussionen verwendet wurden, waren z. B. *Interaktionen auf der Grundlage gemeinsamer Aufmerksamkeit, Episoden gemeinsamer Aufmerksamkeit, Beschäftigung mit Gegenständen auf der Grundlage gemeinsamer Aufmerksamkeit* und *Format gemeinsamer Aufmerksamkeit*. Ich werde einen neuen, aber verwandten Begriff einführen, um nachdrücklich zwei wesentliche Merkmale hervorzuheben, die in früheren Diskussionen dieses allgemeinen Phänomens noch nicht genügend zur Geltung kamen.

Das erste wesentliche Merkmal betrifft das, was in Szenen gemeinsamer Aufmerksamkeit enthalten ist. Einerseits sind solche Szenen keine Wahrnehmungsereignisse; sie beinhalten nur eine Teilmenge von Gegenständen aus der Wahrnehmungswelt des Kindes. Andererseits sind solche Szenen auch keine sprachlichen Ereignisse; sie beinhalten mehr Dinge als jene, die von sprachlichen Symbolen explizit angezeigt werden. Szenen gemeinsamer Aufmerksamkeit sind also in einem Zwischenbereich angesiedelt – einem wesentlichen Zwischenbereich sozial geteilter Wirklichkeit – zwischen der größeren Welt der Wahrnehmung und der kleineren Welt der Sprache. Das zweite Wesensmerkmal, das ich hervorheben möchte, ist die Tatsache, daß das kindliche Verstehen einer Szene gemeinsamer Aufmerksamkeit das Kind selbst und seine eigene Rolle in der Interaktion als ein wesentliches Element enthält, wobei sowohl das Kind als auch seine Rolle aus derselben »Außenperspektive« aufgefaßt werden wie die anderen Personen und der Gegenstand, so daß alle Elemente in einem gemeinsamen Repräsentationsformat vorliegen,

6 Bruner, 1987; Clark, 1996; Tomasello, 1988; 1992a.

was sich bei dem Prozeß des Erwerbs sprachlicher Zeichen als entscheidend herausstellt.

Ich möchte diese beiden wesentlichen Merkmale von Szenen gemeinsamer Aufmerksamkeit an einem Beispiel illustrieren: Ein Kind spielt auf dem Boden mit einem Spielzeug, nimmt aber auch viele andere Dinge im Zimmer wahr. Ein Erwachsener kommt herein und beginnt, sich an dem Spiel des Kindes zu beteiligen. Zur Szene gemeinsamer Aufmerksamkeit gehören jene Gegenstände und Tätigkeiten, von denen das Kind weiß, daß sie ein Teil des Aufmerksamkeitsfokus seiner selbst und des Erwachsenen sind, und beide wissen, daß dies ihr Fokus ist (es handelt sich nicht um gemeinsame Aufmerksamkeit, wenn beide nur zufällig auf denselben Gegenstand fokussiert sind, aber ihrem Partner keine Beachtung schenken).[7] In diesem Fall gehören solche Dinge wie der Teppich und das Sofa oder die Windel des Kindes nicht zur Szene gemeinsamer Aufmerksamkeit, auch wenn das Kind sie im Grunde kontinuierlich wahrnimmt, und zwar weil sie nicht zu dem gehören, »was wir gemeinsam tun«. Wenn andererseits der Erwachsene mit einer neuen Windel ins Zimmer kommt und das Kind zum Wechseln der Windel auf dem Teppich bereitmacht, dann ist die Szene gemeinsamer Aufmerksamkeit etwas völlig anderes. In diesem Fall stehen die Windeln im Fokus, das Handtuch und vielleicht der Teppich, aber nicht das Spielzeug, weil »wir« im Moment keine auf das Spielzeug bezogenen Absichten haben. Der entscheidende Punkt ist, daß Szenen gemeinsamer Aufmerksamkeit intentional definiert sind, d.h., sie erwerben ihre Identität und Kohärenz durch das Verstehen des Kindes und des Erwachsenen im Hinblick auf das, »was wir tun« im Sinne der zielgerichteten Tätigkeiten, mit denen wir befaßt sind. In einem Fall spielen wir mit einem Spielzeug, was bedeutet, daß bestimmte Gegenstände und Tätigkeiten zu dem gehören, was wir tun, und im anderen Fall wechseln wir eine Windel, was vom Standpunkt unserer gemeinsamen Aufmerksamkeit eine ganz andere Menge von Gegenständen und Aktivitäten in den Mittelpunkt stellt. Bei jeder Szene gemeinsamer

7 Tomasello, 1995a.

Aufmerksamkeit sind wir nur auf eine Teilmenge aller Dinge bezogen, die wir in der jeweiligen Situation wahrnehmen können.

Aber die Szene gemeinsamer Aufmerksamkeit ist nicht dasselbe wie die Szene der Referenz, die in einem sprachlichen Ausdruck explizit symbolisiert wird. Die Szene gemeinsamer Aufmerksamkeit stellt einfach den intersubjektiven Kontext bereit, innerhalb dessen der Symbolisierungsprozeß stattfindet. Wenn wir uns auf ein Beispiel mit Erwachsenen beziehen, um die relevanten allgemeinen Prinzipien deutlich zu machen, könnten wir uns z. B. vorstellen, ein Amerikaner befinde sich auf einem ungarischen Bahnhof, als ein Muttersprachler sich nähert und ihn auf Ungarisch anspricht, gewissermaßen aus heiterem Himmel. Es ist sehr unwahrscheinlich, daß der amerikanische Besucher in dieser Situation den konventionellen Gebrauch irgendeines ungarischen Worts oder einer Phrase erwerben wird. Aber nehmen wir an, der Amerikaner gehe zum Fahrkartenschalter, hinter dem sich ein anderer Sprecher des Ungarischen befindet, und versucht, eine Fahrkarte zu bekommen. In dieser Situation ist es möglich, daß der Besucher ein paar ungarische Wörter und Phrasen lernt, weil die beiden Interagierenden in diesem Kontext ein gemeinsames Verständnis der Interaktionsziele des jeweils anderen haben, die das Benötigen einer Auskunft über den Fahrplan, den Wunsch, eine Fahrkarte zu kaufen, das Wechseln von Geld etc. betreffen – Ziele, die unmittelbar durch die Ausführung von sinnvollen und schon verstandenen Handlungen wie dem wirklichen Austauschen von Fahrkarte und Geld ausgedrückt werden. Der Schlüssel zum Spracherlernen würde für den Muttersprachler darin liegen, ein neues Wort oder eine Phrase auf eine Weise zu gebrauchen, die den Grund dafür zum Ausdruck bringt, warum er die Äußerung zu genau diesem Zeitpunkt macht, z. B. wenn er das Geld aus der Hand des Besuchers nimmt oder wenn er die Fahrkarte oder Wechselgeld herausgibt. In solchen Fällen zieht der Lernende eine Schlußfolgerung folgender Art: Wenn dieser unbekannte Ausdruck X bedeuten würde, dann wäre er für das Ziel des Fahrkartenverkäufers in dieser Szene gemeinsamer Aufmerksamkeit *relevant.*[8] Die Szene der Referenz, wie sie durch die Sprache symbolisiert wird, betrifft also nur einen Teil der Dinge, die bei den intentionalen Interaktionen in der Szene gemeinsamer Aufmerksamkeit vor sich gehen.

Die zweite zentrale Tatsache im Hinblick auf Szenen gemeinsamer Aufmerksamkeit ist, daß sie, vom Standpunkt des Kindes aus gesehen, alle drei beteiligten Elemente auf gleicher begrifflicher Ebene enthalten: den Gegenstand gemeinsamer Aufmerksamkeit, den Erwachsenen und das Kind selbst. Der Einschluß des Kindes selbst wurde weder von mir noch, soweit ich weiß, von anderen zuvor ausreichend betont, und in der Tat wird gemeinsame Aufmerksamkeit manchmal so charakterisiert, daß das Kind seine Aufmerksamkeit zwischen nur zwei Dingen koordiniert: dem Gegenstand und dem Erwachsenen. Wie wir jedoch in Kapitel 3 sahen, haben wir es mit folgender Situation zu tun: Wenn das Kind damit beginnt, die Aufmerksamkeit der Erwachsenen gegenüber äußeren Entitäten zu beobachten, ist die äußere Entität manchmal das Kind selbst. Das Kind beginnt also, die Aufmerksamkeit des Erwachsenen ihm gegenüber zu beobachten und sich somit gewissermaßen selbst von außen zu sehen. Es versteht auch die Rolle des Erwachsenen von demselben äußeren Gesichtspunkt aus, und so ist es, als sähe es die ganze Szene von einem höheren Standort aus, mit sich selbst als einer Spielfigur darin. Dies steht im Gegensatz dazu, wie andere Primatenarten und sechs Monate alte Säuglinge die soziale Interaktion von einer »Innenperspektive« aus sehen, in der die anderen Teilnehmer in *einem* Format erscheinen (äußere Wahrnehmung aus der Dritten-Person-Perspektive) und das »Ich« in einem anderen (Propriozeption aus der Ersten-Person-Perspektive).[9] Die Unterscheidung, die ich hier hervorheben möchte, ist dieselbe, die von Imagery-Theoretikern gemacht wird, wenn sie mentale Bilder vom ich-zentrierten Gesichtspunkt aus (z. B. sehe ich, wie sich ein Ball mit hoher Geschwindigkeit von meinem Fuß wegbewegt) und Bilder von einem äußeren Gesichtspunkt aus unterscheiden (z. B. sehe ich mich selbst [meinen ganzen

8 Sperber und Wilson, 1986; Nelson, 1996.

9 Barresi und Moore, 1996.

Körper] den Ball wegkicken, d. h. von einer äußeren Perspektive aus, so wie ich andere Leute Bälle wegkicken sehe).

Die Wichtigkeit dieses Verstehens von Szenen gemeinsamer Aufmerksamkeit kann nicht genug betont werden. Um als ein »Format« für den Spracherwerb zu dienen, muß die Szene gemeinsamer Aufmerksamkeit vom Kind als etwas verstanden werden, das Mitspielerrollen hat, die in einem gewissen Sinn austauschbar sind.[10] Wie wir gleich sehen werden, wird es dadurch dem Kind möglich, die Rolle des Erwachsenen zu übernehmen und ein neues Wort zu verwenden, um die Aufmerksamkeit des Erwachsenen auf dieselbe Weise zu lenken, wie der Erwachsene es verwendet hat, um die Aufmerksamkeit des Kindes zu lenken. Diesen Vorgang werde ich Imitation durch Rollentausch nennen. Im folgenden möchte ich lediglich eine hypothetische Szene gemeinsamer Aufmerksamkeit beschreiben, und zwar vom Standpunkt des Kindes aus wie in Abbildung 4.1. Die wesentlichen Punkte sind, daß (a) die Szene gemeinsamer Aufmerksamkeit sich gegenüber der Szene der Wahrnehmung auf eine Teilmenge von Gegenständen und Tätigkeiten konzentriert, die gegenseitig betrachtet werden können, und daß gegenüber der Szene gemeinsamer Aufmerksamkeit die Szene der Referenz sich auf eine Teilmenge von Gegenständen und Tätigkeiten konzentriert, die ebenfalls von beiden Interaktionsteilnehmern betrachtet werden können; und (b) das Kind sich als einen Teilnehmer versteht, der sich auf einer Ebene mit dem Erwachsenen und dem Gegenstand der gemeinsamen Aufmerksamkeit befindet.

Das Verstehen kommunikativer Absichten

Stellen wir uns nun vor, daß ein Erwachsener einen neuen sprachlichen Ausdruck an einen Säugling richtet, der zu jung ist, um eine Szene gemeinsamer Aufmerksamkeit zu verstehen oder daran teilzunehmen, geschweige denn, Sprache zu verstehen. Für Säuglinge, die so jung sind, macht der Erwachsene einfach nur Geräusche. Säuglinge in diesem Alter können natürlich gelegent-

10 Bruner, 1987.

lich lernen, eines dieser Geräusche mit einem Wahrnehmungsereignis auf dieselbe Weise zu assoziieren, wie ein Haustier verstehen kann, daß das Geräusch *Essen* das Bereitstellen von Futter ankündigt. Aber dabei handelt es sich nicht um Sprache. Geräusche werden für Kleinkinder dann und nur dann zu einer Sprache, wenn sie verstehen, daß der Erwachsene dieses Geräusch in der Absicht macht, ihre Aufmerksamkeit auf etwas Bestimmtes zu lenken. Dieses Verständnis stellt sich nicht automatisch ein, sondern ist eine Entwicklungsleistung. Es erfordert das Verständnis anderer als intentionale Akteure, wie es in Kapitel 3 beschrieben wurde; es erfordert die Teilnahme an einer Szene gemeinsamer Aufmerksamkeit, wie eben ausgeführt; und es erfordert auch das Verstehen einer besonderen Art intentionaler Handlung innerhalb einer Szene gemeinsamer Aufmerksamkeit, nämlich einer kommunikativen Handlung, die eine kommunikative Absicht ausdrückt. Eine Möglichkeit, die Notwendigkeit dieser Bedingungen einsichtig zu machen, besteht darin, das Verhalten von Menschenaffen und zweijährigen Kindern zu vergleichen, wenn Forscher versuchen, mit ihnen zu kommunizieren, indem sie völlig neue kommunikative Zeichen verwenden.

Tomasello, Call und Gluckman haben ein solches Experiment durchgeführt.[11] Sie gaben Schimpansen und zwei- bis dreijährigen Kindern zu verstehen, welcher von drei Behältern eine Belohnung enthielt, indem sie (a) auf den richtigen Behälter zeigten; (b) eine kleine hölzerne Markierung oben am richtigen Behälter anbrachten; (c) ein genaues Modell des richtigen Behälters hochhielten. Die Kinder waren zwar schon mit dem Zeigen vertraut, kannten aber den Gebrauch von Markierungen und Modellen als kommunikative Zeichen noch nicht. Trotzdem nutzten sie diese neuen Zeichen sehr effektiv, um die Belohnung zu finden. Im Gegensatz dazu konnte kein Affe das Gleiche mit den kommunikativen Zeichen tun, die er vor dem Experiment noch nicht kannte. Eine Erklärung dieser Ergebnisse ist, daß die Affen nicht verstanden, daß der Mensch die Absicht hatte, ihre eigene Aufmerksamkeit zu lenken. Die Affen betrachteten die Kommu-

11 Tomasello, Call und Gluckman, 1997.

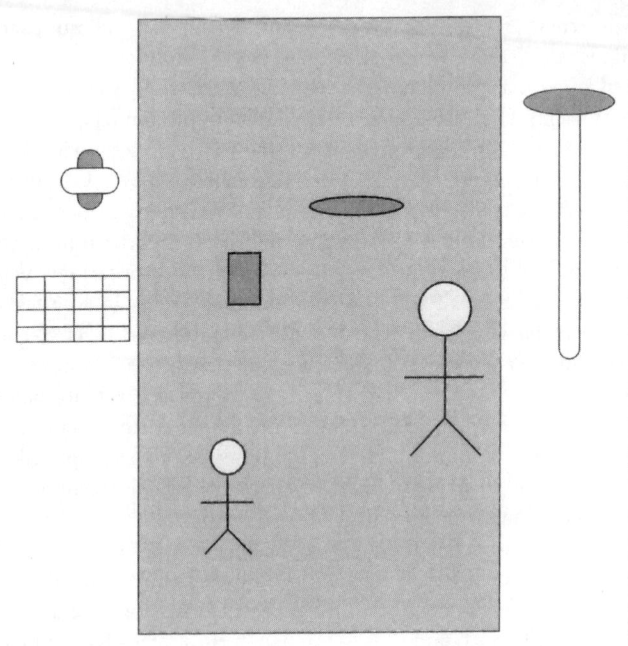

Abbildung 4.1 Eine Szene gemeinsamer Aufmerksamkeit, die ein Kind (das Selbst), einen Erwachsenen und zwei Gegenstände gemeinsamer Aufmerksamkeit umfaßt. Drei wahrgenommene Gegenstände gehören nicht zur Szene gemeinsamer Aufmerksamkeit.

nikationsversuche des Menschen also als diskriminative Reize auf gleicher Ebene mit allen anderen Arten von diskriminativen Reizen, die durch wiederholte Erfahrungen mühsam gelernt werden müssen. Im Gegensatz dazu faßten die Kinder jeden Kom munikationsversuch als einen Ausdruck der Absicht des Erwachsenen auf, ihre Aufmerksamkeit auf die Erfordernisse der Situation auszurichten.

Das bedeutet, daß die Kinder die kommunikativen Absichten des Versuchsleiters verstanden. Die Beschreibung und Erklärung kommunikativer Absichten hat zwar eine beeindruckende philosophische Geschichte,[12] ich werde jedoch den Ideen von Clark folgen, der eine stärker psychologisch orientierte Erklärung derselben Themen gibt.[13] Wenn ich Ihre kommunikative Absicht erkennen will, muß ich nach der vorliegenden Analyse verstehen, daß

Sie die Absicht haben, [daß ich meine Aufmerksamkeit auf (X) richte].

Nach allen Theoretikern im Ausgang von Grice muß das Verstehen einer kommunikativen Absicht diese eingebettete Struktur aufweisen.[14] Wenn Sie zu mir kommen und mich auf einen Stuhl drücken, werde ich Ihre Absicht erkennen, daß ich mich setzen soll. Wenn Sie mir aber sagen »Setzen Sie sich«, werde ich Ihre Absicht erkennen, daß ich Ihrer Aufforderung folgen soll, mich zu setzen. Diese Analyse macht ganz deutlich, daß das Verstehen einer kommunikativen Absicht ein Sonderfall des Verstehens einer Absicht ist; es ist das Verstehen der Absicht einer anderen Person bezüglich meiner eigenen Aufmerksamkeit. Dieses Verstehen ist offenbar komplexer als das Verstehen, daß eine andere Person eine bestimmte Verhaltensabsicht hat. Um zu verstehen, daß es die Absicht einer anderen Person ist, einen Ball zu kicken, brauche ich nur ihr Ziel im Hinblick auf den Ball zu bestimmen. Um jedoch zu verstehen, was eine andere Person beabsichtigt, wenn sie mir gegenüber das Geräusch »Ball!« von sich gibt, muß ich ihr Ziel im Hinblick auf meine eigene Aufmerksamkeit und auf meine Absichten gegenüber einer dritten Entität bestimmen.

Die gegenwärtige Theorie leitet sich also auf direkte Weise von meiner bisherigen Analyse dessen ab, wie Kinder andere als intentionale Akteure verstehen und wie sie sich selbst als einen intentionalen Akteur begreifen, der wie andere intentionale Akteure an Szenen gemeinsamer Aufmerksamkeit teilnimmt. Nach dieser Auffassung kann nur ein Kind, das die intentionalen Zustände anderer ihm gegenüber, d. h. gegenüber seinen eigenen intentionalen Zuständen, erkennen kann, eine kommunikative Absicht verstehen. Wenn wir versuchen, diesen Sachverhalt in

12 Siehe die nützliche Übersicht bei Levinson, 1990.

13 Clark, 1996.

14 Grice, 1975.

einem Diagramm darzustellen und ihn vom Fall der Schimpansen unterscheiden, die keine kommunikativen Intentionen verstehen, erhalten wir so etwas wie Abbildung 4.2. Abbildung 4.2a beschreibt die Erfahrung eines Schimpansen, der sieht, wie ein anderer den Arm hebt. Der Schimpanse sieht zuerst das Heben des Arms; darauf folgt seine Erwartung, was als nächstes passiert (aufgrund seiner Erfahrung in ähnlichen Situationen der Vergangenheit). Abbildung 4.2b stellt die Erfahrung eines Kindes dar, das erfolgreich den sprachlichen Versuch eines Erwachsenen versteht, seine Aufmerksamkeit auf einen äußeren Gegenstand zu richten. Der linke Teil zeigt, daß das Kind sich selbst von außen als einen Teilnehmer der Interaktion versteht, in welcher der Erwachsene versucht, seine Aufmerksamkeit auf X zu lenken, während auf dem rechten Teil dargestellt ist, wie das Kind angemessen auf den Vorschlag des Erwachsenen reagiert und beginnt, die Aufmerksamkeit im Hinblick auf X mit ihm zu teilen (beide Teilnehmer achten auf den Gegenstand und auf die Aufmerksamkeit des anderen hinsichtlich des Gegenstands).

Imitation durch Rollentausch und Intersubjektivität

Nun, da das Kind in der Lage ist, die kommunikativen Absichten anderer Personen zu verstehen, muß es außerdem fähig sein, dieses Verständnis zu nutzen, um das Hervorbringen eines sprachlichen Ausdrucks zu lernen, den es verstanden hat.

Das führt uns natürlich wieder zum kulturellen Lernen, d. h. zum Imitationslernen, zurück. Der Prozeß des Imitationslernens unterscheidet sich jedoch bei der Hervorbringung eines kommunikativen Symbols vom Imitationslernen anderer intentionaler Handlungen. Wenn das Kind z. B. sieht, wie ein Erwachsener auf eine bestimmte Weise mit einem neuen Spielzeug umgeht und dann durch Imitation lernt, dasselbe zu tun, gibt es eine Parallele zwischen dem, was der Erwachsene und das Kind mit dem Spielzeug tun: Das Kind setzt sich einfach an die Stelle des Erwachsenen. Wenn sich jedoch ein Erwachsener mit einem neuen kommunikativen Symbol an das Kind wendet, das seine Aufmerksamkeit auf dieses Spielzeug lenken soll, und das Kind

Abbildung 4.2a Was Schimpansen begrifflich repräsentieren, wenn sie ein gestisches Signal wahrnehmen und interpretieren: Zuerst sehen sie, daß der Partner eine Geste macht, und dann stellen sie sich vor, was er als nächstes tun wird. Das Selbst ist nicht begrifflich repräsentiert.

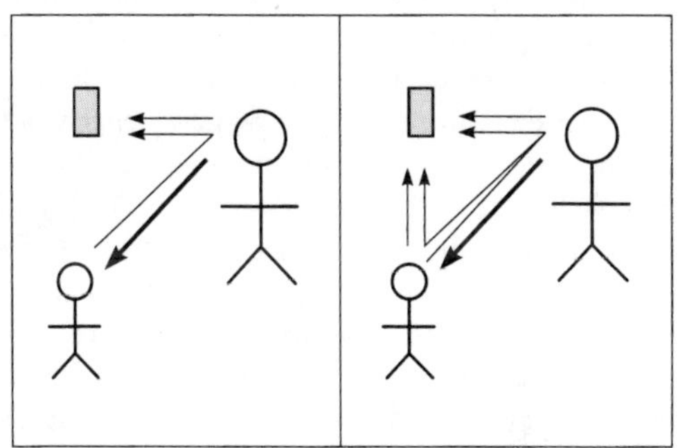

Abbildung 4.2b Was menschliche Säuglinge begrifflich repräsentieren, wenn sie ein sprachliches Symbol wahrnehmen und interpretieren: Zuerst verstehen sie, daß der Partner die Absicht hat, daß sie ihre Aufmerksamkeit auf etwas Bestimmtes richten sollen, und dann stellen sie sich vor, wie es wäre, wenn sie ihre Aufmerksamkeit mit dem Erwachsenen teilen würden. Teilen bedeutet, daß beide Partner sowohl auf den Referenten als auch auf ihre Aufmerksamkeit bezüglich des Referenten achten. Das Selbst ist auf dieselbe Weise begrifflich repräsentiert wie der Partner.

dieses Kommunikationsverhalten durch Imitation lernen will, ändert sich die Sachlage. Wie eben ausgeführt, liegt das daran, daß das Ziel des Erwachsenen bei seiner Verwendung des kommunikativen Symbols das Kind selbst betrifft, denn der Erwachsene drückt eine Absicht gegenüber der Aufmerksamkeit des Kindes aus. Folglich wird das Kind, wenn es sich einfach nur an die Stelle des Erwachsenen setzt, schließlich das Symbol auf sich selbst beziehen, was aber gerade nicht geschehen soll.

Um die Verwendung eines kommunikativen Symbols in einer konventionell angemessenen Weise zu lernen, muß das Kind in einen Prozeß eintreten, den ich Imitation durch Rollentausch genannt habe.[15] Das bedeutet, daß das Kind lernen muß, ein Symbol gegenüber dem Erwachsenen auf dieselbe Weise zu gebrauchen, wie es der Erwachsene ihm gegenüber gebraucht hat. Dabei handelt es sich eindeutig um einen Prozeß des Imitationslernens, bei dem das Kind sich am Erwachsenen ausrichtet, und zwar sowohl im Hinblick auf das Ziel als auch auf die Mittel zur Zielerreichung; nur muß in diesem Fall das Kind nicht nur sich selbst als Handelnden an die Stelle des Erwachsenen setzen (was bei allen Arten kulturellen Lernens geschieht), sondern den Erwachsenen zugleich als Ziel der intentionalen Handlung an seine eigene Stelle setzen (d. h. es muß die Aufmerksamkeit des Erwachsenen als Ziel durch seine eigene ersetzen). Wenn wir einen Blick auf die rechte Seite von Abbildung 4.2b werfen, sehen wir, daß der an dieser Art von Imitationslernen beteiligte Rollentausch sich direkt von der Außenansicht ableitet, die der Szene gemeinsamer Aufmerksamkeit eigentümlich ist. Die Rolle des Kindes und die Rolle des Erwachsenen in dieser Szene werden beide von einem »äußeren« Standpunkt aus verstanden, und deshalb können sie, wenn es nötig ist, zwanglos vertauscht werden. (Eine interessante Pointe dieser Geschichte ist, daß manche Kinder im frühen Alter und alle Kinder auf späteren Altersstufen neue Teile der Sprache dadurch lernen, daß sie dritte Parteien dabei beobachten, wie sie miteinander reden.[16] Der Prozeß der wechselseitigen Ersetzung von Teilnehmern ist zwar noch im-

15 Tomasello, 2001.

16 Z.B. Brown, 2001.

mer grundlegend; der Unterschied besteht jedoch darin, daß das Kind in diesem Fall nicht selbst einer der Teilnehmer am sprachlichen Austausch ist. Diese Art von Spracherlernen wurde noch nicht hinreichend in Einzelheiten erforscht, um sagen zu können, wie Kinder diese Leistung vollziehen, oder ob es für sie in frühen Entwicklungsphasen besonders schwierig ist.)

Das Ergebnis dieses Vorgangs der Imitation durch Rollentausch ist ein sprachliches Symbol: ein Kommunikationsmittel, das intersubjektiv von beiden Teilnehmern der Interaktion verstanden wird. Dieser Lernprozeß gewährleistet also, daß das Kind versteht, daß es ein Symbol erworben hat, das in folgendem Sinn sozial »geteilt« wird: In den meisten Fällen kann es annehmen, daß der Hörer dasselbe Symbol sowohl versteht als auch hervorbringen kann; und der Hörer weiß gleichfalls, daß beide das Symbol verstehen und hervorbringen können. Der Prozeß des Verstehens kommunikativer Signale, wie z. B. bei der gestischen Kommunikation von Schimpansen und vorsprachlichen Kindern, ist davon sehr verschieden, insofern hier jeder Teilnehmer seine eigene Rolle nur aus der eigenen Innenperspektive versteht. Aber selbst im Fall von nichtsprachlichen Gesten ist das Ergebnis ein kommunikatives Symbol, wenn der Lernprozeß das Verstehen kommunikativer Absichten und die Imitation durch Rollentausch innerhalb einer Szene gemeinsamer Aufmerksamkeit beinhaltet. Wenn also ein Kind dadurch lernt, anderen gegenüber auf etwas zu zeigen, daß es die Zeigegeste von Erwachsenen imitiert, die ihm gegenüber auf etwas zeigen, wird sein Zeigen dadurch symbolisch (vgl. auch die frühen »symbolischen Gesten« von Säuglingen, z. B. das Winken zum Abschied und das Flattern mit den Armen, um einen Vogel nachzuahmen, die von Acredolo und Goodwyn untersucht wurden).[17] Es ist außerdem interessant festzustellen, daß die Intersubjektivität, die sozial geteilten Symbolen, aber nicht einseitig gerichteten Signalen eigentümlich ist, viele Arten pragmatischer »Implikaturen« aufweist, die von Grice untersucht wurden. Sie betreffen Erwartungen, daß andere Personen die konventionellen Aus-

17 Acredolo und Goodwyn, 1988.

drucksmittel verwenden werden, von denen wir wissen, daß sie sie kennen, und nicht andere, die umständlicher oder indirekter sind. Das geschieht z. B. dann, wenn ein Kind versteht, daß ein neues Symbol verwendet wird, um einen neuen Aspekt einer Situation zu bezeichnen. Wenn der Erwachsene einen Aspekt der Situation intendiert hätte, über den schon zuvor kommuniziert wurde, hätte er ein schon bekanntes Symbol verwendet (sogenanntes »fast mapping«).[18]

Insgesamt verlangt also der Erwerb des konventionellen Gebrauchs intersubjektiv verstandener, sprachlicher Symbole von einem Kind, daß es

- andere als intentionale Akteure versteht;
- an Szenen gemeinsamer Aufmerksamkeit teilnimmt, die den soziokognitiven Hintergrund für Akte symbolischer, einschließlich sprachlicher, Kommunikation abgeben;
- nicht nur Absichten, sondern auch kommunikative Absichten versteht, durch die jemand versucht, seine Aufmerksamkeit auf etwas innerhalb der Szene gemeinsamer Aufmerksamkeit zu lenken; und
- im kulturellen Lernprozeß mit den Erwachsenen die Rollen tauscht und somit ihnen gegenüber dasselbe Zeichen gebraucht, was sie ihm gegenüber gebraucht haben, wodurch das intersubjektiv verstandene kommunikative Symbol oder die Konvention erst erzeugt wird.

Sprachliche Symbole auf diese Weise zu lernen, versetzt kleine Kinder in die Lage, alle Arten sozialer Fertigkeiten und das Wissen zu nutzen, das in ihren lokalen Gemeinschaften und Kulturen als Ganzes schon besteht. Aber es leistet noch mehr. Was sprachliche Symbole vom Standpunkt der Kognition aus wirklich als einzigartig erscheinen läßt, ist die Tatsache, daß jedes Symbol eine besondere Perspektive auf einen Gegenstand oder ein Ereignis verkörpert: Dieser Gegenstand ist zugleich eine Rose, eine Blume und ein Geschenk. Die perspektivische Eigenart sprachlicher Symbole vervielfacht auf unbegrenzte Weise die Spezifizität, mit der sie eingesetzt werden können, um die Aufmerksamkeit der anderen zu steuern, und diese Tatsache hat weitreichende Implikationen für die Natur kognitiver Repräsentation, die wir später

18 Carey, 1978.

erkunden werden. Im gegenwärtigen Zusammenhang, in dem wir damit beschäftigt sind, wie kleine Kinder neue sprachliche Symbole lernen, ergibt sich daraus jedoch eine Schwierigkeit. Das Problem ist, daß diese große Spezifizität vom Kind nicht nur verlangt festzustellen, daß der Erwachsene versucht, seine Aufmerksamkeit zu lenken, sondern den besonderen Zielpunkt zu identifizieren, den der Erwachsene für es in einer besonderen Szene gemeinsamer Aufmerksamkeit zu bestimmen beabsichtigt.

Grundlagen des Spracherwerbs in der sozialen Interaktion

Wir haben das Kind nun mit verschiedenen Arten sozio-kognitiver Fertigkeiten ausgestattet (und wir haben allgemeine Fertigkeiten von Primaten im Hinblick auf Wahrnehmung, Gedächtnis, Kategorisierung etc. angenommen). Aber die Frage ist immer noch offen, wie diese Fertigkeiten in der Praxis eingesetzt werden, um sprachliche Symbole zu lernen. Das Problem, das zuerst von Wittgenstein formuliert und dann von Quine ausgearbeitet wurde,[19] beruht auf der perspektivischen Eigenart sprachlicher Symbole (obwohl die genannten Philosophen das Problem nicht auf diese Weise gestellt haben). Aufgrund der perspektivischen Natur sprachlicher Symbole gibt es im konkreten Fall keine algorithmischen Verfahren zur Bestimmung der besonderen kommunikativen Absicht einer Person. Wenn ein Erwachsener einen Ball hochhält und *Dax* sagt, wie soll das Kind dann wissen, ob er dieses Einzelding meint oder seine Farbe oder eine größere Klasse von Gegenständen (wie z. B. Spielzeuge) oder die Handlung des Hochhaltens oder noch etwas anderes? Manche Forscher haben versucht, dieses Problem durch die Annahme zu lösen, daß Kinder zu Beginn des Spracherwerbs mit bestimmten »Beschränkungen« (constraints) beim Lernen von Wörtern ausgestattet sind, die sie automatisch und sinnvoll auf den intendierten Referenten des Sprechers lenken.[20]

19 Wittgenstein, 1980; Quine, 1980.
20 Markman, 1989; 1992; Gleitman, 1990.

Ich bin skeptisch gegenüber Lösungen, die Anleihen bei einer solchen »prästabilierten Harmonie« machen und habe mich statt dessen für einen Ansatz entschieden, der auf dem sozial-pragmatischen, kontextuellen Verständnis der kommunikativen Absichten Erwachsener beruht.[21] So liegt zumindest ein Teil meiner Lösung von Wittgensteins Problem im kindlichen Verstehen der kommunikativen Absichten Erwachsener, das in einer sinnvollen Szene gemeinsamer Aufmerksamkeit verankert ist – was Wittgenstein eine »Lebensform« nannte –, wobei dieses Verstehen unabhängig von jedem Verständnis der zu lernenden Sprache ist (obwohl es natürlich davon abhängen kann, daß das Kind eine andere Sprache in der betreffenden Situation versteht). Wie das in der Praxis funktioniert, ist oft sehr subtil und komplex, da Kinder die kommunikativen Absichten Erwachsener im Verlauf der jeweiligen sozialen Interaktion und Rede identifizieren müssen. Ein anderer Teil der Lösung liegt in der Problemstellung selbst. Die perspektivische Eigenart sprachlicher Symbole zeigt, daß diese Symbole in vielen Fällen einen Bedeutungskontrast bilden. Sie sind gewissermaßen wechselseitig definiert wie in *kaufen/verkaufen*, *verleihen/ausleihen*; und das hilft Kindern dabei, Bedeutungen zu lernen, die sich nur wenig unterscheiden, vor allem nachdem sie schon bestimmte Grundwörter gelernt haben.

Gemeinsame Aufmerksamkeit und frühe Sprache

Bruner war der erste Erforscher des Spracherwerbs von Kindern, der Wittgensteins Problem zu würdigen wußte und eine Antwort darauf vorschlug.[22] Wittgensteins allgemeinem Ansatz folgend, behauptete Bruner, daß das Kind den konventionellen Gebrauch eines sprachlichen Symbols dadurch erwirbt, daß es lernt, an einer Interaktionsform (Lebensform, Szene gemeinsamer Aufmerksamkeit) teilzunehmen, die es zunächst nichtsprachlich versteht, so daß die Sprache des Erwachsenen in ge-

21 Tomasello, 1992a; 1995c; 2001.

22 Bruner, 1975; 1987.

teilten Erfahrungen verankert werden kann, deren soziale Bedeutung es schon begreift. Eine Schlüsselkomponente dieses Prozesses ist zunächst ein Kind, das Erwachsene als intentionale Wesen auffassen kann, so daß es in bestimmten Kontexten seine Aufmerksamkeit mit ihnen teilen kann. Eine andere Komponente ist jedoch die bereits existierende, äußere soziale Welt, in der das Kind lebt. Um Sprache zu erwerben, muß das Kind in einer Welt leben, die strukturierte soziale Tätigkeiten aufweist, die es verstehen kann, so wie unser hypothetischer Besucher Ungarns das Kaufen von Fahrkarten und das Reisen mit Zügen verstand. Für Kinder bedeutet das häufig die Wiederkehr derselben routinemäßigen, allgemeinen Aktivität, so daß sie erkennen können, wie diese Aktivität aufgebaut ist und wie die verschiedenen sozialen Rollen in ihr funktionieren. Wenn wir am Spracherwerb interessiert sind, muß der Erwachsene außerdem ein neues sprachliches Symbol auf eine solche Weise verwenden, die das Kind als relevant für die gemeinsame Tätigkeit erkennen kann (nämlich im Gegensatz zur unvermittelten Ansprache des Ungarn auf dem Bahnhof). Wenn ein Kind in eine Welt geboren werden würde, in der dieselbe Art von Ereignis nie wiederkehrte, derselbe Gegenstand nie zweimal erschiene und Erwachsene nie dieselben Ausdrücke im selben Kontext verwendeten, dann würde im allgemeinen schwer zu sehen sein, wie dieses Kind eine natürliche Sprache erwerben könnte, welche kognitiven Fähigkeiten es auch immer haben möge.

Eine Reihe von Untersuchungen hat gezeigt, daß Kinder nach ersten Fortschritten beim Spracherwerb neue Wörter am besten in Szenen gemeinsamer Aufmerksamkeit lernen. Oft handelt es sich dabei um solche, die in ihrer täglichen Erfahrung wiederkehren, wie Baden, Füttern, Windelwechseln, Vorlesen und Autofahren. Diese Tätigkeiten sind in vielen Hinsichten analog zu dem Szenario des Fahrkartenkaufs auf einem Bahnhof, insofern das Kind seine eigenen und die Ziele des Erwachsenen in der jeweiligen Situation versteht, was ihm ermöglicht, die Relevanz des Sprachverhaltens des Erwachsenen für diese Ziele zu erschließen. So stellten Tomasello und Todd fest, daß Kinder, die mit ihren Müttern längere Zeit bei Tätigkeiten gemeinsamer

Aufmerksamkeit im Alter zwischen zwölf und achtzehn Monaten verbrachten, mit achtzehn Monaten ein größeres Vokabular hatten.[23] Bei der Sprachverwendung Erwachsener innerhalb dieser Szenen gemeinsamer Aufmerksamkeit fanden Tomasello und Farrar sowohl korrelative als auch experimentelle Belege für die Hypothese, daß Mütter, die Sprache beim Versuch verwendeten, der Aufmerksamkeit ihrer Kinder zu folgen (d. h. über einen Gegenstand zu sprechen, der schon im Brennpunkt des Interesses und der Aufmerksamkeit des Kindes stand), Kinder mit einem größeren Vokabular hatten als Mütter, die Sprache beim Versuch verwendeten, die Aufmerksamkeit des Kindes auf etwas Neues zu lenken.[24]

Von besonderer Bedeutung ist das Ergebnis von Carpenter, Nagell und Tomasello, die ähnliche Beziehungen auf einer früheren Altersstufe fanden, nämlich zu der Zeit, wo Kinder gerade anfangen, Sprache zu lernen und zu verwenden.[25] Sie stellten fest, daß Säuglinge, die im Alter von zwölf Monaten längere Zeit mit ihren Müttern bei Beschäftigungen gemeinsamer Aufmerksamkeit verbrachten, in diesem Alter und in den folgenden Monaten mehr Sprache verstanden und verwendeten. Außerdem stellten sie fest, daß Kinder von Müttern, die den Aufmerksamkeitsfokus ihrer zwölf Monate alten Kinder mit Worten begleiteten, in den folgenden Monaten ein größeres Vokabular beim Verstehen hatten (wobei die Auswirkungen auf die Sprachproduktion etwas später auftraten). Wenn diese beiden Variablen – die Zeit, die das Kind bei der gemeinsamen Beschäftigung verbrachte und die Tendenz der Mutter, dem Aufmerksamkeitsfokus des Kindes mit ihrem Gebrauch von referierenden Ausdrücken zu folgen – zusammen in Regressionsgleichungen eingesetzt wurden, konnte über die Hälfte der Varianz des Sprachverstehens und der Sprachproduktion an verschiedenen Stellen innerhalb der Zeitspanne zwischen zwölf und fünfzehn Monaten vorhergesagt

23 Tomasello und Todd, 1983; siehe auch Smith et al., 1988; Tomasello, Mannle und Kruger, 1986.

24 Tomasello und Farrar, 1986; siehe auch Akhtar, Dunham und Dunham, 1991; Dunham, Dunham und Curwin, 1993.

25 Carpenter, Nagell und Tomasello, 1998.

werden, wobei jede Variable einen bedeutenden Anteil spezifischer Varianz erklärte. Eine Reihe von Maßen für die nichtsoziale kognitive Entwicklung der Kinder, die hauptsächlich ihr Wissen über Gegenstände und den Raum betreffen, wies keine Korrelation mit ihren sprachlichen Fähigkeiten und den anderen Tätigkeiten gemeinsamer Aufmerksamkeit auf. Das ist ein Beleg dafür, daß die Korrelation zwischen Beschäftigungen, die gemeinsame Aufmerksamkeit erfordern, und der Sprache nicht einfach nur das Ergebnis eines allgemeinen Entwicklungsfortschritts war.

Der eindeutige Befund dieser Untersuchung, der die experimentellen und die Korrelationsergebnisse ähnlicher Studien mit etwas älteren Kindern bestätigt, ist, daß die beginnende Fähigkeit von einjährigen Kindern, an nichtsprachlichen Aktivitäten gemeinsamer Aufmerksamkeit mit Erwachsenen teilzunehmen, eng mit ihren neu auftauchenden sprachlichen Fähigkeiten verbunden ist.[26] Dieser Befund ist deshalb von Bedeutung, weil er zeigt, daß die bekannte Altersentsprechung zwischen Fertigkeiten gemeinsamer Aufmerksamkeit und der Sprache – beide treten in den Monaten um den ersten Geburtstag des Kindes herum auf, wobei die nichtsprachlichen Fertigkeiten gemeinsamer Aufmerksamkeit etwas früher erscheinen – kein Zufall ist. Die Schwierigkeit, die dieser Befund für Theorien des frühen Spracherwerbs aufwirft, die ihren Fokus nicht auf den sozialen Dimensionen des Prozesses haben, ist unmittelbar und schwerwiegend. Für Theorien, die sich in erster Linie auf die kognitiven Dimensionen des Wortlernens konzentrieren[27] oder auf die beteiligten Prozesse des Assoziationslernens,[28] stellt sich die Frage, warum der Spracherwerb genau zu dieser Zeit beginnt. Warum setzt er unmittelbar nach dem Erscheinen von Fertigkeiten gemeinsamer Aufmerksamkeit ein? Jede Erklärung, die sich auf nicht-soziale kognitive oder Lernprozesse beruft – z. B. darauf, daß einjährige

26 Siehe Rollins und Snow, 1999, im Hinblick auf ähnliche Ergebnisse bezüglich gemeinsamer Aufmerksamkeit und früher syntaktischer Fertigkeiten.

27 Z. B. Markman, 1989.

28 Smith, 1995.

Kinder erstmals in der Lage sind, Neues im allgemeinen zu konzeptualisieren oder zu lernen –, muß dann auch die Frage beantworten, warum die frühe Sprache zusammen mit nicht-sprachlichen sozio-kognitiven und sozial-interaktiven Fertigkeiten auftaucht. Meines Wissens ist die einzige Theorie des frühen Wortlernens und des Spracherwerbs, die diese Befunde erklären kann, die sozial-pragmatische Theorie, die von Bruner, Nelson und Tomasello vertreten wird.[29]

Interessanterweise wurden in der Untersuchung von Carpenter, Nagell und Tomasello die Beziehungen zwischen dem sprachlichen Eingehen auf das Kind seitens der Mutter und dem Spracherlernen des Kindes schwächer, als die Kinder älter wurden. Das ist ein verblüffender Befund, weil er die Möglichkeit nahelegt, daß die Sprachverwendung der Mütter, wenn sie auf den Aufmerksamkeitsfokus des Kindes eingehen, eine Art Gerüst für den frühen Spracherwerb darstellt, das den angehenden Spracherlernenden hilft, die kommunikativen Absichten des Erwachsenen zu erkennen. Diese Art von Gerüst ist jedoch nicht mehr notwendig, wenn das Kind älter wird und mehr Geschick darin entwickelt, diese kommunikativen Absichten in sprachlichen Interaktionen zu bestimmen, auch wenn sie sich ihm weniger anpassen. Tatsächlich zeigen kleine Kinder spätestens ab achtzehn Monaten wahrhaft erstaunliche Fähigkeiten, die kommunikativen Absichten der Erwachsenen zu erkennen, und zwar in einer breiten Fülle von Interaktionskontexten, die nicht spezifisch an sie angepaßt sind.

Das Lernen von Wörtern im Verlauf sozialer Interaktion

In der Kultur der westlichen Mittelschicht geschieht es recht häufig, daß ein Erwachsener einen Gegenstand hochhält oder auf ihn zeigt und dabei dessen Namen sagt. Die sozialen Dimensionen dieses Vorgangs liegen auf der Hand: Das Kind muß irgendwie herausbekommen, auf welchen Aspekt der Situation der Erwachsene seine Aufmerksamkeit lenken will. Trotz der von

29 Bruner, 1987; Nelson, 1985; Tomasello, 1992a; 1995c; 2001.

Wittgenstein und Quine analysierten Komplexität dieser Situation ist dieser Fall dennoch *relativ* einfach, weil für Kleinkinder solche Dinge wie das visuelle Verfolgen der Blickrichtung und Zeigegesten so maßgebend sind. Es ist jedoch so, daß in vielen Kulturen der Welt Erwachsene diese Art von Benennungsspiel nicht mit ihren Kindern spielen.[30] Außerdem spielen Erwachsene selbst in der westlichen Mittelschichtskultur dieses Benennungsspiel nur selten mit Wörtern, die keine Objektbezeichnungen sind. Beispielsweise verwenden sie Verben am häufigsten zur Steuerung oder Antizipation des Verhaltens von Kindern, und nicht, um ihnen gegenüber Handlungen zu benennen; es würde in der Tat grotesk scheinen, wenn ein Erwachsener zu einem Kind sagen würde: »Schau, das ist ein Beispiel für Legen (oder Geben oder Nehmen)«.[31] Statt dessen hören Kinder viele Verben hauptsächlich dann, wenn der Erwachsene ihr Verhalten mit solchen Äußerungen leitet wie »Räume dein Spielzeug auf!«, während er auf die Spielzeugkiste zeigt. Es ist offensichtlich, daß in solchen Fällen die sozial-pragmatischen Hinweisreize, die den vom Erwachsenen intendierten Referenten anzeigen könnten (d. h. die Handlung des Aufräumens), viel subtiler, komplexer und vielgestaltiger sind als in dem Kontext hinweisender Objektbenennung; und in der Tat ändern sie sich von Situation zu Situation: Der Erwachsene bittet das Kind, seine Erbsen zu essen, indem er den Löffel zum Mund des Kindes führt; er fordert das Kind auf, ihm etwas zu geben, indem er seine Hand ausstreckt, und er bittet das Kind, seine Spielsachen aufzuräumen, indem er auf den Ort zeigt, wo es sie hinlegen soll. Es gibt also kein standardisiertes »ursprüngliches Benennungsspiel« für Verben, wie es eines für Objektbezeichnungen gibt.[32] Die Situation wird noch komplexer, wenn wir andere Wortarten wie z. B. Präpositionen betrachten.[33]

In einer Reihe kürzlich durchgeführter Untersuchungen wurde experimentell nachgewiesen, daß kleine Kinder neue Wörter

30 Brown, 2001.

31 Tomasello und Kruger, 1992.

32 Tomasello, 1995c.

33 Tomasello, 1987.

in einer Vielfalt komplexer sozialer Interaktionssituationen lernen können. Sie lernen neue Wörter nicht einfach nur dann, wenn die Erwachsenen innehalten und Gegenstände für sie benennen, sondern auch im fortlaufenden Fluß sozialer Interaktion, in der sowohl sie selbst als auch der Erwachsene bestimmte Dinge zu tun versuchen. In keinem dieser Fälle kann sich das Kind darauf verlassen, daß der Erwachsene auf seinen schon bestehenden Aufmerksamkeitsfokus eingeht. Es muß sich vielmehr dem Aufmerksamkeitsfokus des Erwachsenen anpassen. Baldwin lehrte z. B. 19 Monate alten Kindern neue Wörter in zwei neuen Situationen.[34] In einer Situation ging der Erwachsene auf den Aufmerksamkeitsfokus des Kindes ein, und wie in anderen Untersuchungen lernten die Kinder das neue Wort ganz gut, tatsächlich besser als unter jeder anderen Bedingung. Aber der Erwachsene lehrte die Kinder auch erfolgreich neue Wörter in einer Situation, in der er auf einen Gegenstand blickte und diesen benannte, obwohl das Kind ihn nicht ansah, wodurch das Kind gezwungen war, aufzublicken und dann den Aufmerksamkeitsfokus des Erwachsenen festzustellen.

Meine Mitarbeiter und ich haben eine Reihe von Untersuchungen durchgeführt, die denselben Punkt noch drastischer demonstrieren. In allen Untersuchungen richteten wir Situationen ein, in denen ein Erwachsener zu einem Kind sprach, während sie zusammen verschiedene Spiele machten. Dabei wurden neue Wörter so natürlich wie möglich in den Verlauf des Spiels eingeflochten. In allen Fällen gab es mehrere potentielle Referenten, d. h. es gab mehrere neue Referenten, für die das Kind noch kein sprachliches Ausdrucksmittel hatte, und das neue Wort wurde in einem einzigen Typ von sprachlichem Kontext eingeführt. In mehreren Untersuchungen wurden verschiedene Hinweisreize auf den intendierten Referenten des Erwachsenen gegeben, um festzustellen, ob die Kinder darauf reagierten. Die Untersuchungen waren so angelegt, daß keine der bekannten Einschränkungen beim Wortlernen, die von verschiedenen Forschern vorgeschlagen wurden (z. B. ganzer Gegenstand, gegen-

34 Baldwin, 1991.

seitiger Ausschluß, syntaktisches Bootstrapping),[35] den Kindern dabei helfen konnten, zwischen möglichen Referenten zu unterscheiden. Ebenfalls wurde darauf geachtet, daß die Blickrichtung in keinem Fall einen Hinweis darauf gab, was der intendierte Referent des Erwachsenen war. In allen Untersuchungen waren die Kinder zwischen 18 und 24 Monaten alt, und in allen Fällen lernte die Mehrheit der Kinder, die neuen Wörter entweder zu verstehen oder zu produzieren oder beides (und zwar besser als unter verschiedenen Kontrollbedingungen).

Um einen Eindruck von den Situationen zu vermitteln, in denen es den Kindern gelang, die kommunikativen Absichten der Erwachsenen zu verstehen und so das neue Wort zu lernen, möchte ich hier sieben Situationen skizzieren, in denen 18-24 Monate alte Kinder neue Wörter relativ mühelos lernten. In jedem einzelnen Fall finden sich in der ursprünglichen Untersuchung genauere Angaben zu Kontrollbedingungen und dergleichen.

- Im Kontext eines Spiels, bei dem es darum ging, einen Gegenstand zu finden, gab ein Erwachsener seine Absicht kund, »das Toma zu finden« und suchte dann in einer Reihe von Eimern, die alle neuartige Gegenstände enthielten. Manchmal fand er ihn im ersten Eimer. Manchmal mußte er jedoch länger suchen, schaute unpassende Gegenstände schief an und legte sie in den jeweiligen Eimer zurück, bis er den richtigen Gegenstand gefunden hatte. Die Kinder lernten das neue Wort für den Gegenstand, den der Erwachsene finden wollte (was durch ein Lächeln und das Beenden der Suche angezeigt wurde), *und zwar unabhängig davon, ob oder wie viele Gegenstände während des Suchvorgangs verworfen wurden.*[36]
- Im selben Kontext ließ ein Erwachsener das Kind vier verschiedene Gegenstände in vier verschiedenen Verstecken suchen, wovon eines eine sehr auffällige Spielzeugscheune war. Sobald das Kind gelernt hatte, welche Gegenstände an welchen Orten waren, gab der Erwachsene seine Absicht kund, »den Gruntel zu finden«. Er ging dann zur Spielzeug-

35 Markman, 1989; Gleitman, 1990. Syntaktisches Bootstrapping bezieht sich darauf, daß man die Bedeutung eines Wortes teilweise aus seiner syntaktischen Rolle im Satz erschließen kann, z.B. daraus, daß es ein Verb, ein Nomen, eine Präposition etc. ist. (A. d. Ü.)

36 Tomasello und Barton, 1994; Tomasello, Strosberg und Akhtar, 1996.

scheune, die sich jedoch als »verschlossen« erwies. Er runzelte die Stirn und ging dann zu einem anderen Versteck, indem er sagte »Schauen wir mal, was wir sonst noch finden können« und lächelnd einen Gegenstand hervorholte. Später bewiesen die Kinder, daß sie das Wort »Gruntel« für den Gegenstand gelernt hatten, von dem sie wußten, daß der Versuchsleiter ihn in der Scheune suchte, *und zwar obwohl sie den Gegenstand nicht gesehen hatten, nachdem sie das neue Wort gehört hatten, und obwohl der Erwachsene bei der Scheune die Stirn gerunzelt und bei einem zu Ablenkungszwecken eingesetzten Gegenstand gelächelt hatte.*[37]

• Ein Erwachsener ließ ein Kind eine Szene spielen, in der eine neuartige Handlung immer und ausschließlich mit einer bestimmten Spielzeugfigur ausgeführt wurde (z.B. Großer Vogel auf einer Schaukel, wobei den Kindern aber auch andere Paare von Figuren und Handlungen gezeigt wurden). Dann nahm er Großen Vogel in die Hand und sagte »Wir wollen Großen Vogel sänfteln«, aber die Schaukel wurde nirgends gefunden, so daß die Handlung nicht ausgeführt werden konnte. Später demonstrierten die Kinder ihr Verständnis des neuen Verbs, indem sie eine andere Figur nahmen, *obwohl sie die intendierte Handlung nie gesehen hatten, nachdem das neue Wort eingeführt worden war.*[38]

• Ein Erwachsener brachte seine Absicht zum Ausdruck, »Micky Maus zu daxen« und ging dann dazu über, eine Handlung zufällig und eine andere absichtlich zu vollziehen (oder auch in der umgekehrten Reihenfolge). Die Kinder lernten das Wort für die absichtliche, und nicht für die zufällige Handlung, *und zwar unabhängig davon, welche zuerst vollzogen wurde.*[39]

• Ein Kind, seine Mutter und ein Versuchsleiter spielten zusammen mit drei neuen Gegenständen. Dann verließ die Mutter den Raum. Ein vierter Gegenstand wurde hervorgeholt, und das Kind und der Versuchsleiter spielten damit, wobei sie die Abwesenheit der Mutter thematisierten. Als die Mutter ins Zimmer zurückkam, schaute sie auf die vier Gegenstände und rief aus »Schau an! Ein Modi! Ein Modi!« Da sie verstanden, daß die Mutter sich über die Gegenstände, mit denen sie vorher schon selbst gespielt hatte, nicht so erregen würde, daß sie aber sehr wohl gegenüber dem Gegenstand, den sie zum ersten Mal sah, so reagieren könnte, *lernten die Kinder das neue Wort für denjenigen Gegenstand, den die Mutter zuvor nicht gesehen hatte.*[40]

37 Akhtar und Tomasello, 1996; Tomasello et al., 1996.
38 Akhtar und Tomasello, 1996.
39 Tomasello und Barton, 1994.
40 Akhtar, Carpenter und Tomasello, 1996.

• Ein Erwachsener machte ein Kind mit einem gebogenen Rohr vertraut, durch das Gegenstände mit großem Effekt hinabgeworfen werden konnten. In einer Bedingung warf er zunächst einen neuartigen Gegenstand hinunter, dann einen anderen, und schließlich sagte er »Und jetzt Modi«, als er einen dritten neuartigen Gegenstand hinabwarf. Unter dieser Bedingung dachten die Kinder, daß »Modi« der Name dieses Gegenstands sei. Bei einem andern Versuchsablauf holte der Erwachsene einen neuartigen Gegenstand hervor, vollzog erst eine Handlung mit ihm, dann eine andere und sagte schließlich »Und jetzt Modi«, als er ihn durch das Rohr hinunterwarf. In dieser Bedingung dachten die Kinder, daß *Modi* der Name der Handlung des Gegenstände-durch-ein-Rohr-Werfens war. Das gemeinsame Element besteht darin, *daß das Kind in jedem Fall annahm, daß der Erwachsene über diejenige Entität sprach, entweder Gegenstand oder Handlung, die in der Kommunikationssituation neu war.*[41]

• Ein Erwachsener spielte einige Male ein Karussellspiel mit einem Kind. Dann machten sie etwas anderes. Der Erwachsene kehrte anschließend zum Karussell zurück. Dabei bereitete er in einer Versuchsbedingung das Karussell zum Spiel vor, hielt dem Kind gegenüber einen neuen Gegenstand hoch, während er zwischen dem Kind und dem Karussell hin und her blickte und »Dingsbums, Jason« sagte. In diesem Fall dachten die Kinder, daß *Dingsbums* eine Aufforderung an sie war, das neue Spielzeug zusammen mit dem Karussell zu gebrauchen. In der anderen Versuchsbedingung bereitete der Erwachsene das Karussell nicht zum Spiel vor und blickte nicht zwischen Karussell und Kind hin und her, sondern hielt statt dessen einfach den neuen Gegenstand hoch, indem er sagte »Jason, Dingsbums«, während er seinen Blick zwischen Gegenstand und Kind hin und her gleiten ließ. In diesem Fall dachten die Kinder, daß *Dingsbums* der Name des Gegenstands war, und nicht der Handlung, die sich auf das Karussell bezog.[42]

Die Ergebnisse jeder dieser Studien können zwar auch anders erklärt werden.[43] Wenn man alle zusammen betrachtet, ist jedoch meiner Ansicht nach die plausibelste Erklärung, daß Kinder in der Zeit zwischen 18 und 24 Monaten ein tiefes und flexibles Verständnis anderer Personen als intentionaler Wesen entwickelt haben und deshalb mit großem Geschick die kommunikativen

41 Tomasello und Akhtar, 1995.

42 Ebd.

43 Siehe z.B. Samuelson und Smith, 1998.

Absichten des Erwachsenen in einer breiten Vielfalt relativ neuartiger Kommunikationssituationen feststellen können, unter der Voraussetzung, daß sie diese Situationen in irgendeiner Weise als Szenen gemeinsamer Aufmerksamkeit auffassen. Die Annahme, daß das Sprechen des Erwachsenen für ihre sozialen und instrumentellen Aktivitäten relevant sein könnte, ist einfach der natürliche Ausdruck dieses intentionalen Verstehens. So mußte das Kind in mehreren dieser Untersuchungen zuerst verstehen, daß es und der Erwachsene ein Spiel machten, bei dem es darum ging, etwas zu finden. Auf der Grundlage dieses intentionalen Verstehens (und einiger Details dieses Spiels selbst), konnte das Kind dann schließen, daß es sich nicht um den gesuchten Gegenstand handelte, wenn der Erwachsene bei diesem die Stirn runzelte, es sei denn, das Stirnrunzeln trat auf, als der Erwachsene erfolglos versuchte, die Spielzeugscheune zu öffnen, die das gewünschte Spielzeug enthielt. Das Wesentliche ist, daß die spezifischen Verhaltensweisen des Erwachsenen wie Lächeln und Stirnrunzeln nicht alleine ausreichen, um dem Kind den intendierten Referenten anzuzeigen. In einer wechselseitig verstandenen Szene gemeinsamer Aufmerksamkeit könnten sie jedoch ausreichend sein. Es ist ebenfalls wichtig, daß in den beiden zuletzt beschriebenen Untersuchungen die Ereignisstruktur des Spiels und das Verhalten und die Rede des Erwachsenen so wirksame Indikatoren der Intentionalität waren, daß das Kind zu der Überzeugung gelangte, daß genau dieselbe Äußerung im einen Fall sich auf einen Gegenstand und im anderen Fall auf eine Handlung bezog.

Es ergibt sich also folgendes Gesamtbild: Um den konventionellen Gebrauch eines sprachlichen Symbols zu erwerben, muß das Kind in der Lage sein, die kommunikativen Absichten des Erwachsenen zu bestimmen (die Absichten des Erwachsenen bezüglich seiner Aufmerksamkeit), und dann einen Prozeß der Imitation durch Rollentausch vollziehen, indem es das neue Symbol dem Erwachsenen gegenüber auf dieselbe Weise und zum selben kommunikativen Zweck verwendet, wie der Erwachsene es ihm gegenüber verwendet hat. Anfänglich sind einjährige Kinder in der Lage, diese Leistung vor allem bei Szenen gemeinsamer Aufmerksamkeit zu erbringen, die sich oft wiederholen und vorhersagbar sind und bei denen der Erwachsene auf den Aufmerksamkeitsfokus des Kindes eingeht. Wenn Kinder jedoch ein größeres Geschick darin entwickeln, die kommunikativen Absichten in einer breiteren Vielfalt von Szenen gemeinsamer Aufmerksamkeit zu bestimmen, werden hochstrukturierte Situationsanordnungen mit sehr aufmerksamen Erwachsenen für diesen Prozeß weniger wichtig. Das Kind muß nun aktiver die gemeinsame Aufmerksamkeit herstellen, indem es den Aufmerksamkeitsfokus des Erwachsenen in einer großen Vielfalt sozio-kommunikativer Kontexte bestimmt. Von möglicher Relevanz für diese Erklärung ist die Tatsache, daß manche Kinder ihre Muttersprache in Kulturen erwerben, in denen es nur einen rudimentären Aufbau sprachlicher Grundgerüste und wenig besondere Aufmerksamkeit gibt, die für viele westliche Mittelschichtfamilien charakteristisch sind.[44] Obwohl quantitative Untersuchungen noch ausstehen, erwerben diese Kinder nach manchen Einschätzungen selten eine große Zahl von Wörtern vor ihrem zweiten Geburtstag.[45] Das bedeutet wahrscheinlich, daß diese Kinder den größten Teil ihrer sprachlichen Symbole erst erwerben, nachdem sie in der Lage sind, eine aktivere Rolle bei der Herstellung von Szenen gemeinsamer Aufmerksamkeit und bei der Bestimmung der kommunikativen Absichten Erwachsener innerhalb der fortlaufenden sozialen Interaktion zu spielen.

Perspektive, Kontrast und Bootstrapping

Alle diese Untersuchungen zum Wortlernen, sowie die meisten anderen Untersuchungen dieser Art, haben damit zu tun, wie Kinder in einer bestimmten Situation denjenigen Gegenstand, dasjenige Ereignis oder diejenige Eigenschaft bestimmen, auf welche der Erwachsene referiert. Zu lernen, was ein Erwachsener mit dem Gebrauch eines bestimmten Wortes oder allgemein eines sprachlichen Ausdrucks *meint*, ist dagegen noch etwas

44 Schieffelin und Ochs, 1986.

45 L. de Leon, persönliche Mitteilung.

anderes. Wenn das Kind beispielsweise in einem Experiment einen bestimmten Gegenstand als *Dax* identifiziert, wissen wir immer noch nicht, welche anderen Dinge es auch *Dax* nennen würde (z. B. alle Dinge mit einer bestimmten Form oder alle Dinge, die rollen); d. h. wir kennen weder die Intension noch die Extension seines Verständnisses des konventionellen Wortgebrauchs. Da die meisten Wörter natürlicher Sprachen Kategorien bezeichnen, könnten wir von den kognitiven Kategorien sprechen, die der Verwendung dieser Wörter zugrunde liegen. Ich ziehe es jedoch vor, den allgemeineren Ausdruck *Perspektive* zu verwenden, der als Sonderfall die Möglichkeit einschließt, dieselbe Entität verschiedenen begrifflichen Kategorien im Hinblick auf verschiedene kommunikative oder andere Zwecke zuzuordnen. Wir könnten dann sagen, daß sprachliche Symbole soziale Konventionen dafür sind, andere dazu zu bringen, daß sie eine bestimmte Erfahrungssituation in bestimmter Weise auffassen bzw. eine bestimmte Perspektive auf sie einnehmen.

Die perspektivische Eigenart sprachlicher Symbole ist ein wesentlicher Bestandteil der Sprachtheorie, die als kognitive oder funktionale Linguistik bekannt ist. Langacker nimmt drei Grundformen von Perspektiven an, die er Operationen des Auffassens nennt, obwohl er auch noch andere erwähnt:[46]

- Grobkörnigkeit-Feinkörnigkeit (Schreibtischstuhl, Stuhl, Möbel, Ding);
- Perspektive (jagen – fliehen, kaufen – verkaufen, kommen – gehen, leihen – verleihen); und
- Funktion (Vater, Rechtsanwalt, Mann, Gast, Amerikaner).

Fillmore hat die Rolle des wiederkehrenden kontextuellen Rahmens betont, innerhalb dessen einzelne sprachliche Ausdrücke ihre Bedeutung bekommen. Die Grundidee ist, daß die Verwendung eines bestimmten sprachlichen Symbols sehr oft mit einer Perspektive auf den umgebenden Kontext verbunden ist. Beispielsweise kann man in Abhängigkeit vom kontextuellen Rahmen, in dem die Rede stattfindet, dasselbe Stück Land *Küste, Ufer* oder *Strand* nennen. Oder man kann dasselbe Ereignis *Ver-*

46 Langacker, 1987a.

kaufen oder *Marketing* nennen in Abhängigkeit von dem Standpunkt, den man dem Ereignis gegenüber hat. Metaphorische Auffassungen weisen auf die Freiheitsgrade und die Flexibilität dieses Prozesses hin, da wir z. B. sagen können, daß *das Leben ein Gestade ist* oder daß *die Stute ihre Reize feilbietet*. In allen Fällen impliziert die Verwendung eines bestimmten sprachlichen Symbols die Wahl einer bestimmten Abstraktionsebene bei der Kategorisierung, eine bestimmte Perspektive oder einen Gesichtspunkt auf den Gegenstand oder das Ereignis und in vielen Fällen auch eine bestimmte Funktion im jeweiligen Kontext. Außerdem gibt es noch viel mehr spezifische Perspektiven, die durch grammatische Kombinationen verschiedener Art entstehen (*Er belud den Wagen mit Heu* gegenüber *Er lud Heu auf den Wagen* oder *Sie zertrümmerte die Vase* gegenüber *Die Vase wurde zertrümmert*). Obwohl ich in Kapitel 5 mehr über diesen Prozeß sagen werde, glaube ich, daß der einzige Grund, warum Sprachen auf diese Weise aufgebaut sind, darin liegt, daß Menschen sich über verschiedene Dinge in verschiedenen Kommunikationssituationen von verschiedenen Standpunkten aus miteinander verständigen müssen, andernfalls hätte jedes Ereignis oder jeder Gegenstand oder zumindest jeder Typ von Ereignis und Gegenstand seine eigene wahre Bezeichnung, und damit wäre der Fall erledigt.

Im gegenwärtigen Zusammenhang besteht die wichtigste Frage nun darin, welche Konsequenzen dieser perspektivische Wesenszug der Sprache für den Spracherwerb hat (wir werden seine Auswirkungen auf die kognitive Repräsentation weiter unten betrachten). Einerseits scheint die perspektivische Natur der Sprache das Kind vor große Schwierigkeiten zu stellen, die mit der Unbestimmtheit der Referenz und dergleichen zu tun haben. Andererseits stehen jedoch die Perspektiven im Kontrast zueinander – tatsächlich schränken sie sich gegenseitig ein – und machen die Probleme daher ein wenig leichter handhabbar. Schauen wir uns dazu ein Beispiel an.[47] Zwischen 18 und 24 Monaten erwarb meine Tochter eine Reihe verschiedener Ausdrucksmittel,

47 Siehe Clark, 1997 mit vielen anderen Beispielen für etwas ältere Kinder.

um Gegenstände zu verlangen.[48] Die hauptsächlichen Formen waren folgende:

- den Namen des Gegenstands zu sagen (sie verfügte über viele Objektbezeichnungen);
- das Pronomen *dieses* oder *das* zu verwenden;
- verlangen, den Gegenstand zu *halten* (typischerweise dann, wenn man ihn selbst hielt und sie ihn halten wollte);
- den Gegenstand *haben* wollen (generisch);
- verlangen, daß sie den Gegenstand *zurückbekommt* (wenn er ihr weggenommen wurde);
- verlangen, daß man ihn ihr *holen* soll (wenn er für sie unzugänglich war);
- verlangen, daß man ihn ihr *geben* soll (wenn man ihn selbst hat);
- verlangen, daß man ihn mit ihr *teilt* (d.h. ihn mit ihr zusammen gebraucht);
- verlangen, ihn zu *gebrauchen* (d.h. ihn selbst zu gebrauchen und dann zurückzugeben);
- verlangen, daß man ihn für sie *kauft* (in einem Laden);
- verlangen, ihn zu *behalten* (wenn man ihr gedroht hat, ihn wegzunehmen).

Zwei Aspekte dieser ganz alltäglichen Beispiele verdienen es, besonders hervorgehoben zu werden. Der erste besteht einfach darin, daß das Kind während der frühen Phasen des Spracherwerbs lernt, daß man dieselbe Situation auf viele verschiedene Weisen betrachten kann; das Kind lernt, daß der Erwachsene eine Möglichkeit der Symbolisierung gegenüber anderen Möglichkeiten auswählt, und es lernt, dasselbe zu tun. Manchmal kann ich einen Gegenstand mit einem generischen Ausdruck verlangen, aber manchmal ist ein Ausdruck vorzuziehen, der mehr von den Besonderheiten der jeweiligen Situation berücksichtigt; ich kann verlangen, einen Gegenstand zu *haben*, aber vielleicht wäre meine Aufforderung wirkungsvoller, wenn ich nur verlangen würde, ihn zu *gebrauchen*; ich kann den Gegenstand verlangen, indem ich seinen Namen sage, oder ich kann einfach *das* oder *es* verlangen. Das Kind lernt an diesem Punkt, daß ein sprachliches Symbol eine bestimmte Auffassung von Dingen verkörpert –

48 Tomasello, 1992b; 1998.

eine bestimmte Perspektive –, die auf manche Kommunikationssituationen zugeschnitten ist, auf andere dagegen nicht. Daß Kinder in einem bestimmten Sinn diesen funktionalen Aspekt sprachlicher Symbole verstehen, wird durch die Tatsache nahegelegt, daß sie schon bald, nachdem sie mit dem Sprechen angefangen haben (zwischen 18 und 24 Monaten), mit verschiedenen sprachlichen Ausdrücken auf denselben Referenten in verschiedenen Kommunikationssituationen referieren.[49] Außerdem beobachtet man gewöhnlich, daß Kinder in diesem Alter einen einzelnen Gegenstand beim Sprechen hochhalten und ihm dann verschiedene Eigenschaften zuschreiben, wie z.B. *naß* oder *blau* oder *meiner*.[50] Es gibt einige Arten sprachlicher Symbole, die in ganz verschiedenen Situationen mit derselben Grundbedeutung gebraucht werden können, z. B. relativ konkrete Gegenstandsnamen wie *Katze* und *Apfel*, aber auch hier gibt es immer Wahlmöglichkeiten – und tatsächlich werden sogar solche relativ konkreten Bezeichnungen von kleinen Kindern in manchen Situationen sehr oft durch Pronomina ersetzt. Sprachliche Symbole beginnen also für Kinder Perspektiven zu repräsentieren, die eine gewisse Unabhängigkeit von der Wahrnehmungssituation haben, und zwar in dem Sinne, daß andere sprachliche Symbole hätten gewählt werden können, um dieselbe Erfahrung zu einem anderen Kommunikationszweck auszudrücken.

Der zweite Punkt besteht darin, daß diese Fähigkeit, sprachliche Ausdrücke in »derselben« Kommunikationssituation miteinander zu kontrastieren, eine Schlüsselrolle beim Lernen neuer Wörter spielt, besonders für solche, die spezifischere Bedeutungen haben. Beispielsweise wäre es meiner Ansicht nach nahezu unmöglich gewesen, daß meine Tochter die Ausdrücke *teilen* und *gebrauchen* gelernt hätte, wenn sie nicht schon generischere Ausdrücke wie *geben* und *haben* für die Grundsituation einer Besitzübertragung gekannt hätte. Es kommt hier darauf an, daß die Besonderheiten des Gebrauchs dieser spezifischeren Ausdrücke von dem Kind, das ihnen zum ersten Mal begegnet, nur im Kontrast mit den generischen Ausdrücken verstanden wer-

49 Clark, 1997.
50 Bates, 1979.

den, die der Erwachsene gebraucht haben könnte, tatsächlich aber nicht gebraucht hat.[51] Warum sagte Mutter, daß ich es nicht *haben*, aber verwenden könnte? Warum nannte sie dieses Ding, das für mich wie ein Hund aussieht, eine *Kuh*? Manche Theoretiker haben diesen Kontrastierungsprozeß als eine A-priori-Beschränkung für den Spracherwerb angesehen.[52] Ich bevorzuge jedoch die Deutung, daß es sich um ein gelerntes pragmatisches Prinzip handelt, das sich darauf bezieht, wie Menschen sprachliche Symbole verwenden. Clark argumentiert, daß das Prinzip, daß alle Wörter in einem gegenseitigen Bedeutungskontrast stehen, in Wirklichkeit ein Prinzip rationalen menschlichen Verhaltens ist, im Sinne von »Wenn jemand *dieses* anstatt *jenes* Wort in der gegenwärtigen Situation verwendet, muß es einen Grund dafür geben«.[53] Das Kind prüft dann die gegenwärtige Situation, um herauszufinden, was diese Situation, in der der Erwachsene *teilen* sagte, von der allgemeineren Situation unterscheidet, in der sowohl das Kind als auch der Erwachsene *geben* oder *haben* sagen. Obwohl dieser Vorgang nicht im einzelnen untersucht wurde, erleichtert die Fähigkeit von Kindern, Wortbedeutungen miteinander zu kontrastieren, doch gewiß den Erwerb neuer Wörter, insbesondere solcher, die »Ableger« von begrifflich grundlegenderen Situationen sind.[54]

Ein anderer verwandter Prozeß sollte in diesem Zusammenhang ebenfalls erwähnt werden. Es handelt sich um das Lernen neuer sprachlicher Ausdrücke mit Hilfe des sprachlichen Kontextes, in den sie eingebettet sind. Einige Varianten dieses Prozesses wurden als sogenanntes syntaktisches Bootstrapping aufgefaßt, bei dem das Kind verschiedene Hilfsmittel, von grammatischen Markern wie dem bestimmten Artikel bis hin zu ganzen syntaktischen Konstruktionen, als Hinweise auf die Bedeutung eines Wortes verwendet.[55] Es gibt jedoch andere, alltäglichere Varianten des Bootstrappings, die weniger auf Syntax beruhen. Wenn

51 Clark, 1987.

52 Markmans wechselseitiges Ausschließen; Markman, 1989.

53 Clark, 1988.

54 Für ein Beispiel siehe Tomasello, Mannle und Werdenschlag, 1988.

55 Brown, 1973; Gleitman, 1990.

das Kind z. B. hört *ich lumpfe jetzt*, während der Erwachsene mit der Hand gegen den Schreibtisch schlägt, kann das Kind schließen, daß die Handlung, die mit *lumpfen* bezeichnet wird, den Zustand des betreffenden Gegenstands nicht verändert, weil der Schreibtisch nicht einmal erwähnt wird.[56] Subtilere Varianten dieses Vorgangs können auch auftreten, wenn das Kind z. B. ein Verb mit einer bestimmten Lokativpräposition hört, wie in *Er knircht es aus der Schachtel heraus*, wobei es annehmen kann, daß die Bedeutung von »heraus« nicht zur Bedeutung des Verbs gehört, da es für diese Bedeutung einen eigenen Ausdruck in der Präpositionalphrase gibt. Man könnte diesen Prozeß auch als eine Art von Kontrast verstehen, insofern das Kind die Bedeutung der ganzen Äußerung des Erwachsenen in ihre Bestandteile aufgliedern muß, von denen jeder seine Rolle in der Gesamtbedeutung spielt. Das neue Wort muß dann seinen Anteil an dieser Gesamtbedeutung zugeordnet bekommen, was bei Tomasello funktional basierte Distributionsanalyse genannt wird.[57] Zusammen mit dem traditionellen Kontrastprinzip kann dann das Kind, das einen Teil der Sprache kennt, ein neues Wort hören und es sowohl mit anderen kontrastieren, die der Sprecher statt dessen gewählt haben könnte (paradigmatischer Kontrast), als auch mit anderen Wörtern der Äußerung, die ihren Teil zur gesamten Äußerungsbedeutung beitragen (syntagmatischer Kontrast). Die Schlüsse, die Kinder in solchen Fällen ziehen, sind immer in dem Sinne pragmatisch, daß sie ein Verständnis dessen voraussetzen, warum der Erwachsene dieses Wort in der gegenwärtigen Szene gemeinsamer Aufmerksamkeit gewählt hat. Die Fähigkeit, solche Schlüsse zu ziehen, nimmt vermutlich zu, wenn Kinder mehr von der jeweiligen Sprache lernen.

Wir können demnach das Wesen sprachlicher Symbole als (a) intersubjektiv und (b) perspektivisch bestimmen. Ein sprachliches Symbol ist in dem Sinne intersubjektiv, daß es von einem Benutzer produziert und verstanden wird und daß der Benutzer weiß, daß andere es verstehen. Diese Intersubjektivität ist jedoch auch für andere Arten kommunikativer Symbole charak-

56 Siehe Fisher, 1996.

57 Tomasello, 1992b; siehe auch Goodman, McDonough und Brown, 1998.

teristisch, angefangen von symbolischen Gesten 18 Monate alter Kinder bis hin zu Nationalflaggen. Deshalb ist die Intersubjektivität von entscheidender Bedeutung für ein Verständnis dessen, wie sprachliche Symbole funktionieren und wie sie sich von den kommunikativen Signalen anderer Tierarten unterscheiden. Sie hebt jedoch sprachliche Symbole nicht von anderen Arten menschlicher Zeichen ab. Was sprachliche Symbole am deutlichsten von anderen Zeichen unterscheidet, ist ihre Perspektivität. Dieses Merkmal beruht auf der menschlichen Fähigkeit, verschiedene Perspektiven für verschiedene Kommunikationszwecke auf denselben Gegenstand einzunehmen und umgekehrt, verschiedene Dinge für bestimmte Kommunikationszwecke als gleich zu behandeln. Insofern Perspektiven in Symbolen verkörpert sind, werden Kontraste erzeugt. Die Intersubjektivität sprachlicher Symbole lernen kleine Kinder schon sehr früh im Prozeß des Spracherwerbs kennen, ihre Perspektivität taucht jedoch erst allmählich auf, wenn das Kind versteht, daß es alternative Weisen der Auffassung von Dingen und des Redens über sie gibt. Dadurch entstehen Schwierigkeiten für den Spracherwerb, weil sich nun die Möglichkeiten intendierter Referenten unbegrenzt vervielfachen. Die Perspektivität erzeugt jedoch auch bestimmte Beschränkungen, da das Kind etwas darüber lernt, warum Menschen in bestimmten Kommunikationssituationen ein Ausdrucksmittel gegenüber einem anderen bevorzugen.

Sensu-motorische und symbolische Repräsentation

Es steht außer Frage, daß der Spracherwerb Kindern gestattet, mit ihren Artgenossen besonders wirksam zu kommunizieren und zu interagieren. Sprache ist ein viel effektiveres Kommunikationsmittel als die stimmliche und gestische Kommunikation anderer Arten von Primaten, und sei es auch nur aus dem Grund, daß sie eine größere Spezifizität und Flexibilität der Referenz ermöglicht. Darüber hinaus möchte ich jedoch behaupten, daß der Prozeß des Erwerbs und Gebrauchs sprachlicher Symbole die Eigenart der kognitiven Repräsentation des Menschen grundlegend verändert.

Obwohl vieles über Sprache und kognitive Repräsentation geschrieben wurde, glaube ich, daß die Bedeutung der Intersubjektivität und Perspektivität sprachlicher Symbole nicht hinreichend gewürdigt wurde. Viele Forscher glauben nicht, daß der Erwerb einer Sprache eine große Wirkung auf die Beschaffenheit kognitiver Repräsentation hat, weil sie sprachliche Symbole einfach als bequeme Etiketten für bereits bestehende Begriffe ansehen (z. B. Piaget).[58] Andere Forscher beschreiben die nichtsprachliche Kognition mit Hilfe einer »Sprache des Denkens« und verfehlen dabei meines Erachtens den wesentlichen Unterschied zwischen nichtsymbolischen und symbolischen Formen der Repräsentation (z. B. Fodor).[59] Diejenigen, die sich insbesondere mit dem Einfluß der Sprache auf die Kognition befassen (z. B. Lucy; Levinson),[60] haben sich hauptsächlich auf die Auswirkungen des Erwerbs der einen oder anderen natürlichen Sprache auf Prozesse nichtsprachlicher Kognition konzentriert, und nicht auf die Auswirkungen des Erwerbs einer Sprache im Unterschied zum Fehlen einer Sprache. Die große Ausnahme dieser allgemeinen Vernachlässigung ist Premacks These, die auf seiner Arbeit mit sprachlich trainierten und untrainierten Menschenaffen beruht und besagt, daß nichtsprachliche Repräsentation bildartig, sprachliche Repräsentation dagegen propositional sei. Der Begriff *propositional* ist jedoch in diesem Zusammenhang nicht sehr hilfreich, weil eine Proposition typischerweise nur in einer Anordnung sprachlicher Symbole realisiert werden kann. Ich denke, wir müssen hier tiefer schürfen.

Kategorien und Bildschemata

Sich an bestimmte Gegenstände, Artgenossen, Ereignisse und alle anderen Aspekte persönlicher Erfahrung zu erinnern – und in manchen Fällen zukünftige Erfahrungen aufgrund dieser Erinnerung vorwegzunehmen – ist die notwendige Bedingung

58 Piaget, 1970.
59 Fodor, 1983.
60 Lucy, 1992; Levinson, 1990.

der Kognition schlechthin, und viele Säugetierarten haben kognitive Repräsentationen dieses Typs. Außerdem bilden viele Säugetierarten Kategorien von perzeptuellen und motorischen Erfahrungen in dem Sinne, daß sie alle Phänomene als ähnlich behandeln, die im Hinblick auf ein perzeptuelles oder motorisches Ziel gleich sind (siehe Kapitel 2). Es ist vermutlich nicht überraschend, daß Kinder sich von ihren ersten Lebenswochen an ebenfalls verschiedene Arten von Lernerfahrungen merken und daß sie schon recht früh in ihrer Entwicklung perzeptuelle Kategorien von Gegenständen und Ereignissen zu bilden beginnen, und zwar zwischen drei und sechs Monaten bei bestimmten wahrgenommenen Formen.[61] Vorsprachliche Kinder sind auch in der Lage, einfache kausale Folgen zu verstehen, bei denen ein Ereignis ein anderes »ermöglicht«.[62]

Die Fähigkeit von Organismen, nicht nur mit Wahrnehmungen, sondern auch mit sensu-motorischen Repräsentationen ihrer Umwelt zu operieren – insbesondere mit Objektkategorien und Bildschemata dynamischer Ereignisse –, ist eines der bemerkenswertesten Phänomene in der Natur. Von größter Bedeutung ist dabei die Tatsache, daß Organismen dadurch die Fähigkeit erwerben, von ihrer persönlichen Erfahrung durch Gedächtnis und Kategorisierung zu profitieren und so weniger von der Voraussicht der Natur für die Zukunft durch spezifische und oft unflexible, biologische Anpassungen abhängig zu sein. Die sensu-motorischen Repräsentationen, die Säuglinge benutzen, scheinen von diesem allgemeinen Typ zu sein. Erwachsene Menschen schaffen jedoch natürlicherweise – und Kinder nach dem Säuglingsalter lernen und verwenden natürlicherweise – eine andere Form von Repräsentation. Sie schaffen und gebrauchen äußere, sozial konstituierte, öffentlich sichtbare Symbole wie Sprache, Bilder, Texte und Landkarten. Meine Hypothese ist, daß der Umgang mit diesen äußeren, kulturellen Repräsentationen bei sozialen Interaktionen wichtige Konsequenzen für die Eigenart der inneren, individuellen Repräsentationen hat, und zwar im Sinne von Vygotskijs Ideen zur Verinnerlichung. Es gibt jedoch

61 Vgl. die Übersicht bei Haith und Benson, 1997.

62 Mandler, 1992; Bauer, Hestergaard und Dow, 1994.

auch gewisse Unterschiede, die auf unserem gegenwärtigen, umfangreicheren Wissen über den Spracherwerb und die Entwicklung des Symbolgebrauchs beruhen.

Die Verinnerlichung gemeinsamer Aufmerksamkeit in symbolische Repräsentationen

Eines der interessantesten Merkmale des Spracherwerbs besteht darin, daß die Erwachsenen früher in ihrem eigenen Leben denselben Lernprozeß durchliefen. Außerdem akkumulieren die symbolischen Artefakte, die das Englische, Türkische oder welche Sprache auch immer umfassen, Veränderungen über Generationen hinweg, indem neue sprachliche Formen durch Grammatikalisierung, syntaktische Einbindung und andere Prozesse des Sprachwandels entstehen, so daß die heutigen Kinder das ganze historisch entstandene Konglomerat erlernen. Wenn das Kind den konventionellen Gebrauch dieser eingeschliffenen Symbole lernt, lernt es folglich etwas darüber, wie seine kulturellen Vorfahren die Aufmerksamkeit der anderen in der Vergangenheit steuerten. Da die Angehörigen einer Kultur im Lauf der Zeit vielfältige Zwecke für die gegenseitige Steuerung der Aufmerksamkeit entwickeln (und da sie das in verschiedenen Redesituationen tun müssen), steht das heutige Kind einer Fülle von sprachlichen Symbolen und Konstruktionen gegenüber, die viele verschiedene Auffassungen jeder einzelnen Situation verkörpern. Wenn das Kind ein sprachliches Symbol verinnerlicht, d.h. wenn es die menschlichen Perspektiven lernt, die in einem Symbol verkörpert sind, repräsentiert es daher nicht nur die perzeptuellen und motorischen Aspekte einer Situation, sondern auch eine von mehreren Möglichkeiten (derer es sich bewußt ist) der Auffassung der Situation durch »uns«, die Benutzer dieses Symbols. Die Art und Weise des menschlichen Gebrauchs sprachlicher Symbole erzeugt also einen offensichtlichen Bruch mit direkten wahrnehmungsmäßigen oder sensu-motorischen Repräsentationen und beruht ausschließlich auf der sozialen Eigenart dieser Symbole.

Man könnte einwenden, daß nichtmenschliche Primaten (und

menschliche Kinder) ebenfalls über viele verschiedene Weisen der kognitiven Auffassung ein und derselben Situation verfügen: Einmal ist ein Artgenosse ein Freund, ein anderes Mal ist er ein Feind; einmal bietet sich ein Baum zum Klettern an, um Raubtieren zu entkommen, ein anderes Mal ist er ein Platz, um ein Nest zu bauen. Es steht außer Frage, daß das Individuum bei diesen verschiedenen Interaktionen mit demselben Gegenstand seine Aufmerksamkeit in Abhängigkeit von seinem Ziel auf verschiedene Aspekte richtet. In Gibsonscher Redeweise achtet das Tier relativ zu seinem Ziel auf verschiedene Angebote seiner Umwelt. Der so vollzogene sequentielle Wechsel der Aufmerksamkeit ist jedoch nicht dasselbe wie gleichzeitig mehrere mögliche Auffassungen von etwas zu kennen, d. h. sich gleichzeitig eine Reihe verschiedener Ziele und deren Implikationen für die Aufmerksamkeit vorzustellen. Ein einzelner Sprachbenutzer schaut auf einen Baum und muß auf der Grundlage seiner Einschätzung des Wissens und der Erwartungen des Hörers entscheiden – und zwar bevor er die Aufmerksamkeit seines Gesprächspartners auf diesen Baum lenkt –, ob er *Der Baum dort, Er, Die Eiche, Die hundertjährige Eiche, Der Baum, Der Baum mit dem Schwingseil, Das Ding im Vorgarten, Das Schmuckstück, Das Hindernis* oder einen anderen Ausdruck gebrauchen soll. Er muß entscheiden, ob der Baum im Vorgarten *ist, steht, wächst, gepflanzt wurde* oder *blüht*. Und diese Entscheidungen werden nicht aufgrund der unmittelbaren Absicht des Sprechers im Hinblick auf den Gegenstand oder die jeweilige Aktivität getroffen, sondern vielmehr aufgrund seines Ziels, das Interesse des Hörers und dessen Aufmerksamkeit auf den Gegenstand zu lenken. Das bedeutet, daß der Sprecher weiß, daß der Hörer dieselbe Auswahl von Auffassungen hat wie er selbst. Die Tatsache, daß der Sprecher während des Sprechens der Aufmerksamkeit des Hörers folgt (und umgekehrt), bedeutet in der Tat, daß beide Gesprächsteilnehmer sich immer dessen bewußt sind, daß es mindestens zwei Perspektiven auf eine Situation gibt, neben vielen anderen, die in unbenutzten Symbolen und Konstruktionen niedergelegt sind.

Es scheint auch wichtig zu sein, daß sprachliche Symbole eine Materialität in Form einer zuverlässigen Lautstruktur haben, weil das die einzige Möglichkeit ist, wie sie sozial geteilt werden können. Diese öffentlichen Symbole, die der Sprecher selbst beim Reden hört, stehen daher der Wahrnehmung und Kategorisierung zur Verfügung (was nicht oder zumindest nicht im selben Sinne für private sensu-motorische Repräsentationen gilt). Diese Eigenart der Symbole ermöglicht eine zusätzliche Schicht kognitiver Repräsentationen, wenn Kinder diese sprachlichen Symbole beim Sprechen wahrnehmen und Kategorien und Schemata in Form abstrakter sprachlicher Kategorien und Konstruktionen von ihnen bilden, wie z. B. Nomina und Verben oder die transitiven und ditransitiven Konstruktionen im Englischen. Die Bildung dieser Schemata führt dann zu so bemerkenswerten Fähigkeiten wie jener, Gegenstände metaphorisch als Handlungen, Handlungen als Gegenstände und allgemein alle Dinge in Begriffen anderer Dinge aufzufassen (ein Phänomen, das im nächsten Kapitel näher untersucht werden soll). Es ist schwer einzusehen, wie ein Magot-Makake, der seinen täglichen Verrichtungen nachgeht, die Möglichkeit haben sollte, sich auf seine eigenen kognitiven Repräsentationen der Umgebung in Form von sensu-motorischen Kategorien und Bildschemata zu beziehen und sie als zu kategorisierende, schematisierende und anderweitig kognitiv zu manipulierende aufzufassen. Die Öffentlichkeit sprachlicher Symbole erlaubt es den Kindern, ihre kognitiven Auffassungen selbst als Gegenstände des Interesses, der Aufmerksamkeit, des Nachdenkens und der mentalen Manipulation zu behandeln.

Es kommt nicht so sehr darauf an, daß sprachliche Symbole bequeme Etiketten für menschliche Begriffe darstellen oder daß sie sogar die Form dieser Begriffe beeinflussen oder bestimmen, obwohl beides der Fall ist. Wichtiger ist, daß diese sprachlichen Symbole aufgrund ihrer Intersubjektivität und Perspektivität die Welt nicht direkt repräsentieren, d. h. so wie perzeptuelle und sensu-motorische Repräsentationen, sondern vielmehr von Menschen mit dem Ziel verwendet werden, andere dazu zu bringen, bestimmte wahrnehmungsmäßige oder begriffliche Situationen auf die eine statt auf eine andere Weise aufzufassen. Die Benutzer sprachlicher Symbole wissen somit implizit, daß jede Erfahrungsepisode aus vielen verschiedenen Perspektiven zugleich verstanden werden kann. Dadurch werden diese Symbole von der sensu-motorischen Welt der Dinge im Raum abgetrennt und zu Anwendungsfällen der menschlichen Fähigkeit, die Welt auf jeweils die Weise zu sehen, die dem jeweiligen Kommunikationszweck dient.

Ich möchte behaupten, daß die Teilnahme an diesem kommunikativen Austausch vom Kind ungefähr so internalisiert wird, wie Vygotskij sich das vorstellte. Die Verinnerlichung ist kein mystischer Prozeß, wie manche meinen, sondern einfach der normale Vorgang des Imitationslernens, das in dieser besonderen intersubjektiven Situation stattfindet: Ich lerne die symbolischen Mittel zu gebrauchen, die andere Menschen verwendet haben, um ihre Aufmerksamkeit miteinander zu teilen. Wenn ich ein sprachliches Symbol so von anderen lerne, verinnerliche ich nicht nur ihre kommunikative Absicht (ihre Absicht, daß ich meine Aufmerksamkeit mit ihnen teilen soll), sondern jeweils auch ihre besondere Perspektive. Wenn ich dieses Symbol dann gegenüber anderen Personen benutze, steuere ich meinerseits die Richtung ihrer Aufmerksamkeit, und zwar in Abhängigkeit von dem verwendeten Symbol. Mir stehen daher sowohl (a) die beiden *wirklichen* Brennpunkte des Selbst und des Kommunikationspartners als auch (b) die anderen *möglichen* Brennpunkte anderer sprachlicher Symbole zur Verfügung, die potentiell in dieser Situation gebraucht werden könnten.

Einige der Wirkungen dieser Art des Operierens mit Symbolen sind offensichtlich. Sie betreffen die Flexibilität und relative Unabhängigkeit von der Wahrnehmung. Aber manche reichen weiter und sind ganz verblüffend. Sie stellen Kindern wirklich neue Möglichkeiten der Begriffsbildung zur Verfügung, wie z. B. die Auffassung von Dingen als Handlungen, von Handlungen als Dingen und eine Unzahl metaphorischer Auffassungen. Diese neuen Denkweisen ergeben sich aus den akkumulierten Wirkungen einer mehrjährigen sprachlichen Kommunikation während der frühen kognitiven Entwicklung. In den Kapiteln 5 und 6 werde ich diese Wirkungen ausführlicher behandeln.

Gegenstände als Symbole

Die Unterscheidung zwischen sensu-motorischen Repräsentationen, die hauptsächlich auf der Wahrnehmung beruhen, und sprachlichen Repräsentationen, die hauptsächlich in begrifflicher Auslegung und einer bestimmten Perspektive gründen, ist nicht allein auf die Sprache beschränkt. In der frühen kognitiven Entwicklung gibt es ein weiteres Phänomen, das einige Ähnlichkeit mit dem Erwerb und dem Gebrauch sprachlicher Symbole aufweist, nämlich das symbolische Spiel. Ungefähr mit zwei Jahren fangen kleine Kinder damit an, Gegenstände auf verschiedene symbolische Weisen zu gebrauchen, wie in Kapitel 3 kurz erwähnt. Ein 24 Monate altes Kind kann z. B. einen Klotz am Boden entlang schieben und Laute wie »Brumm!« von sich geben. Es ist so gut wie sicher, daß viele dieser Verhaltensweisen, vor allem wenn sie von jüngeren als zweijährigen Kindern gezeigt werden, nicht wirklich symbolisch, sondern vielmehr einfach Nachahmungen von Handlungen Erwachsener mit diesen Gegenständen sind. Aber ab einem bestimmten Punkt beginnen Kinder damit, Gegenstände als Symbole zu gebrauchen, und es ist kein Zufall, daß das im allgemeinen in demselben zeitlichen Rahmen stattfindet (mit einer möglichen unwesentlichen Verschiebung), in den auch der Erwerb sprachlicher Symbole fällt. Ich vermute, daß Kinder den Gebrauch von Gegenständen als Symbole genauso wie den Gebrauch sprachlicher Symbole lernen. Sie beginnen mit dem Versuch, eine andere Person zu verstehen, die »ihnen gegenüber« etwas Symbolisches tut (im Gegensatz zu den Behauptungen mancher Forscher glaube ich nicht, daß 22 Monate alte Kinder Symbole für sich selbst erfinden).[63] Sie verstehen zunächst, wodurch auch immer, daß Papa will, daß sie den Klotz als Auto auffassen, und dann lernen sie, sich anderen Personen »gegenüber« genauso zu verhalten, wie sie diesen Personen gegenüber Rollen tauschen und sprachliche Symbole gebrauchen. Daß das Symbol anderen gegenüber verwendet wird, zeigt sich daran, wie das Kind andere Leute anschaut (und

63 Siehe die empirischen Belege bei Striano, Tomasello und Rochat, 1999.

manchmal lächelt), wenn es ein Spielsymbol gebraucht. Frühe Spielsymbole werden also sowohl imitiert als auch für andere produziert, und zwar mit der Absicht, daß diese die Dinge auf eine bestimmte Weise auffassen. Wenn sie älter werden, beginnen Kinder natürlich damit, Spielsymbole für sich alleine zu gebrauchen, so wie sie erst beginnen, zu sich selbst zu sprechen, nachdem sie schon gelernt haben, mit anderen zu sprechen.

In einer Reihe von geschickt angelegten Experimenten hat DeLoache gezeigt, daß Kinder besondere Schwierigkeiten mit dem Verstehen der Absicht eines Erwachsenen haben, daß sie einen physischen Gegenstand als Symbol verwenden sollen, z.B. ein Maßstabsmodell eines Zimmers als ein komplexes Symbol des ganzen Zimmers.[64] DeLoache behauptet, daß sich diese Schwierigkeit aus dem komplexen Tatbestand ergibt, das Maßstabsmodell als wirklichen Gegenstand mit sensu-motorischen Angeboten und zugleich als symbolischen Gegenstand mit intentionalen/symbolischen Angeboten verstehen zu müssen. Sie nennt dies »das Problem der dualen Repräsentation«. In diesem Zusammenhang ist es erwähnenswert, daß jüngere Kinder in der Untersuchung von Tomasello, Striano und Rochat (die in Kapitel 3 beschrieben wurde)[65] diese Schwierigkeit besonders stark hatten, da sie oft nach einem Spielzeugmodell griffen, das sie nach dem Willen des Erwachsenen als Symbol verstehen sollten. Die Kinder hatten außerdem Schwierigkeiten bei dem Versuch, die kommunikative Absicht des Erwachsenen zu interpretieren, wenn sie ein Artefakt, das andere intentionale Angebote hatte, als Symbol verstehen sollten, z.B. eine Tasse als Hut. Das Problem scheint zu sein, daß eine Tasse nicht nur ein sensu-motorischer Gegenstand ist und nicht nur ein Symbol für einen Hut, sondern auch ein kulturelles Artefakt mit dem intentionalen Angebot des Trinkens. Da es in dieser Situation in Wirklichkeit drei konkurrierende repräsentationale Auffassungen des Gegenstands gibt – sensu-motorische, intentionale und symbolische –, nannten es die Forscher das »Problem der dreifachen Repräsentation«.

Wenn man diesen Befund zu meiner Analyse sprachlicher

64 DeLoache, 1995.

65 Tomasello, Striano und Rochat, 1999.

Symbole und Gesten hinzunimmt, kommt man zu folgendem Ergebnis: Zwischen zwölf und achtzehn Monaten verstehen und gebrauchen Kinder manchmal sprachliche Symbole aufgrund ihrer Fähigkeiten zu sozialer Kognition und kulturellem Lernen, und im selben Alter beginnen sie auch, symbolische Gesten zu verstehen und zu verwenden. Sie können gleichzeitig auch damit beginnen, Gegenstände als Symbole zu verstehen und zu verwenden. Aber diese symbolische Auffassung eines Gegenstands – sowohl beim Verstehen als auch beim Gebrauch –, ist für so junge Kinder schwierig, weil sie ihre sensu-motorischen Schemata nicht hemmen können, die immer dann aktiviert werden, wenn ein manipulierbarer Gegenstand in den Greifraum eintritt, und daher setzt diese Fähigkeit erst kurze Zeit später ein. Zusätzliche Schwierigkeiten entstehen, wenn Kinder versuchen, einen Gegenstand mit einem bekannten intentionalen Angebot so zu verstehen und zu benutzen, daß er einen anderen Gegenstand auf ungewöhnliche Weise symbolisiert (z. B. eine Tasse als Hut), was eindeutig auf konkurrierende Auffassungen hinweist. Ab einem bestimmten Punkt lernen Kinder wirklich mit Gegenständen umzugehen, die als Symbole verwendet werden, darunter graphische Symbole, Maßstabsmodelle, Zahlzeichen, Graphen und dergleichen. Dabei verinnerlichen sie die kommunikativen Absichten, die hinter dem physischen Symbol stehen – so wie der Hersteller einer Landkarte dem Kartenleser etwas sagen will –, und diese Absichten sind eine weitere Quelle für gehaltvolle kognitive Repräsentationen mit einer perspektivischen Dimension, die wie sprachliche Symbole verinnerlicht und als Hilfen beim Denken gebraucht werden können. An dieser Stelle soll vor allem festgehalten werden, daß die kulturelle/intentionale/symbolische Dimension der kognitiven Repräsentationen von Kindern sich in der frühen Kindheit nicht nur an der Sprache, sondern auch an anderen Formen symbolischer Aktivität zeigt. Diese anderen Formen stellen eine zusätzliche Stütze für die Ansicht dar, daß menschliche Symbole wesentlich sozial, intersubjektiv und perspektivisch sind, was sie grundlegend von anderen Formen sensu-motorischer Repräsentation unterscheidet, die allen Primaten und anderen Säugetieren gemein ist.

Symbolische Repräsentation als Steuerung der Aufmerksamkeit

Unter der gegenwärtigen theoretischen Perspektive bedeutet das Erlernen des Gebrauchs sprachlicher Symbole, daß man lernt, das Interesse und die Aufmerksamkeit eines anderen intentionalen Akteurs zu steuern (zu beeinflussen oder darauf einzuwirken), mit dem man intersubjektiv interagiert. Das heißt, daß sprachliche Kommunikation nichts anderes ist als eine Manifestation und Ausweitung, wenn auch eine sehr spezielle, bereits bestehender Fertigkeiten der Kinder zu Interaktionen gemeinsamer Aufmerksamkeit und kulturellem Lernen. Die Anwendung dieser sozio-kulturellen Fertigkeiten beim Erwerb eines sprachlichen Symbols im Verlauf sozialer Interaktion – wobei Kinder und Erwachsene zusammen handeln und gleichzeitig versuchen, die Aufmerksamkeit des jeweils anderen zu steuern – erfordert besondere Leistungen, darunter das Verstehen von Szenen gemeinsamer Aufmerksamkeit, das Verstehen kommunikativer Absichten und die Fähigkeit zur Imitation durch Rollentausch.

Diese Arten kognitiver Repräsentation, die Kinder beim Sprachlernen entwickeln, sind im Tierreich einzigartig und ergeben sich direkt aus den spezifisch menschlichen Aktivitäten gemeinsamer Aufmerksamkeit. Wenn Kinder versuchen, die kommunikative Absicht des Erwachsenen beim Gebrauch eines bestimmten Symbols in einer Szene gemeinsamer Aufmerksamkeit zu erkennen und so den konventionellen Gebrauch des sprachlichen Symbols für sich selbst zu lernen, stellen sie fest, daß diese besonderen Kommunikationsmittel sowohl intersubjektiv, insofern alle Benutzer wissen, daß sie die Verwendung dieser Symbole mit anderen »teilen«, als auch perspektivisch sind, insofern sie verschiedene Weisen der Auffassung einer Situation verkörpern. Besonders das letztere Merkmal macht sprachliche Symbole in großem Maße von der jeweiligen Wahrnehmungssituation unabhängig, und zwar nicht nur deshalb, weil sie physisch abwesende Gegenstände und Ereignisse vertreten können und für andere »kunstlose« Formen der Verschiebung geeignet sind.[66] Vielmehr untergräbt die intersubjektive und perspektivische Eigenart sprachlicher Symbole tatsächlich den ganzen Begriff einer Wahrnehmungssituation, indem auf eine solche Situation die vielfältigen Perspektiven geschichtet werden, die diejenigen von uns verstehen können, die das Symbol teilen.

Diese wesentlich und unteilbar soziale Natur sprachlicher Symbole läßt sich sehr klar erkennen, wenn wir die Frage stellen: Könnte ein einzelnes Individuum, das über keine Sprache verfügte, eine »Privatsprache« für sich selbst erfinden?[67] Während erfahrene Sprachbenutzer neue Symbole ausschließlich zu ihrem privaten Gebrauch erfinden könnten (diesbezüglich würde ich Wittgenstein nicht zustimmen), behaupte ich, daß es für eine einzelne Person, die nie den Sprachgebrauch anderer erfahren hätte, völlig unmöglich wäre, für sich selbst ohne sozialen Partner und ohne schon bestehende Symbole eine »Privatsprache« zu erfinden, die aus Symbolen besteht, die denen moderner Sprachen gleichen. Das liegt einfach daran, daß es (a) keine Möglichkeit gäbe, ihre Intersubjektivität zu konstituieren, und (b) keine kommunikative Motivation oder Gelegenheit gäbe, verschiedene Perspektiven auf Dinge einzunehmen.

Jede Theorie, die die Rolle der Sprache bei der kognitiven Entwicklung von Kindern so stark betont, muß sich dem Problem von Kindern stellen, deren Fertigkeiten zu sprachlicher Kommunikation sich nicht auf normale Weise entwickeln. Man mag sofort an taube Kinder denken, aber praktisch alle tauben Kinder in der modernen Welt lernen entweder ihre eigene besondere natürliche Sprache oder etwas sehr Ähnliches. Und selbst die tauben Kinder, die Goldin-Meadow untersucht hat und die keinen Umgang mit einer systematischen Zeichensprache hatten, wachsen in Situationen auf, in denen andere ihnen gegenüber fortwährend kommunikative Absichten auf verschiedene visuelle Weisen ausdrücken.[68] Es ist eine interessante Frage, in welchem Ausmaß taube Kinder durch diese alternativen Formen

66 Hockett, 1960.

67 Wittgenstein, 1980.

68 Goldin-Meadow, 1997.

symbolischer Kommunikation verschiedene begriffliche Perspektiven auf Dinge lernen. Von gleichem Interesse sind Kinder mit einer spezifischen Sprachbehinderung, da sie sowohl Schwierigkeiten mit dem Spracherwerb als auch mit einer Reihe nichtsprachlicher kognitiver Fertigkeiten haben, die von Analogieschlüssen bis zu sozialer Kognition reichen.[69] Am interessantesten sind natürlich in vielerlei Hinsicht autistische Kinder. Trotz des verbreiteten Bildes, das sich hauptsächlich auf autistische Kinder mit gut entwickelten Fähigkeiten bezieht, lernt die Hälfte dieser Kinder überhaupt keine Sprache, weil sie wahrscheinlich die kommunikativen Absichten anderer nicht auf arttypische Weise verstehen. Interessanterweise weiß man aber seit einiger Zeit, daß autistische Kinder auch keine typischen symbolischen Spiele machen, und es gibt Hinweise darauf, daß diese beiden Fertigkeiten korreliert sind: Diejenigen Kinder, die besser mit der Sprache zurechtkommen, machen auch eher symbolische Spiele.[70] Ob diese mangelnden symbolischen Fähigkeiten Konsequenzen für die kognitive Repräsentation bei autistischen Kindern haben, ist unbekannt. Eines der häufig erwähnten, kennzeichnenden Merkmale autistischer Kinder ist jedoch ihre Tendenz, mit Dingen jedes Mal auf dieselbe Weise umzugehen, d.h. von derselben Perspektive aus. Es könnte also sein, daß die Schwierigkeiten, die autistische Kinder mit dem Verstehen anderer als intentionale Akteure haben, zu mangelhaften symbolischen Fertigkeiten führen, woraus sich dann Schwierigkeiten mit der perspektivischen Repräsentation von Situationen ergeben könnten.

69 Siehe die Übersichten bei Leonard, 1998; Bishop, 1997.

70 Jarrold, Boucher und Smith, 1993; Wolfberg und Schuler, 1993.

5
Sprachkonstruktionen und die Kognition von Ereignissen

Wenn Wörter in unserer Umgangssprache prima facie analoge Grammatiken haben, sind wir geneigt zu versuchen, sie analog zu deuten.
Ludwig Wittgenstein

Meine Erklärung des kindlichen Spracherwerbs konzentrierte sich bisher nur auf eine Art von sprachlichem Symbol, nämlich das Wort. Zur selben Zeit, zu der sie ihre ersten Wörter erwerben, lernen Kinder jedoch auch komplexere Sprachkonstruktionen als eine Art sprachlicher Gestalten. Die Plausibilität, ja sogar die Notwendigkeit dieser Ansicht wird klar, sobald wir unseren Blick darauf richten, daß das Wortlernen etwas anderes ist als das Lernen von Gegenstandsnamen. Wenn Kinder beispielsweise das Wort *geben* lernen, lernen sie in Wirklichkeit die Mitspielerrollen, die den Akt des Gebens stets begleiten: der Gebende, der gegebene Gegenstand und die Person, der etwas gegeben wird; tatsächlich können wir uns nicht einmal einen Akt des Gebens ohne diese Mitspielerrollen vorstellen. Dasselbe gilt für die Wörter *außerhalb*, *von* und *über*, die nur als Beziehungen zwischen zwei anderen Dingen oder Orten gelernt werden können. Wenn wir an der Rolle des Spracherwerbs für die kognitive Entwicklung interessiert sind, müssen wir deshalb nicht nur den Worterwerb von Kindern, sondern auch ihre Aneignung von größeren Sprachkonstruktionen als bedeutungsvoller symbolischer Einheiten untersuchen, einschließlich ganzer Konstruktionen auf der Satzebene (z. B. Lokativkonstruktionen oder Ja-Nein-Fragen). Da Kinder in der Tat fast niemals einzelne Wörter getrennt voneinander hören, d. h. außerhalb einer größeren und komplexeren Äußerung, sollten wir das Wortlernen besser als das Isolieren und Extrahieren der einfachsten Konstruktionen einer Sprache verstehen.[1]

Es muß zu Beginn betont werden, daß Sprachkonstruktionen entweder konkret, d. h. abhängig von bestimmten Wörtern und Phrasen, oder abstrakt sein können, d. h. abhängig von allgemeinen Kategorien und Schemata. Konkrete Konstruktionen wie z. B. *Sie gab ihm ein Pony, Er schrieb ihr einen Brief* und *Sie schickten mir eine Einladung per e-mail* sind Instanzen der abstrakten, ditransitiven, deutschen Konstruktion, die durch Nominalphrase + Verb + Nominalphrase + Nominalphrase beschrieben werden kann. Manche Linguisten und Psycholinguisten glauben, daß kleine Kinder von Anfang an mit abstrakten, erwachsenenähnlichen Sprachkonstruktionen operieren, weil sie mit bestimmten angeborenen sprachlichen Prinzipien auf die Welt kommen.[2] Aber diese Theorie kann nur dann richtig sein, wenn alle Sprachen nach denselben grundlegenden Prinzipien funktionieren, was jedoch nicht der Fall ist.[3] Die Alternative besteht in der Ansicht, daß Menschen schon früh in ihrer Ontogenese ihre arttypischen kognitiven, sozio-kognitiven und kulturellen Lernfähigkeiten einsetzen, um die Sprachkonstruktionen zu verstehen und sich anzueignen, die ihre jeweiligen Kulturen über einen historischen Zeitraum durch Prozesse der Soziogenese geschaffen haben.[4] Nach dieser Auffassung sind komplexe Sprachkonstruktionen nur eine weitere Art von symbolischem Artefakt, das Menschen von ihren Vorfahren erben, obwohl diese Artefakte in mancher Hinsicht außergewöhnlich sind, weil ihre systematische Natur bei Kindern zu Versuchen der Kategorisierung und Schematisierung führt. Das bedeutet, daß Kinder zwar nur konkrete Äußerungen hören, daß sie aber versuchen, aus ihnen abstrakte Sprachkonstruktionen zu bilden.

1 Langacker, 1987a; Fillmore, 1985; 1988; Goldberg, 1995.

2 Z.B. Pinker, 1996.

3 Siehe die Übersichten aus jüngerer Zeit bei Comrie, 1990; Givon, 1995; Dryer, 1997; Croft, 1998; van Valin und LaPolla, 1996; Slobin, 1997, die eine Variabilität über Sprachen hinweg dokumentieren, die viel zu groß ist, um mit einer angeborenen Universalgrammatik verträglich zu sein.

4 Tomasello, 1995d; 1999b.

Dieser Prozeß hat wichtige Konsequenzen für ihre kognitive Entwicklung, besonders für das begriffliche Verstehen komplexer Ereignisse, Sachverhalte und deren Wechselbeziehungen.

Ich möchte dieses hochkomplexe Thema so einfach wie möglich behandeln. Mein Vorgehen wird folglich darin bestehen, mich auf drei Aspekte des Spracherwerbs zu konzentrieren, die für den gegenwärtigen Zweck am relevantesten sind. Am Anfang stehen die Entwicklungsschritte, durch die sich der Erwerb von relativ übergeordneten Sprachkonstruktionen vollzieht; an zweiter Stelle steht der Prozeß, durch den diese Konstruktionen gelernt werden; und schließlich werden wir die Rolle solcher Konstruktionen für die kognitive Entwicklung des Kindes im allgemeinen betrachten.

Die ersten Sprachkonstruktionen

Kinder sprechen über Ereignisse und Sachverhalte in der Welt. Selbst wenn sie den Namen eines Gegenstands in der Ein-Wort-Äußerung »Ball« verwenden, fordern sie fast immer jemanden dazu auf, ihnen den Ball zu *holen* oder auf den Ball zu *achten*. Die Benennung von Gegenständen zum Selbstzweck ist ein Sprachspiel, das zwar manche Kinder spielen, aber typischerweise handelt es sich dabei nur um wenige Kinder in einigen westlichen Mittelschichtshaushalten, und die Benennung betrifft nur wahrnehmungsnahe Gegenstände; nirgendwo benennen Kinder Handlungen (»Sieh mal! Stellen!«) oder Beziehungen (»Sieh mal! Von!«). Wir sollten uns deshalb der frühen Sprache mit einem Blick für die gesamten daran beteiligten Ereignisse und Sachverhalte nähern, nämlich komplexe Erfahrungsszenen mit einem oder mehreren Mitspielern in ihrer raumzeitlichen Anordnung, weil das die Dinge sind, über die Kinder reden. Im Laufe ihrer Entwicklung tun sie das mit Holophrasen, Verbinselkonstruktionen, abstrakten Konstruktionen und Erzählungen.

Wenn Kinder mit etwa einem Jahr anfangen, die sprachlichen Konventionen ihrer Gemeinschaft zu erwerben, haben sie bereits einige Monate mit den anderen stimmlich und durch Gesten kommuniziert, und zwar sowohl, um etwas zu verlangen, als auch um auf Dinge hinzuweisen.[5] Kinder aller Kulturen lernen und gebrauchen also ihre frühesten sprachlichen Symbole sowohl deklarativ als auch imperativ, und bald lernen sie auch, nach Dingen zu fragen, wobei jede dieser Sprechhandlungen mit einem kennzeichnenden Intonationsmuster vollzogen wird.[6] In allen Sprachen der Welt enthalten die Erfahrungsszenen, über die Kinder am häufigsten sprechen, unter anderem folgendes:[7]

- die Gegenwart-Abwesenheit-Wiederkehr von Menschen, Dingen, Ereignissen (*hallo*, *tschüs*, *weg*, *mehr*, *nochmal*, *anderes*, *halt*, *fort*);
- Besitz und Austausch von Gegenständen mit anderen (*geben*, *haben*, *meins*, *auch haben*, *Mamas*);
- Ort und Bewegung von Menschen und Dingen (*kommen*, *gehen*, *hoch*, *runter*, *rein*, *raus*, *drauf*, *weg*, *hier*, *dort*, *draußen*, *bringen*, *nehmen*, *wohin gehen?*),
- Zustände und Zustandsveränderungen von Dingen und Menschen (*öffnen*, *schließen*, *fallen*, *brechen*, *fest*, *naß*, *schön*, *klein*, *groß*);
- physische und geistige Aktivitäten von Menschen (*essen*, *kicken*, *fahren*, *malen*, *umarmen*, *küssen*, *werfen*, *rollen*, *wollen*, *brauchen*, *schauen*, *tun*, *machen*, *sehen*).

Es ist zu beachten, daß fast alle diese Ereignisse und Zustände entweder selbst intentionale bzw. kausale Ereignisse oder die Endpunkte, Ergebnisse oder Bewegungen einer kausalen oder intentionalen Handlung sind, auf die das Kind die Aufmerksamkeit des Erwachsenen lenken will oder von denen das Kind will, daß der Erwachsene sie tut.[8] Wichtig ist dabei, daß Kinder von Anfang an über Szenen ihrer Erfahrung sprechen, die von ihrem spezifischen Verständnis der intentionalen/kausalen Struktur

5 Bates, 1979.
6 Bruner, 1987.
7 Brown, 1973.
8 Slobin, 1985.

von Ereignissen und Sachverhalten in der Welt strukturiert werden.

Das wichtigste symbolische Vehikel des Kindes in dieser frühen Phase ist das, was man gewöhnlich eine Holophrase nennt: ein sprachlicher Ausdruck, der aus einer Einheit besteht und als vollständiger Sprechakt intendiert wird (z. B. »mehr« in der Bedeutung von »Ich möchte mehr Saft«). Die Holophrasen, mit denen Kinder über Ereignisse zu sprechen anfangen, vertreten in verschiedenen Sprachen verschiedene Arten sprachlicher Strukturen. Im Deutschen gebrauchen die meisten spracherlernenden Kinder anfänglich eine Reihe sogenannter Relationswörter wie *mehr*, *weg*, *rauf*, *runter*, *an*, *aus*, was möglicherweise dadurch zu erklären ist, daß Erwachsene diese Wörter mit einer bestimmten Betonung verwenden, um über auffällige Ereignisse zu sprechen.[9] Im Gegensatz dazu lernen kleine Kinder im Koreanischen und Mandarin für dieselben Ereignisse von Anfang an die vollständigen Verben der Erwachsenen, weil das für sie in der Erwachsenensprache am auffälligsten ist.[10] Um ausführlicher über das Ereignis zu sprechen, müssen die Kinder in beiden Fällen bestimmte fehlende sprachliche Elemente einfügen wie z. B. die beteiligten Mitspieler, so etwa von »aus« zu »Hemd aus« oder »Hemd ausziehen« oder »Zieh mir das Hemd aus«. Zusätzlich jedoch beginnen Kinder den Spracherwerb damit, daß sie bestimmte Ausdrücke der Erwachsenen als syntaktisch ungegliederte Holophrasen lernen, wie z. B. »Ich-will-das-machen«, »Lass-mich-sehen« und »Wo-die-Flasche«. Damit das Kind in diesen Fällen sowohl die Konstruktion als auch die Konstituenten wirklich versteht, muß es irgendwann die sprachlichen Elemente aus dem gesamten Ausdruck isolieren oder extrahieren.[11] In der Tat herrscht dieser Prozeß bei Kindern vor, die solche Sprachen lernen, die viele komplexe »Ein-Wort-Sätze« haben (d. h. die sogenannten agglutinierenden Sprachen wie z. B. viele Eskimosprachen). Wenn sie lernen, über grundlegende Szenen ihrer Aufmerksamkeit ausführlicher zu sprechen, sind kleine

9 Bloom, Tinker und Margulis, 1993.

10 Gopnik und Choi, 1995.

11 Peters, 1983; Pine und Lieven, 1993.

Kinder im allgemeinen dazu in der Lage, sich in beide Richtungen zu bewegen, nämlich von den Teilen zum Ganzen oder vom Ganzen zu den Teilen.

Verbinselkonstruktionen

Wenn Kinder mit der Produktion von Äußerungen beginnen, die mehr als eine Gliederungsebene aufweisen, d. h. wenn sie mit der Produktion von Äußerungen mit vielen bedeutungstragenden Komponenten beginnen, ist die in kognitiver Hinsicht interessanteste Frage, wie sie diese Komponenten verwenden, um die ganze Szene der Erfahrung in ihre Bestandteile zu zerlegen, einschließlich des Ereignisses (oder des Sachverhalts) und seiner Mitspieler. Schließlich müssen Kinder auch lernen, wie sie die verschiedenen Mitspielerrollen symbolisch darstellen, d. h. solche Dinge wie Agent, Patient, Instrument und dergleichen.

Kinder produzieren viele ihrer frühen Wortkombinationen anhand einer Formel, die aus einem konstanten Ereignis- oder Zustandswort und einem variablen Mitspielerwort besteht. Dieses Muster wird vermutlich erworben, wenn Kinder bemerken, daß Erwachsene solche Äußerungen machen wie *Mehr Saft*, *Mehr Milch*, *Mehr Kekse*, *Mehr Trauben*, wodurch sie zur Bildung des Schemas *Mehr* ___ veranlaßt werden.[12] Diese sogenannten Angelkonstruktionen enthalten zwar keine symbolischen Indikatoren der verschiedenen Rollen, die verschiedene Ereignismitspieler einnehmen. Kinder lernen jedoch ziemlich schnell, die Mitspielerrollen in diesen Schemata symbolisch anzuzeigen, wobei die gebräuchlichsten Symbole in vielen Sprachen die Wortstellung (wie im Englischen) und der Gebrauch besonderer Kasusmarker sind (wie im Türkischen oder Russischen). Sie lernen das jedoch nicht für ganze Ereignisklassen, wie z. B. für alle transitiven Äußerungen, sondern nur für einzelne Verben. Beispielsweise stellte ich bei der Beobachtung der Sprachentwicklung meiner Tochter fest, daß sie während genau derselben Entwicklungsperiode, in der sie einige Verben nur

12 Siehe die Dokumentation bei Braine, 1976, die mehrere Sprachen berücksichtigt.

in einem einzigen, ganz einfachen Schema verwendete (z. B. *Schneiden* ___), andere Verben in komplexeren Schemata mehrerer verschiedener Typen verwendete (z. B. *Malen* ___, ___ *Malen auf* ___, *Ich male mit* ___, ___ *Malen für* ___). Außerdem wurde »derselbe« Mitspieler nicht durchgängig über alle Verben hinweg symbolisch angezeigt. Die Instrumente mancher Verben wurden z. B. durch die Präposition *durch* oder *mit* angezeigt, während das für die Instrumente anderer Verben nicht galt. Damit war klar, daß sie nicht über die allgemeine sprachliche Kategorie »Instrument« verfügte, sondern vielmehr nur über einige verbspezifische Kategorien, wie z. B. »Ding, mit dem man malen kann« und »Ding, mit dem man schneiden kann«. Ihre anderen Kategorien waren ebenfalls verbspezifisch, z. B. »Küssender«, »geküßte Person«, »Person, die etwas zerbricht«, »zerbrochenes Ding«.[13]

Die Hypothese der Verbinseln besagt, daß die frühe sprachliche Kompetenz der Kinder ausschließlich aus einem Inventar an sprachlichen Konstruktionen dieses Typs besteht: spezifische Verben mit Anschlußstellen für Mitspieler, deren Rollen je einzeln symbolisch markiert sind (siehe Abbildung 5.1). In dieser frühen Phase nehmen Kinder noch keine Generalisierungen über Konstruktionsmuster bei verschiedenen Verben vor, und deshalb haben sie noch keine sprachlichen Kategorien, Schemata oder Markierungskonventionen, die für die Verben allgemein wären.[14] Um es noch einmal zu sagen, das Inventar der Verbinselkonstruktionen, das aus einer einfachen Liste von Konstruktionen besteht, die um einzelne Verben herum organisiert sind, macht die Gesamtheit der frühen sprachlichen Kompetenz von Kindern aus: Es gibt keine anderen verborgenen Prinzipien, Parameter, sprachliche Kategorien oder Schemata, die Sätze erzeugen.

Es ist auch nicht so, daß dieser auf einzelne Teile bezogene Sprachgebrauch schnell wieder verschwindet. Nach Ansicht vieler Linguisten ist sogar ein größerer Ausschnitt der Erwachsenensprache auf diese Weise teilbezogen, als man gewöhnlich an-

13 Tomasello, 1992b.

14 Lieven, Pine und Baldwin, 1997; Berman und Armon-Lotem, 1995; Pizutto und Caselli, 1992; Rubino und Pine, 1998; vgl. die Übersichten bei Tomasello, 1999b; Tomasello und Brooks, 1999.

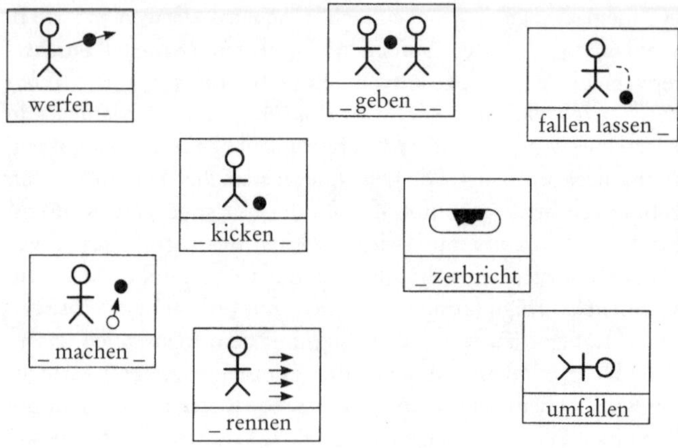

Abbildung 5.1 Vereinfachte Darstellungen einiger Verbinselkonstruktionen. Hier wird die Gesamtheit der frühesten syntaktischen Fertigkeiten des Kindes dargestellt.

nimmt, was man an Idiomen, Redensarten, gewohnheitsmäßigen Verbindungen und vielen anderen sprachlichen Konstruktionen sieht, die nicht zum »Kern« der Sprache gehören (z. B. *Wie geht's, Er hat sie darauf gebracht, Sie wird darüber hinwegkommen*).[15] Kinder behalten jedoch diese Organisation eine gewisse Zeit lang für ihre *ganze* Sprache bei. Ihre Konstruktionen auf der Satzebene sind Verbinselkonstruktionen, die zwar im Hinblick auf ihre Mitspieler abstrakt sind (sie haben offene Anschlußstellen für Mitspieler), die jedoch im Hinblick auf ihre relationale Struktur, die durch das Verb und die syntaktischen Symbole (Wortstellung und Kasusmarkierungen) ausgedrückt wird, vollkommen konkret sind. Von einem kognitiven Standpunkt aus ist es interessant, daß Kinder keine Schwierigkeiten damit haben, Mitspieler so zwanglos an den Anschlußstellen dieser Konstruktionen miteinander zu vertauschen. Eine mögliche Erklärung dafür ist, daß diese Fähigkeit sich von der nichtsprachlichen Fähigkeit der Kinder ableitet, alle Mitspieler einer Szene gemeinsamer

15 Bolinger, 1977; Fillmore, Kay und O'Conner, 1988.

Aufmerksamkeit von einer äußeren Perspektive zu repräsentieren, so daß sie tatsächlich vollkommen austauschbar werden (siehe Kapitel 4). Dasselbe gilt jedoch nicht für Ereignisse und Sachverhalte: Ereignisse und Zustände sind das, »was wir tun« oder »was vor sich geht« (in intentionaler Hinsicht), weshalb sie nicht vertauschbar sind, und deshalb werden sie von Kindern auch so aufgefaßt.

Abstrakte Konstruktionen

Die Beherrschung von Verbinselkonstruktionen ist eine wichtige Zwischenstation auf dem Weg zur reifen Sprachkompetenz. Es handelt sich dabei um eine Basis, die das Ziel des ersten Wegabschnitts ist, die jedoch, wenn sie einmal erreicht ist, zu einem Mittel für den Erwerb abstrakterer und produktiverer Sprachkonstruktionen wird. Diese abstrakteren Konstruktionen sind einfach kognitive Schemata, die wie andere kognitive Kategorien und Schemata allmählich aufgebaut werden, wenn bestimmte Muster aus einzelnen Verbinselkonstruktionen extrahiert werden. Als Resultate ergeben sich ein Prototyp im Zentrum der Konstruktion und einzelne exemplarische Vertreter an der Peripherie, die vom Prototyp in verschiedener Hinsicht abweichen. Einige dieser abstrakteren Konstruktionen haben immer noch bestimmte Wörter als Kernbestandteile, während andere vollständig allgemein sind. Unter den ersten Konstruktionen Englisch sprechender Kinder, die im Grunde alle Elemente enthalten, die auch in den entsprechenden Konstruktionen Erwachsener enthalten sind und die einen bestimmten Grad an Abstraktheit besitzen, finden sich die folgenden:

- Imperative (*Roll es! Lächle! Drück mich!*),
- Einfache Transitiva (*Ernie küßte sie; Er kickte den Ball*)
- Einfache Intransitiva (*Sie lächelt; Es rollt*),
- Lokative (*Ich lege es auf den Tisch; Sie brachte ihr Buch zur Schule*);
- Resultativa (*Er wischte den Tisch sauber; Sie schlug ihn krankenhausreif*);
- Dative/Ditransitiva (*Ernie gab es ihr; Sie warf ihm einen Kuß* zu),
- Passiva (*Ich habe mich verletzt; Er wurde von dem Elefanten getreten*);

• Attributiva und identifizierende Wendungen (*Es ist hübsch; Sie ist meine Mama; Das ist ein Kassettenrecorder*).

Der wesentliche Punkt besteht darin, daß ab einem bestimmten Moment in der Entwicklung die Konstruktion als abstrakte Struktur selbst zu einem Symbol wird, das zu einem bestimmten Grad bedeutungstragend ist, und zwar unabhängig von den anderen beteiligten Wörtern.

So weisen die meisten Sprecher des Englischen dem ad-hoc gebildeten Verb *floos* in den folgenden Äußerungen verschiedene Bedeutungen zu:

X floosed Y the Z. (X fluste Y das Z.)
X floosed Y. (X fluste Y.)
X floosed Y on the Z. (X fluste Y auf dem Z.)
X floosed. (X fluste.)
X was floosed by Y. (X wurde von Y geflust.)

An diesen Beispielen können wir sehen, daß die Konstruktion selbst eine Bedeutung trägt (da das künstliche Verb *floos* eben keine besitzt) und daß sie deshalb eine symbolische Entität mit einer eigenständigen Bedeutung ist, die zumindest eine gewisse Unabhängigkeit gegenüber den beteiligten Wörtern hat.[16]

Es soll noch einmal betont werden, daß auch die Erwachsenensprache nicht völlig abstrakt ist. Vor kurzem durchgeführte psycholinguistische Experimente haben gezeigt, daß sogar Erwachsene oft mit wortbasierten, verbzentrierten Sprachstrukturen operieren. Wenn z.B. das Verb *rauben* verwendet wird, bringen sie Mitspielerkategorien wie »Räuber« zur Anwendung und nicht etwas Abstrakteres wie »Agent« oder »Subjekt«.[17] Das ist nicht überraschend, da Erwachsene sich immer noch bei einem großen Teil ihrer kognitiven Verarbeitung auf die konkreten Wörter und Strukturen verlassen, die in einem bestimmten Sinn die Substanz der abstrakten Kategorien und Schemata ausmachen, selbst wenn sie in einem kognitiven Bereich über abstrakte Kategorien und Schemata verfügen.[18] Deshalb läßt sich die allge-

16 Goldberg, 1995.

17 Siehe z.B. Trueswell, Tanenhaus und Kello, 1993; McCrae, Feretti und Amyote, 1997.

18 Barsalou, 1992.

meine Behauptung aufstellen, daß kleine Kinder mit Sprachkonstruktionen beginnen, die auf bestimmten sprachlichen Einzelheiten beruhen, und nur allmählich abstraktere Konstruktionen bilden, die dann zu symbolischen Gebilden werden können, welche eine zusätzliche Ebene sprachlicher Kompetenz ausmachen.

Erzählungen

Kinder nehmen gewöhnlich auch komplexe Sprachkonstruktionen in der Rede wahr, in denen mehrere einfache Ereignisse oder Sachverhalte zu einer komplexen Erzählung zusammengeschlossen sind. Dabei bleiben typischerweise einer oder mehrere Mitspieler über verschiedene Ereignisse hinweg gleich, und kausale oder intentionale Verbindungen geben der gesamten Abfolge die rationale Kohärenz, die eine »Geschichte« von einer zufälligen Folge von Ereignissen unterscheidet. Wie Kinder das lernen – wie sie lernen, dieselben Mitspieler über mehrere Ereignisse und Rollen zu verfolgen und die verschiedenen »kleinen Wörter« zu verstehen und zu gebrauchen, die diese Ereignisse und Rollen miteinander verbinden (*deshalb*, *weil*, *und*, *aber*, *da*, *jedoch*, *trotz* etc.), so daß daraus eine Geschichte wird –, das ist ein Vorgang, den wir noch nicht gut verstehen.[19]

Das Lernen von Sprachkonstruktionen

Menschenkinder sind in vielerlei Hinsicht auf den Erwerb einer natürlichen Sprache biologisch vorbereitet, d. h. durch grundlegende kognitive, sozio-kognitive und stimmlich-auditive Fertigkeiten. Trotzdem – auch dann, wenn Kinder über eine angeborene Universalgrammatik verfügten, die auf alle Sprachen der Welt gleich anwendbar ist – müssen sie die besonderen Sprachkonstruktionen, sowohl konkrete als auch abstrakte, ihrer jeweiligen Sprachen lernen. Am wichtigsten sind dabei folgende drei

19 Siehe Nelson, 1989; 1996; Berman und Slobin, 1995, zu interessanten Analysen und Diskussionen.

Prozesse: kulturelles Lernen, Rede und Gespräch, sowie Abstraktion und Schematisierung.

Kulturelles Lernen

Im Grunde ist der Vorgang, durch den das Kind eine konkrete Sprachkonstruktion lernt, die aus spezifischen sprachlichen Einheiten besteht, derselbe wie jener, durch den es Wörter lernt: Es muß verstehen, auf welche Aspekte der Szene gemeinsamer Aufmerksamkeit es nach dem Willen des Erwachsenen achten soll, wenn er diese Sprachkonstruktion verwendet, und dann diese Konstruktion für diese Kommunikationsfunktion kulturell (durch Imitation) lernen. Es gibt natürlich auch manche Unterschiede, die sich aus der inneren Komplexität und später aus der Abstraktheit von Sprachkonstruktionen ergeben. Ich werde diese zusätzlichen Probleme jedoch den nächsten beiden Unterabschnitten vorbehalten und mich im Augenblick nur auf das Lernen der Verbinselkonstruktionen als konkreter symbolischer Einheiten konzentrieren.

Für die Theorie kommt es darauf an, daß das Kind am Anfang Konstruktionen aus konkreten Wörtern, d. h. Verbinselkonstruktionen, und nicht aus abstrakten Kategorien lernt, weshalb allgemeine Prozesse kulturellen Lernens ausreichen, um den Erwerbsprozeß zu erklären (mit einer Ausnahme; siehe unten). Dieser Punkt wird durch eine Reihe kürzlich durchgeführter Experimente veranschaulicht, in denen meine Kollegen und ich kleine Kinder neue Verben auf sorgfältig kontrollierte Weise gelehrt haben. In allen Fällen lehrten wir sie ein neues Verb in genau einer Sprachkonstruktion und versuchten dann, sie dazu zu bringen, es auch in anderen Konstruktionen zu verwenden. Wir taten das, indem wir Leitfragen stellten. Das Kind hat z. B. gesehen, wie Ernie etwas mit einem Ball tat und hörte uns sagen »Der Ball wird von Ernie gedackt« (eine Passivkonstruktion). Wir fragten dann »Was macht Ernie?«, worauf die Antwort normalerweise wäre »Er dackt den Ball« (eine aktive, transitive Konstruktion). Wir fanden jedoch, daß Kinder, die jünger als drei bis dreieinhalb Jahre alt sind, nur sehr schwer dazu gebracht werden können, diese neuen Verben auf irgendeine andere Weise zu gebrauchen als so, wie sie sie gehört hatten.[20] Außerdem haben wir Kontrollverfahren durchgeführt, um andere Erklärungen für den Konservatismus der Kinder auszuschließen, die Probleme mit nichtsprachlichen »Performanzfaktoren« und dergleichen betreffen. Interessanterweise – und darin besteht die eine Ausnahme für das Imitationslernen als Erklärung für den Erwerb von Sprachkonstruktionen – sind dieselben Kinder bei Gegenstandsbezeichnungen überhaupt nicht so konservativ. Gleichgültig in welcher Konstruktion sie ein Nomen hören, verwenden Kinder, die lernen, daß ein bestimmter Gegenstand *Wug* genannt wird, dieses Nomen auf alle möglichen produktiven Arten in ihren schon bestehenden Verbinselkonstruktionen.[21] Dadurch wird noch einmal demonstriert, daß Verbinselkonstruktionen relativ offene Anschlußstellen für ihre Mitspieler haben (die typischerweise durch eine Gegenstandsbezeichnung angezeigt werden).

Insgesamt zeigen diese Untersuchungen folgendes: Während kleine Kinder schon sehr früh in ihrer Sprachentwicklung in der Lage sind, eine Kategorie für Gegenstandsnamen zu bilden (die so etwas wie einem »Nomen« entspricht), lernen sie im Grunde dieselben Wörter durch Imitation nur so, wie der Erwachsene sie verwendet, falls es sich um die zentrale relationale Struktur einer Äußerung handelt, d. h. worauf sich die Äußerung von einem intentionalen Standpunkt aus bezieht. Das bedeutet, sie lernen eine Verbinselkonstruktion, die aus bestimmten Wörtern besteht, welche die relationale Struktur der Äußerung mit bestimmten offenen Anschlußstellen für Mitspieler bzw. Nomina anzeigen. Nahezu die ganze Kreativität, die kleine Kinder in ihrer frühen Sprache zeigen, z. B. Braines berühmtes »Allgone sticky« (etwa »Weg mit dem klebrigen Zeug«)[22], leitet sich davon ab, daß Kinder neues und anderes sprachliches Material in die

20 Akhtar und Tomasello, 1997; Tomasello und Brooks, 1998; Brooks und Tomasello, 1999; siehe auch die Übersichten bei Tomasello und Brooks, 1999; Tomasello, 1999.

21 Tomasello, Akhtar et al., 1997.

22 Braine, 1963.

Anschlußstellen für Mitspieler bzw. Nomina bei Verbinselkonstruktionen einsetzen. Um es zu wiederholen: Obwohl Kinder in ihrem Sprachgebrauch später kreativer sind, lernen sie, über die relationale oder die Ereignisstruktur ihrer Lebenssituationen genau in derselben Weise zu sprechen, wie sie Erwachsene darüber sprechen hören, indem sie genau dieselben Wörter und Sprachkonstruktionen verwenden. Das ist kulturelles Lernen, d. h. reines Imitationslernen.

Rede und funktionsbasierte Distributionsanalyse

Trotz der grundlegenden Ähnlichkeit des kulturellen Lernprozesses für Wörter und Verbinselkonstruktionen gibt es natürlich einen wichtigen Unterschied, der mit der inneren Komplexität der Konstruktionen zu tun hat. Um eine größere Sprachkonstruktion wirklich zu verstehen, muß das Kind einsehen, daß die Äußerung des Erwachsenen, nicht nur als ganze eine kommunikative Absicht ausdrückt, sondern auch isolierbare symbolische Bestandteile enthält, von denen jeder eine besondere Rolle für diese kommunikative Absicht spielt. Anders gesagt, das Kind muß lernen, daß die verschiedenen sprachlichen Symbole einer komplexen Äußerung die Szene der Referenz in isolierbare, wahrnehmbare oder begriffliche Bestandteile zerlegen, und daß diese beiden Mengen von Bestandteilen, die symbolischen und die referentiellen, einander auf geeignete Weise zugeordnet werden müssen. Das scheint ein sehr komplexer Vorgang zu sein, aber in Wirklichkeit muß das Kind dasselbe auch beim Lernen einzelner Wörter tun. Denn selbst in diesem Fall muß es sowohl das zu lernende Wort als auch den zu lernenden Referenten isolieren, die jeweils in eine eigene Menge komplexer Elemente eingebettet sind. Beispielsweise haben manche Kinder in den Untersuchungen zum Wortlernen von Tomasello et al., die in Kapitel 4 beschrieben wurden, die übergeordnete kommunikative Absicht des Erwachsenen alleine aus dem nichtsprachlichen Kontext des Suchspiels verstanden, als dieser sagte »Wir wollen das Toma suchen gehen«. Dabei war das einzige symbolische Element, das sich von den umgebenden Symbolen klar unterschied, das Wort

Toma, und das einzige referentielle Element, das sich von der umgebenden Wahrnehmungsmannigfaltigkeit eindeutig unterschied, war der gesuchte Gegenstand. Das Verstehen der gesamten Äußerung *Wir wollen das Toma suchen gehen*, d.h. das Verstehen der kommunikativen Absicht des Erwachsenen und des Beitrags, das jedes sprachliche Element oder jeder Komplex von Elementen zu dieser kommunikativen Absicht leistet, ist nur eine Fortführung dieses Prozesses.

Diese Fortführung hängt vor allem von der interaktiven Rede des Kindes mit anderen Personen ab, wobei verschiedene Äußerungsbestandteile auf verschiedene Weise hervorgehoben werden. Am wichtigsten ist, daß (a) das Kind häufig schon einige der geäußerten Wörter kennt und (b) es häufig an der vorangehenden Rede des Erwachsenen anknüpfen kann. Wenn z.B. ein Erwachsener zu einem amerikanischen Dreijährigen sagen würde »Ernie dackt Bert«, während die beiden einer neuartigen Handlung zuschauen, würde das Kind sehr wahrscheinlich wissen, daß *dackt* die neuartige Handlung bezeichnet, weil es aus vergangenen Erfahrungen wüßte, daß der Erwachsene auf die auffällige Aktivität im Vordergrund referieren würde und daß die Wörter *Ernie* und *Bert* die vertrauten Mitspieler bei dieser Aktivität bezeichnen.[23]

Außerdem spielt die abwechselnde Rede zwischen Kind und Erwachsenem auch sehr wahrscheinlich eine Schlüsselrolle dafür, wie Kinder sich die kommunikative Funktion verschiedener sprachlicher Bestandteile in größeren Sprachkonstruktionen klarmachen.[24] Während es mit einem Erwachsenen spricht, kann das Kind häufig die verschiedenen Rollen erkennen, die von verschiedenen Bestandteilen gespielt werden, wenn die Rede zwischen beiden hin- und hergeht. Dabei können Bestandteile der letzten Äußerung des Gesprächspartners wiederholt werden, wenn neue Bestandteile eingeführt werden sollen, wie z.B. in:

KIND: Auf dem Stuhl.
ERWACHSENER: Gut, wir werden es auf dem Stuhl knirchen.

In diesem Beispiel kennt das Kind wahrscheinlich die übergeord-

23 Fisher, 1996.
24 K. E. Nelson, 1986.

nete kommunikative Absicht des Erwachsenen und die kommunikative Rolle jenes Teils der Äußerung des Erwachsenen, der seine eigene wiederholt, wodurch es ihm leichter fallen sollte, die Rolle der neuen Wörter zu isolieren, die es noch nicht kennt. Auf ähnliche Weise erzeugen der Erwachsene und das Kind manchmal sogenannte vertikale Strukturen, in denen sie über den Wechsel der Rede hinweg eine einzige Konstruktion aufbauen,[25] wie z. B. in:

KIND: Ich werde es zerschlagen.
ERWACHSENER: ... mit dem Gruntel.

Auch diese Arten von Abfolgen dürften Kindern dabei helfen, Äußerungen in ihre Bestandteile zu zerlegen und zu bestimmen, welche Rolle sie bei der Kommunikation spielen.

Der allgemeine, hier verwendete theoretische Ansatz ist das, was Tomasello funktionsbasierte Distributionsanalyse genannt hat: Um die kommunikative Bedeutung einer sprachlichen Struktur beliebiger Art zu verstehen, muß das Kind den Beitrag bestimmen, den diese Struktur zu der kommunikativen Absicht des Erwachsenen als ganzer leistet.[26] Abbildung 5.2 gibt eine sehr vereinfachte Darstellung des Prozesses. Es ist zu beachten, daß dieser Prozeß ebensogut auf das Lernen von Wörtern wie auf das Lernen größerer Sprachkonstruktionen oder auf andere sprachliche Einheiten anwendbar ist, obwohl einzelne Aspekte des Prozesses in den verschiedenen Fällen von besonderer Bedeutung sind. Es ist ebenfalls zu beachten, daß dieser Prozeß in keiner Weise mit Prozessen des kulturellen Lernens in Konflikt steht oder mit ihnen konkurriert; die einzige Frage besteht darin, welche Einheiten die Kinder durch Imitation lernen und wie sie es schaffen, diese Einheiten zu isolieren, so daß sie ihre konventionelle Verwendung durch Imitation lernen können. Kulturelles Lernen beinhaltet beim Spracherwerb immer das Erlernen des Gebrauchs einer symbolischen Form in ihrer konventionellen kommunikativen Funktion. Allerdings ist das Verstehen der umgebenden Rede, in die eine sprachliche Form eingebettet ist, fast

25 Scollon, 1973.
26 Tomasello, 1992b.

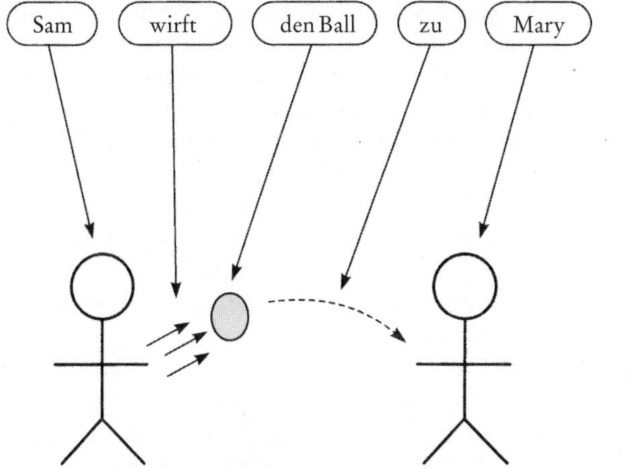

Abbildung 5.2 Stark vereinfachte Darstellung einer Szene der Referenz und der darauf bezogenen Sprache nach einer funktional basierten Distributionsanalyse, durch die das Kind die kommunikative Funktion jedes sprachlichen Elements versteht.

immer ein wesentlicher Aspekt des Verstehens ihrer kommunikativen Funktion.

Abstraktion und Schematisierung

Es ist nur sehr wenig darüber bekannt, wie kleine Kinder von verschiedenen Verbinselkonstruktionen abstrahieren bzw. wie sie diese schematisieren und abstraktere, produktive und solche Konstruktionen hervorbringen, die denen der Erwachsenen ähnlich sind. Eine Hypothese besagt, daß sie ein sprachliches Konstruktionsschema einfach auf dieselbe Weise bilden, wie sie Ereignisschemata bei der nichtsprachlichen Kognition bilden.[27] So haben jüngere Untersuchungen gezeigt, daß kleine Kinder Ereignisfolgen besser erinnern, wenn die Mitspieler bei verschiedenen Darstellungen der Ereignisse variieren.[28] Das würde der Bil-

27 Siehe z. B. die Untersuchungen von Nelson, 1986; 1996.
28 Bauer und Fivush, 1992.

dung von Verbinselschemata aufgrund verschiedener Instanzen z. B. eines Kickens entsprechen, an denen jeweils verschiedene Personen beteiligt sind. Möglicherweise bilden Kinder allgemeinere Schemata einfach dadurch, daß sie verschiedene Typen von Ereignissen auf dieselbe Weise schematisieren, so daß viele Instanzen von *X kickt Y*, *X liebt Y* und *X findet Y* etc. auf einer höheren Organisationsebene als Instanzen eines noch allgemeineren Schemas aufgefaßt werden.[29] Vermutlich gibt es eine »kritische Masse« verschiedener Verbinselschemata, die auf diese Weise kategorisiert werden müssen, damit der Prozeß in Gang kommt.[30]

Offenbar ist das Alter, in dem Kinder eine abstrakte Konstruktion beherrschen, eine Funktion mehrerer Faktoren. Zum einen hängt es von den sozio-kognitiven Fertigkeiten ab, die am Verstehen des kommunikativen Zwecks der Konstruktion beteiligt sind. Zum anderen spielen kognitive und stimmlich-auditive Fertigkeiten eine Rolle, die in die Beherrschung der symbolischen Form der Konstruktion eingehen (ihre Länge und Komplexität, die Auffälligkeit und Konsistenz ihrer syntaktischen Symbole etc.). Wahrscheinlich kommt es auch auf die Anzahl und Konsistenz der Verbinselkonstruktionen an, über die generalisiert werden muß. Sobald jedoch Kinder mit der Bildung einer abstrakten Konstruktion begonnen haben, entsteht das Problem der Übergeneralisierung wie bei jeder Kategorisierung und Schematisierung. Um die Konstruktionen der Erwachsenen so zu gebrauchen, wie diese es tun, müssen Kinder geeignete Generalisierungen vornehmen, und zwar nicht nur im Hinblick darauf, welche Verben in bestimmten Konstruktionen vorkommen können, sondern auch darauf, welche es nicht können (z. B. sagen wir nicht »Sie stiftete ihm das Buch«).[31] Welchen Beschränkungen verschiedene Konstruktionen unterliegen und wie Kinder diese erlernen, verstehen wir zwar noch nicht gut. Allem Anschein nach müssen Kinder jedoch drei Jahre oder älter sein,

29 Siehe Gentner und Markman, 1997, über Analogien und Strukturabbildungen.

30 Marchman und Bates, 1994.

31 Pinker, 1989.

bevor sie mit Übergeneralisierungen bei ihren neu gebildeten Konstruktionen auf der Satzebene anfangen (z. B. »Kichere mich nicht« als Beispiel für den nicht-konventionellen Gebrauch eines intransitiven Verbs in einer transitiven Konstruktion).[32] Erst mit vier bis viereinhalb Jahren schränken sie ihre Verwendung dieser produktiven Konstruktionen ähnlich wie die Erwachsenen ein, so daß Übergeneralisierungsfehler dieser Art vermieden werden.[33] Die Abstraktheit ganzer Sprachkonstruktionen auf der Satzebene kann somit als ein U-förmiges Entwicklungsmuster angesehen werden, das dem bekannten englischen Past-Tense-Muster ähnlich ist: Kinder lernen Konstruktionen, die auf bestimmten Einheiten beruhen; sie generalisieren über diese Konstruktionen, und zwar manchmal bis zur Übergeneralisierung; und schließlich schrauben sie diese Generalisierungen durch verschiedene Prozesse auf ihr konventionelles Maß zurück.

Es ist interessant und wichtig zu bemerken, daß Kategorisierungs- und Schematisierungsprozesse von der individuellen Linie der kognitiven Entwicklung herstammen, da es sich dabei um Dinge handelt, die das Kind für sich tut. Was es kategorisiert und schematisiert, kommt natürlich direkt aus dem kulturellen Bestand sprachlicher Symbole und Konstruktionen, die in der Kultur gebildet und über viele Generationen aufbewahrt wurden. Das Kind nimmt jedoch abstrakte Sprachkonstruktionen nicht direkt wahr; es hört nur konkrete Äußerungen und muß die Abstraktionen selbst leisten. Der Spracherwerb ist daher ein Schlüsselschauplatz, auf dem wir das komplexe Wechselspiel zwischen den individuellen und kulturellen Linien der kognitiven Entwicklung beobachten können, insofern Kinder einerseits für sich abstrakte Sprachkonstruktionen bilden, andererseits jedoch die konventionellen symbolischen Artefakte (Konstruktionen) einer Kultur verwenden, die sie in ihren gesellschaftlichen Gruppen vorfinden.

32 Bowerman, 1982.

33 Siehe die Übersicht bei Tomasello, 1999b.

Sprachliche Kognition

Wenn wir die Sprache als etwas ansehen würden, das von der Kognition getrennt ist, könnten wir nun die Frage stellen, wie der Spracherwerb die Kognition »beeinflußt«, wie er von ihr »beeinflußt wird« oder mit ihr »interagiert«. Mein eigener Standpunkt ist jedoch, daß Sprache einfach eine Form der Kognition ist. Es handelt sich um Kognition, die an den Zwecken der zwischenmenschlichen Kommunikation ausgerichtet ist.[34] Menschen wollen Erfahrungen miteinander austauschen und haben so mit der Zeit symbolische Konventionen für diesen Zweck geschaffen. Der Erwerbsprozeß dieser symbolischen Konventionen führt Menschen dazu, sich Dinge begrifflich so vorzustellen, wie sie es ohne Sprache nicht tun würden – Slobin nennt das »Denken anstelle des Sprechens«.[35] Denn menschliche symbolische Kommunikation erfordert spezifische Formen der begrifflichen Vorstellung, wenn sie wirklich funktionieren soll. Ich würde es also vorziehen, einfach von sprachlicher Kognition zu sprechen, insbesondere von drei Formen sprachlicher Kognition: die Gliederung von Szenen der Referenz in Ereignisse (oder Zustände) und ihre Mitspieler, das Einnehmen einer Perspektive auf Szenen der Referenz und die Kategorisierung solcher Szenen.

Ereignisse und Mitspieler

Das in kognitiver Hinsicht bedeutsamste Ergebnis des Erwerbs einer natürlichen Sprache besteht wahrscheinlich darin, daß der Sprachbenutzer seine Welt in diskrete Einheiten gliedert, die unter bestimmte Arten fallen. Dieser Gliederungsprozeß erzeugt natürlich kein neues begriffliches Material, aber er dient dazu, das verfügbare Material auf besondere Weisen zu bündeln, was nicht notwendig wäre, wenn das Individuum nicht sprachlich kommunizierte. Vorausgesetzt daß die Hauptfunktion der Sprache darin besteht, die Aufmerksamkeit anderer zu beeinflussen, d.h.

34 Langacker, 1987a; 1991.

35 Slobin, 1991.

sie dazu zu bringen, eine bestimmte Perspektive einem Phänomen gegenüber einzunehmen, können wir sprachliche Symbole und Konstruktionen einfach als symbolische Artefakte auffassen, die die Vorfahren eines Kindes ihm zu diesem Zweck hinterlassen haben. Wenn das Kind den Gebrauch dieser symbolischen Artefakte lernt und so die dahinter stehenden Perspektiven verinnerlicht, gelangt es dazu, die Welt begrifflich so aufzufassen, wie es die Schöpfer der Artefakte taten.

Die grundlegendste kognitive Unterscheidung, die man in natürlichen Sprachen findet, ist die Unterscheidung zwischen Ereignissen (oder Sachverhalten) und ihren Mitspielern. Dieser Unterschied hat mehrere Determinanten und manifestiert sich in verschiedenen Sprachen auf verschiedene Weise. Die wichtigsten Determinanten sind (a) die kognitive Unterscheidung zwischen »dingartigen« und »prozeßartigen« Phänomenen[36] und (b) die kommunikative Unterscheidung zwischen »Redegegenstand« – worüber wir reden – und »Redefokus« – was wir darüber sagen.[37] So haben manche Sprachen zwei verschiedene Arten von Wörtern, von denen jedes typischerweise nur für jeweils eine Art dieser Elemente verwendet wird – meistens werden diese Wörter Nomina und Verben genannt. Andere Sprachen haben dagegen ein Inventar von Wörtern, von denen jedes für beide Arten von Elementen in gleicher Weise verwendet werden kann, und zwar in Abhängigkeit vom sprachlichen Kontext, in dem es verwendet wird. Beispiele dafür sind die englischen Wörter *brush* (Bürste, bürsten), *kiss* (Kuß, küssen), *call* (Anruf, anrufen), *drink* (Getränk, trinken), *help* (Hilfe, helfen), *hammer* (Hammer, hämmern), *hug* (Umarmung, umarmen), *walk* (Spaziergang, spazierengehen).

Wie oben schon beschrieben, beginnen kleine Kinder ihre sprachliche Laufbahn, indem sie Holophrasen zum Ausdruck ihrer kommunikativen Absichten verwenden. Schon bald fangen sie aber an, komplexere Dinge zu tun. Insbesondere lernen sie im Laufe ihrer Entwicklung folgendes:

36 Langacker, 1987b.

37 Hopper und Thompson, 1984.

- die Verwendung von Wortkombinationen, in denen sie ihre kommunikative Absicht in verschiedene Elemente zerlegen, die meistens einem Wort für ein Ereignis oder einen Sachverhalt auf der einen Seite und einem Mitspieler auf der anderen Seite entsprechen (z.B. ___ *weg*, *werfen* ___, *mehr* ___);
- der Gebrauch von Verbinselkonstruktionen, in denen sie die Rollenmitspieler in den jeweiligen Ereignissen oder Sachverhalten symbolisch anzeigen, und zwar meistens durch Wortstellung oder Kasusmarkierungen. Das tun sie jedoch nur bei bestimmten Verben; und
- die Kategorisierung oder Schematisierung von Verbinselschemata auf abstraktere Sprachkonstruktionen hin, wodurch produktive sprachliche Generalisierungen möglich werden.

Kleine Kinder zergliedern zunächst die Szenen ihrer Erfahrung auf verschiedene Arten, und zwar auf der Grundlage ihres Erwerbs und Gebrauchs der Sprachkonstruktionen, die eine natürliche Sprache ausmachen. Dann kategorisieren und schematisieren sie diese Gliederungen selbst wieder, und zwar anhand ihrer eigenen, individuellen kognitiven Fertigkeiten, mit denen sie Muster in ihrer Erfahrung erkennen. Eine Zusammenfassung dieser Abfolge ist in Tabelle 5.1 dargestellt.

Obwohl andere Tierarten wahrscheinlich sowohl Gegenstände als auch Ereignisse wahrnehmen, haben sie keinen Anlaß, ein Ereignis und seine Mitspieler (wobei jeder eine eindeutige Rolle besitzt) als eine zusammenhängende kognitive Einheit zu begreifen oder darüber zu kommunizieren. Menschen tun das ebenfalls nicht, wenn sie direkt mit der Welt interagieren, wie z.B. beim Herstellen und Gebrauch von Werkzeugen. Wenn sie jedoch miteinander sprachlich kommunizieren, gliedern Menschen die Welt in Ereignisse oder Zustände und ihre Mitspieler, die bestimmte Rollen haben. Sie tun das in erster Linie, weil es gute kognitive und kommunikationsbezogene Gründe dafür gibt (siehe oben),[38] und zweitens, weil ihre Vorfahren sich so verhalten haben. Trotzdem ist jeder Mensch, der eine Sprache lernt, damit konfrontiert, wie seine Vorfahren diese Unterscheidung in unzähligen begrifflichen Situationen getroffen haben, und er muß lernen, sie genauso zu treffen, wenn

38 Langacker, 1987b; Hopper und Thompson, 1984.

Ungefähres Alter	Erfahrungsszene	Sprache
9 Monate	Szenen gemeinsamer Aufmerksamkeit	–
14 Monate	Symbolisierte Szenen (undifferenzierte Symbolisierung)	Holophrasen
18 Monate	Gegliederte Szenen (Differenzierung von Ereignis und Mitspieler)	Angelpunktartige Konstruktionen
22 Monate	Syntaktische Szenen (Symbolische Markierung der Mitspieler)	Verbinsel-konstruktionen
36 Monate	Kategorisierte Szenen	Unbeschränkte Verbkonstruktio-
nen	(Generalisierte symbolische Markierung der Mitspieler-Rollen)	

Tabelle 5.1 Die begriffliche Gliederung und Kategorisierung von Erfahrungsszenen bei kleinen Kindern, veranlaßt durch den Erwerb einer natürlichen Sprache.

er mit seinen Gruppenangehörigen erfolgreich kommunizieren will.

Perspektivenübernahme

Jedes Sprechereignis ist anders, und deshalb muß der Sprecher bei jeder einzelnen Sprachverwendung eine Möglichkeit finden, die Szene der Referenz, über die er spricht, in der jeweiligen Szene gemeinsamer Aufmerksamkeit zu »verankern«, die er mit seinem Gesprächspartner teilt. Anders gesagt, der Sprecher muß solche symbolischen Ausdrucksmittel wählen, die dem besonderen Kommunikationskontext angemessen sind, einschließlich des Wissens, der Erwartungen und der Perspektive seines Gesprächspartners. Das gilt für die Art und Weise, wie Sprecher ihrem

Gesprächspartner gegenüber sowohl die Mitspieler als auch das Ereignis bezeichnen, und es gilt für die Perspektive, die ein Sprecher auf eine Szene als ganze einnimmt.

Zunächst haben Menschen, wenn sie jemandem gegenüber einen bestimmten Gegenstand bezeichnen wollen, eine Reihe von Wahlmöglichkeiten. So können sie z. B. Eigennamen (*Bill Clinton*), Gattungsnamen (*der Präsident*) und Pronomina (*er*) verwenden, und zwar in Abhängigkeit von ihrer Einschätzung dessen, was der Hörer in der jeweiligen Situation an Information braucht (d. h. in Abhängigkeit von ihrem Urteil darüber, was in der gegenwärtigen Szene gemeinsamer Aufmerksamkeit zum gemeinsamen Wissen gehört und was nicht).

Eigennamen sind individuelle Bezeichnungen und werden verwendet, wenn Sprecher und Hörer die betreffende Person mit Namen kennen. Gattungsnamen sind ihrem Wesen nach kategorisierend und müssen daher zusammen mit anderen sprachlichen Symbolen verwendet werden, um das intendierte Individuum zu identifizieren. Beispielsweise werden besondere Symbole, nämlich sogenannte Determinatoren, verwendet, wenn der Sprecher annehmen kann, daß der Hörer in der Lage ist, das bezeichnete Individuum anhand eines einzigen Gattungsnamens zu identifizieren (z. B., *das X*, *jenes Y*, *dieses Z*). Komplexe Konstruktionen, wie näher bestimmte Nominalphrasen (*das blaue Auto*) oder Relativsätze (*die Katze, die du gestern gefunden hast*), werden verwendet, wenn der Sprecher feststellt, daß der Hörer mehr Informationen braucht, um das intendierte Individuum zu identifizieren. Pronomina werden verwendet, wenn beide Personen genau wissen, worauf in der Szene gemeinsamer Aufmerksamkeit referiert wird. Auf ähnliche Weise muß der Sprecher häufig ein bestimmtes Ereignis gegenüber dem Hörer identifizieren und es aus dem kontinuierlichen Fluß der Erfahrung hervorheben. Ohne irgendwelche anderen Informationen wissen wir z. B., daß *Er kickte ihn* ein anderes Ereignis bezeichnet als *Er wird ihn kicken* (wenn wir annehmen, daß der Sprecher und die Zeit der Äußerung gleich bleiben). In Langackers Modell erscheint die Szene gemeinsamer Aufmerksamkeit (das fortlaufende Sprechereignis) als Mittelpunkt, von dem aus jedes besondere Ereignis als vergangen, gegenwärtig oder zukünftig bestimmt werden kann. In manchen Fällen findet eine solche Bestimmung relativ zu einer vorgestellten Zeit statt, wie z.B. bei einem Ereignis, das ich erhoffe.

Auf der Ebene ganzer Äußerungen verankern Sprecher ihre Rede in der gegenwärtigen Szene gemeinsamer Aufmerksamkeit, indem sie das, was sie über die Szene der Referenz sagen, an das Wissen, die Erwartungen und den gegenwärtigen Fokus der Aufmerksamkeit des Hörers im jeweiligen Augenblick anpassen. Ein Beispiel soll das verdeutlichen. Stellen wir uns eine Szene vor, in der eine Person namens Fred einen Stein auf ein Fenster wirft, das dabei zu Bruch geht. Auf der Äußerungsebene können wir viele verschiedene Konstruktionen verwenden, um verschiedene Aspekte des Ereignisses hervorzuheben oder in den Hintergrund zu rücken und um verschiedene Perspektiven auf alle diese Aspekte einzunehmen. Wir könnten die Möglichkeiten endlos vervielfachen, indem wir verschiedene Verben und Nomina verwenden (*zerbrochen*, *mutwillig zerstört*, *der Mann*, *der Einbrecher*, *mein Bruder* etc.). In diesem Fall wollen wir uns jedoch auf eine einfache Beschreibung konzentrieren, indem wir als wichtigste Inhaltswörter nur *Fred*, *Stein*, *Fenster* und *zerbrechen* verwenden (und die kommunikative Absicht des Sprechers auf eine einfache Behauptung beschränken).

Fred zerbrach das Fenster.
Der Stein zerbrach das Fenster.
Fred zerbrach das Fenster mit einem Stein.
Das Fenster zerbrach.
Das Fenster wurde zerbrochen.
Das Fenster wurde von einem Stein zerbrochen.
Das Fenster wurde von Fred zerbrochen.
Das Fenster wurde von Fred mit einem Stein zerbrochen.
Es war Fred, der das Fenster zerbrach.
Es war der Stein, der das Fenster zerbrach.
Es war das Fenster, das zerbrach.
Es war das Fenster, das zerbrochen wurde.

Selbst wenn wir dieselben Grundwörter beibehalten – und so die verschiedenen Perspektiven konstant halten, die in den verschiedenen Sätzen ausgedrückt sind –, gibt es immer noch viele Möglichkeiten, um eine einzelne Szene zu beschreiben, indem wir nur wenige grundlegende und verbreitete Sprachkonstruktionen auf der Satzebene verwenden. In allen Fällen wird einer der Mitspieler als der »Mitspieler mit primärem Fokus« (Subjekt) ausgewählt, während die anderen potentiellen Mitspieler entweder als »Mitspieler mit sekundärem Fokus« (direktes Objekt) oder als ergänzende Mitspieler (markiert durch eine Präposition) einbezogen werden oder gar nicht vorkommen. Der Grund, warum ein Sprecher eine dieser Beschreibungen gegenüber einer anderen auswählt, hat mit seiner Einschätzung dessen zu tun, welche von ihnen am besten mit seinen eigenen Kommunikationszielen und mit den Kommunikationsbedürfnissen und Erwartungen des Hörers übereinstimmt. Wenn der Sprecher z. B. vermutet, daß der Hörer glaubt, daß Bill das Fenster zerbrochen hat, kann er den Kopf schütteln und sagen »Es war *Fred*, der das Fenster zerbrochen hat«, oder wenn er denkt, daß der Hörer nur an dem Fenster und dessen Schicksal interessiert ist, ohne ein Interesse an der Ursache des Zerbrechens zu haben, kann er einfach nur sagen »Das Fenster wurde zerbrochen«. So beschreibt Talmy den Gebrauch bestimmter Sprachkonstruktionen als verschiedene Möglichkeiten, die Aufmerksamkeit einzuengen und zu erweitern[39], und Fisher, Gleitman und Gleitman charakterisieren solche Konstruktionen als eine Art »Zoomobjektiv«, das der Sprecher einsetzt, um die Aufmerksamkeit des Hörers auf eine bestimmte Perspektive bezüglich einer Szene zu lenken.[40]

Solche linguistischen Esoterika sind entscheidend, um eine sehr einfache, aber sehr tiefgehende Frage zu beantworten, die lautet: Warum sind menschliche Sprachen so ungeheuer komplex? Die Antwort betrifft vor allem zwei Faktoren. Natürliche Sprachen sind in erster Linie deshalb komplex, weil Menschen über komplexe Ereignisse und Sachverhalte mit mehreren Mitspielern sprechen wollen, die komplexe Beziehungen zueinander haben. Wir müssen auf das Ereignis des Zerbrechens, auf Fred, auf das Fenster und den Stein Bezug nehmen können, und wir

39 Talmy, 1996.

40 Fisher, Gleitman und Gleitman, 1991.

müssen die Rolle, die jeder dieser Mitspieler in dem Ereignis einnimmt, markieren können. Aber wenn das alles wäre, könnten wir einfach sagen *Fred zerbrechen Fenster Stein*. Ein Großteil der zusätzlichen Komplexität ergibt sich aus dem Bedürfnis des Sprechers, die Szene der Referenz in der Szene gemeinsamer Aufmerksamkeit zu verankern, die der Sprecher gegenwärtig mit dem Hörer teilt, d.h. ein Großteil der syntaktischen Komplexität ergibt sich aus pragmatischen Bedingungen der Kommunikation. Das gilt für die Verankerung der Referenz auf bestimmte Mitspieler und Ereignisse in der gegenwärtigen Szene gemeinsamer Aufmerksamkeit (z.B. durch Determinatoren und Tempusmarker) sowie für den Prozeß der Einnahme verschiedener Perspektiven auf Ereignisse, insofern der Sprecher die Beschreibung des Ereignisses für den Hörer um bestimmte Aspekte erweitert oder einengt (z.B. indem er das Fenster, den Stein oder Fred zum primären Fokus der Äußerung macht).

Die geläufigsten und häufigsten Konstruktionen auf der Äußerungsebene liefern vorgefertigte, über einen historischen Zeitraum konventionalisierte Muster, die genau solche Handlungen ermöglichen und daher von Kindern gelernt werden. Sie müssen jedoch außerdem noch die pragmatische Fähigkeit entwikkeln, zwischen diesen verschiedenen Optionen in der jeweiligen Kommunikationssituation effektiv zu wählen. Tatsächlich ist es nicht immer einfach, in einer bestimmten Situation zu entscheiden, ob ein Kind eine Sprachkonstruktion verwendet, weil sie ihm als erste in den Sinn kommt, oder ob es aus einem prinzipiellen, kommunikationsbezogenen Grund eine Sprachkonstruktion aktiv gegenüber einer anderen auswählt. Wie in allen Fällen, in denen die Perspektive des Kindes mit der seines Kommunikationspartners nicht übereinstimmt, ist eine feinfühlige Anpassung an die Perspektive einer anderen Person für kleine Kinder eine bedeutende Entwicklungsleistung, die wahrscheinlich auf ihre Fähigkeit angewiesen ist, den anderen als geistbegabten Akteur mit eigenen Gedanken und Überzeugungen zu verstehen.

Abstrakte Konstruktionen bilden die Grundlage für einen Großteil der sprachlichen Kreativität von Kindern, und jedes Kind muß sie einzeln bilden, wenn es Muster in den Äußerungen erkennt, die es von reifen Sprechern seiner Sprache hört. Dadurch werden abstrakte Sprachkonstruktionen in kognitiver Hinsicht besonders interessant, da sie sowohl auf dem Lernen von kulturell konventionellen Sprachstrukturen beruhen als auch auf den individuellen kognitiven Fertigkeiten der Kategorisierung und Schemabildung, die sich letztlich von ihrem biologischen Erbe als Primaten ableiten. Darüber hinaus führen abstrakte Sprachkonstruktionen zu bestimmten kognitiven Operationen, für die es im Tierreich keine Parallele gibt. Die Interaktion zwischen abstrakten Sprachkonstruktionen und konkreten einzelnen Wörtern erzeugt wirksame neue Möglichkeiten für abgeleitete, analoge und sogar metaphorische Auffassungen von Dingen. Im Deutschen können wir z. B. folgendes tun:

- Eigenschaften und Aktivitäten als Gegenstände ansehen (*Blau ist meine Lieblingsfarbe*; *Skifahren macht Spaß*; *die Entdeckung des Schatzes war ein glücklicher Zufall*);
- Gegenstände und Aktivitäten so verstehen, als ob sie Eigenschaften wären (*Seine piepsige Stimme frappierte mich*; *sein rasierter Schädel lenkte sie ab*; *seine Nixonartigen Manieren stießen mich ab*);
- Gegenstände und Eigenschaften so auffassen, als ob sie Aktivitäten wären (*Sie krönte den Empfang*; *er schwärzte das Papier*; *das Kind zahnte*);
- beliebige Ereignisse und Gegenstände so behandeln, als ob sie andere wären (*die Liebe ist eine Rose*; *das Leben ist eine Reise*; *ein Atom ist ein Sonnensystem*).

Menschen stellen diese Arten von Analogien her, wenn die Ressourcen in ihrem sprachlichen Inventar nicht ausreichen, um den Anforderungen der Kommunikationssituation, einschließlich der Anforderungen des Ausdrucks, Genüge zu tun. Man kann sich nur schwer vorstellen, daß Menschen Handlungen als Gegenstände oder Gegenstände als Handlungen auffassen oder auch nur die rudimentärsten Formen metaphorischen Denkens aufweisen würden, wenn sie nicht aufgrund funktionaler Anforderungen gezwungen wären, konventionelle Mittel der sprachlichen Kommunikation an die jeweiligen Erfordernisse anzupassen. Im gegenwärtigen Kontext ist es von Bedeutung, daß die abstrakten Strukturen, die erzeugt werden, wenn Kinder von stärker verbspezifischen zu verbunabhängigeren Konstruktionen übergehen, sich an begriffliches Material aller Art anpassen, sobald sich ein bestimmtes Kommunikationsbedürfnis ergibt, sogar an Material, das ausdrücklich widersprüchlich ist wie in manchen modernen Gedichten (und in Sätzen wie *Colourless green ideas sleep furiously* (farblose, grüne Vorstellungen schlafen wütend)). Sollte man den Gedanken hegen, diese grammatische Flexibilität sei einfach nur ein bequemes Mittel der Kommunikation ohne anhaltende kognitive Konsequenzen, so hat Wittgenstein einige philosophische Rätsel entlarvt, die durch die Tatsache erzeugt werden, daß Menschen dazu neigen, bei allem, was sprachlich mit Nomina bezeichnet wird, nach Dingen oder Substanzen zu suchen (z. B. ein Gedanke, eine Erwartung, Unendlichkeit, Sprache).[41]

Die Rolle, die Geschichten für die menschliche Kognition spielen, sollte ebenfalls erwähnt werden, wenn auch nur kurz. Bruner hat vor allem dafür argumentiert, daß die Geschichten, die in einer Kultur erzählt werden (oder in einer anderen sozialen Einheit wie der Familie), einen großen Teil ihres Selbstverständnisses ausmachen und deshalb auch die Kognition ihrer einzelnen Mitglieder formen.[42] Beispielsweise zeigen die kanonischen Geschichten einer Kultur über ihre Ursprünge, ihre Helden und Heldinnen, über Schlüsselmomente ihrer Geschichte und sogar über mythologische Ereignisse ihrer Vorgeschichte in ihrer spezifischen Ausformung, was eine Kultur für wichtig hält, was für Erklärungen sie schätzt, was für Geschichten und Gattungen sie als konventionelle geschaffen hat etc. Längere Geschichten dienen also ebenfalls dazu, die sprachliche Kognition des Menschen in Richtungen zu lenken, die sie andernfalls nicht genommen hätte.

41 Wittgenstein, 1980.

42 Bruner, 1986; 1997.

Sprachkonstruktionen sind eine besondere Form sprachlicher Symbole, und das Lernen von ganzen Sprachkonstruktionen – innerlich komplexer sprachlicher Symbole, die historisch konventionalisiert wurden, um auf komplexe, aber wiederkehrende Kommunikationsfunktionen zu reagieren – lenkt Kinder auf Aspekte ihrer Erfahrung, auf die sie ohne Sprache nicht achten würden. Insbesondere ermöglicht es ihnen,

- die Welt in Ereignisse und Mitspieler zu gliedern;
- komplexe Ereignisse von verschiedenen Perspektiven aus zu sehen, die sich mehr oder weniger gut mit der gegenwärtigen Szene gemeinsamer Aufmerksamkeit verknüpfen lassen; und
- abstrakte Konstruktionen zu bilden, anhand deren sie fast jedes Phänomen der Erfahrung in Begriffen jedes anderen verstehen können (Handlungen als Gegenstände, Gegenstände als Handlungen und alle Arten anderer begrifflicher Metaphern).

Der Erwerb einer Sprache führt Kinder also dazu, Ereignisse auf viel komplexere Weisen begrifflich darzustellen, zu kategorisieren und zu schematisieren, als sie es tun würden, wenn sie keine konventionelle Sprache lernten. Diese Arten von Ereignisrepräsentationen und Schematisierungen verleihen der menschlichen Kognition eine große Komplexität und Flexibilität.

Es ist ebenfalls von Bedeutung, daß Kinder beim Erwerb komplexer Sprachkonstruktionen anfänglich in dem Sinne konservativ sind, daß sie die relationale Struktur der Konstruktionen, die sie von erfahrenen Sprachbenutzern lernen, meist genau imitieren (Verbinselkonstruktionen). Die Bedeutung dieser Beobachtung liegt einfach darin, daß die menschliche Anpassung an kulturelles Lernen eine sehr starke Neigung ist. Das gilt auch für den Erwerb komplexer Sprachkonstruktionen, von dem man gemeinhin annahm, daß diese Anpassung nur eine untergeordnete Rolle darin spiele. Vor allem steht diese Tendenz in völliger Übereinstimmung mit der Neigung der Kinder zur Imitation bei (a) Aufgaben, die den Werkzeuggebrauch betreffen – besonders bei Zweijährigen wie in der Untersuchung von Nagell et al. (siehe

Kapitel 2);[43] (b) Aufgaben, die das Lernen von Wörtern betreffen – wieder besonders bei Zweijährigen (die Untersuchungen von Tomasello et al., über die in Kapitel 4 berichtet wurde); und (c) Aufgaben, die die Manipulation von Gegenständen und symbolisches Spiel betreffen – auch hier besonders bei Zweijährigen.[44] Die allgemeine Schlußfolgerung ist demnach, daß kleine Kinder in der Zeit zwischen einem und drei Jahren regelrechte »Imitationsmaschinen« sind, insofern sie sich die kulturellen Fertigkeiten und Verhaltensweisen der erwachsenen Mitglieder ihrer sozialen Gruppen anzueignen versuchen.

Diese Neigung zur Imitation ist natürlich nicht völlig dominierend, da Kinder schon früh in ihrer Entwicklung mit kulturellen Artefakten und sprachlichen Konventionen kreativ umgehen, und gewiß läßt der Einfluß dieser Neigung in der späteren kognitiven Entwicklung auch nach, wenn Kinder mit den Kulturwerkzeugen, die sie zu beherrschen gelernt haben, verschiedene neue Dinge tun. Aber zu Beginn – in der Phase, in der sie damit anfangen, sich die Artefakte und Konventionen ihrer Kultur anzueignen, d. h. zwischen einem und vier Jahren – haben Kinder eine sehr starke Neigung zur Imitation. Bei vielen Problemlösesituationen besteht ihre erste Reaktion in der Imitation des Verhaltens der anderen, genau wie Erwachsene in vielen Situationen auf Imitation zurückgreifen, wenn sie nicht alle erforderlichen Fertigkeiten zu beherrschen gelernt haben oder nicht sicher sind, was sie tun sollen. Eines der interessantesten Probleme bezüglich sprachlicher Symbole und Konstruktionen besteht also darin, daß sie eine spürbare Spannung erzeugen zwischen dem Bedürfnis, »es so wie die Erwachsenen zu machen«, dem Imitationslernen sprachlicher Symbole und Konstruktionen einerseits, und dem Bedürfnis nach Kreativität bei der Anpassung dieser kulturell überkommenen Artefakte an die jeweilige Kommunikationssituation andererseits. Die starke Neigung kleiner Kinder, die Handlungen der anderen zu imitieren, zeigt sich also in ihrer frühen kognitiven Entwicklung immer wieder.

43 Nagell et al., 1993; siehe auch Want und Harris, 1999.

44 Tomasello, Striano und Rochat, 1999; Striano, Tomasello und Rochat, 1999, vgl. den Bericht in Kapitel 3.

Das legt den Schluß nahe, daß es in der Phase der frühen Kindheit weitgehend darum geht, daß die Kinder aufgrund ihrer Beherrschung von Artefakten und Konventionen in eine Welt der Kultur eintreten, die schon vor ihnen da war und deren Bestandteile sie dann in dem Maße kreativ anpassen können, wie ihre Beherrschung dieser Bestandteile voranschreitet.

Der klassische Ansatz bei Fragen der Sprache und Kognition besteht darin, kognitive Fertigkeiten von Menschen zu vergleichen, die verschiedene Sprachen lernen. Ich bin hier jedoch am Kontrast zwischen dem Erwerb einer beliebigen Sprache und dem völligen Mangel einer Sprache interessiert. Die verschiedenen Menschen, die in der modernen Welt eine Sprache nicht auf normale Weise lernen, sind natürlich alle für meine Behauptungen relevant, aber wie ich in Kapitel 4 ausgeführt habe, stellt keiner von ihnen einen wirklich überzeugenden Fall eines Wesens ohne Sprache und viel weniger noch eines Wesens ohne Kultur dar. Außerdem scheint es empirisch so zu sein, daß verschiedene Substitute und Variationen sprachlicher Symbole, wie z. B. manuelle Zeichensprachen, bei der Lenkung der Aufmerksamkeit und der Kognition alle genauso wirksam wie die Sprache sind, wenn sie, wie natürliche Sprachen, auf intersubjektiv gemeinsamen und perspektivischen, konventionellen Symbolen beruhen.

6
Rede und repräsentationale Neubeschreibung

Jede Äußerung ist ein Glied in einer sehr komplex organisierten Kette von Äußerungen.
Michail Bachtin

In groben Umrissen ist nahezu alles, was ich bisher besprochen habe, für alle Säuglinge und Kleinkinder der Erde universal: Sie identifizieren sich mit anderen Personen; nehmen andere als intentionale Akteure wie sich selbst wahr; nehmen mit anderen an Aktivitäten gemeinsamer Aufmerksamkeit teil; verstehen viele der kausalen Beziehungen, die zwischen physischen Gegenständen und Ereignissen in der Welt bestehen; erkennen die kommunikativen Absichten, die andere Personen durch Gesten, sprachliche Symbole und Sprachkonstruktionen ausdrücken; lernen anhand von Imitation durch Rollentausch, anderen gegenüber dieselben Gesten, Symbole und Konstruktionen hervorzubringen; und bilden sprachlich basierte Gegenstandskategorien und Ereignisschemata. Diese kognitiven Fähigkeiten versetzen Kleinkinder in die Lage, sich an der kulturellen Entwicklungslinie entlang zu bewegen, d. h. die Fertigkeiten, Praktiken und Wissensbereiche ihrer jeweiligen sozialen Gruppen kulturell zu lernen (sich anzueignen, zu erwerben). Selbst wenn Kinder sich auf diesen kulturell spezifischen Entwicklungspfaden während der frühen Kindheit und danach fortbewegen, gibt es trotzdem immer noch bestimmte Entwicklungsprozesse und sogar bestimmte Meilensteine auf dem Weg, die universal sind. Wenn man Kinder während dieser späteren Entwicklungsphasen betrachtet, besteht also die Herausforderung darin, sowohl die kulturspezifischen als auch die kulturell universalen Aspekte der kognitiven Ontogenese des Menschen zu erklären.

Die kulturspezifischen Aspekte menschlicher Kognition werden von Theoretikern aller Schattierungen im Grunde auf dieselbe Weise erklärt: Kinder lernen das, womit sie täglich in Berührung kommen, und in verschiedenen Kulturen sind das unterschiedliche Dinge. Es spielt keine Rolle, ob es sich bei den Theoretikern um Kulturpsychologen handelt, die an Prozessen kultureller Interaktion interessiert sind, oder um eher individualistische Theoretiker, die sich auf individuelles Problemlösen konzentrieren (z. B. Neu-Piagetianer oder Neonativisten). Um zu erklären, wie Kinder etwas über Dinosaurier, griechische Geschichte, ihre Vorfahren oder das Weben von Teppichen lernen, gibt es tatsächlich keine Alternative dazu, daß das einzelne Kind sich innerhalb eines bestimmten sozialen und physischen Kontexts Wissen aneignet. Wenn wir es jedoch mit kulturell universalen Fertigkeiten und Wissen zu tun haben, treten theoretische Schwierigkeiten auf. Die Auseinandersetzung über die universalen Aspekte der kognitiven Entwicklung des Menschen wird gegenwärtig von individualistischen Theoretikern dominiert, von denen die meisten ein starkes Interesse an der Frage haben, bis zu welchem Grad verschiedene kognitive Fertigkeiten und Wissensbereiche »angeboren« und/oder »modular« sind.[1] Bei keinem dieser individualistischen Ansätze spielen soziale und kulturelle Prozesse für grundlegende und universale kognitive Strukturen eine Rolle. Solche Prozesse gehen nicht darüber hinaus, das Kind/den Wissenschaftler/die Maschine innerhalb verschiedener Wissensbereiche mit verschiedenen Arten von »Inputs« oder »Daten« zu versorgen. Kulturpsychologen haben im Gegensatz dazu ein großes Interesse an sozialen und kulturellen Prozessen während der kognitiven Entwicklung des Kindes. Schließlich zeichnet dieses Interesse ja den kulturpsychologischen Ansatz aus. Zum größten Teil haben sie sich jedoch so sehr auf kulturspezifische Aspekte der kognitiven Entwicklung konzentriert, daß sie die Rolle sozialer und kultureller Prozesse bei der Ontogenese der grundlegendsten und universalen Aspekte menschlicher Kognition nahezu ignoriert haben.

Mein eigener Standpunkt ist, daß soziale und kulturelle Prozesse, die man in allen Kulturen findet, ein wesentlicher Bestandteil der normalen ontogenetischen Entwicklungspfade der grundlegendsten kognitiven Fertigkeiten des Menschen sind, be-

1 Siehe z. B. Hirschfield und Gelman, Hg., 1994; Wellman und Gelman, 1997.

sonders jene, die für den Menschen spezifisch sind. Manche dieser sozio-kulturellen Prozesse sind so offensichtlich, daß sie von Theoretikern nur selten kommentiert werden, z. B. die »Weitergabe« von Wissen und Information von Erwachsenen an Kinder über die Sprache und andere symbolische Medien. Einige dieser Prozesse sind etwas weniger offenkundig und stoßen nur bei bestimmten Neo-Vygotskijschen Kulturpsychologen auf Interesse, so z. B. die Rolle kultureller Artefakte bei der Vermittlung der Interaktionen der Kinder mit der Umgebung. Manche dieser Prozesse liegen überhaupt nicht auf der Hand, und kein zeitgenössischer Theoretiker hat ihnen gebührende Aufmerksamkeit zuteil werden lassen. Diese Prozesse wurden hauptsächlich deshalb vernachlässigt, weil sie Prozesse sprachlicher Kommunikation und Rede betreffen, d. h. Prozesse, bei denen Kinder mit anderen einen Dialog führen, und diese wurden von Theoretikern beider Lager entweder in ihrer Bedeutung unterschätzt oder mißverstanden. Individualistische Theoretiker akzeptieren meistens die Ansicht, daß Sprache eine bereichsspezifische Kompetenz darstellt, die mit anderen kognitiven Kompetenzen nicht wesentlich interagiert, während Kulturpsychologen oft überhaupt nicht auf die Rolle sprachlicher Kommunikation für die Entwicklung komplexer kognitiver Fähigkeiten geachtet haben, obwohl sie einen Teil ihrer Aufmerksamkeit der Rolle der Sprache bei der Sozialisation und bei der Bildung einfacher Kategorien widmeten.

Ich vermute, daß die perspektivische Natur sprachlicher Symbole und deren Gebrauch in Redeinteraktionen, in denen verschiedene Perspektiven explizit kontrastiert und geteilt werden, das Rohmaterial bereitstellen, aus dem die Kinder aller Kulturen die flexiblen und mehrfach perspektivischen, vielleicht sogar dialogischen, kognitiven Repräsentationen bilden, die der menschlichen Kognition ihre eindrucksvolle und einzigartige Macht verleihen. In diesem Kapitel werde ich versuchen, diese Ansicht genauer auszuführen. Zuerst werde ich verschiedene Möglichkeiten skizzieren, wie Prozesse der sprachlichen Kommunikation und Rede für die menschliche kognitive Entwicklung während der frühen Kindheit eine konstitutive Rolle spielen. Diese

Möglichkeiten reichen von der einfachen Konfrontation der Kinder mit Informationen über Tatsachen bis zur Transformation ihres Verständnisses und ihrer Repräsentation der Welt, wenn sie mehrere Perspektiven auf Phänomene einnehmen, die manchmal miteinander in Konflikt stehen. Zweitens werde ich ausführlicher darauf eingehen, wie diese sprachlichen Prozesse zur kognitiven Entwicklung der Kinder in den beiden primären Wissensbereichen beitragen, die sich vom Säuglingsalter an entfalten: das Verstehen psychosozialer (intentionaler) Handlungen und das Verstehen physischer (kausaler) Ereignisse und Relationen. Drittens werde ich untersuchen, wie bestimmte Arten von sprachlicher Kommunikation und Rede am Ende der frühen Kindheit zu den äußerst wichtigen Prozessen der Selbststeuerung, Metakognition und repräsentationalen Neubeschreibung führen, die gemeinsam dialogische kognitive Repräsentationen hervorbringen.

Sprachliche Kommunikation und kognitive Entwicklung

Spätestens seit Sapir und Whorf, in Wirklichkeit aber schon seit Herder und Humboldt war der Einfluß sprachlicher Kommunikation auf die Kognition ein Thema, das außergewöhnliches Interesse bei Philosophen, Psychologen und Sprachwissenschaftlern fand. Der Fokus nahezu aller Theoretiker richtete sich darauf, wie der Erwerb einer bestimmten natürlichen Sprache (z. B. Hopi) gegenüber einer anderen (z. B. Englisch) die Art und Weise beeinflußt, wie Menschen die Welt begrifflich organisieren – die Hypothese des »linguistischen Determinismus«. Jüngere Untersuchungen sprechen dafür, daß diese Hypothese in der einen oder anderen Form sehr wahrscheinlich richtig ist, sei es in der »starken« Form, nach der die jeweiligen Sprachen die nichtsprachliche Kognition auf bestimmte Weise beeinflussen,[2] oder in der »schwachen« Form, nach der das Lernen und der Ge-

2 Lucy, 1992; Levinson, 1990.

brauch einer bestimmten Sprache die Aufmerksamkeit auf bestimmte Aspekte von Situationen lenken, das sogenannte Denken anstelle des Sprechens.[3] Es gibt jedoch noch eine grundlegendere Frage, und diese Frage bezieht sich auf die Rolle der sprachlichen Kommunikation für die kognitive Entwicklung im allgemeinen, nämlich ob man überhaupt eine natürliche Sprache verwendet oder nicht. Wir sind hier wieder auf Gedankenexperimente angewiesen – Kinder auf einsamen Inseln und dergleichen – und können uns nicht auf empirische Forschung berufen, die diese Frage direkt beantworten könnte. Trotzdem glaube ich, daß wir anhand von theoretischen Gründen, die durch bestimmte empirische Forschungsergebnisse und Beobachtungen ergänzt werden, zu einigen stabilen Schlußfolgerungen über die Rolle sprachlicher Kommunikation für die kognitive Entwicklung gelangen können. Ich möchte mich besonders auf drei Dimensionen des Prozesses konzentrieren: (1) die kulturelle »Weitergabe« von Wissen an Kinder durch sprachliche Kommunikation; (2) die Einflüsse der Struktur sprachlicher Kommunikation auf die Bildung kognitiver Kategorien, Beziehungen, Analogien und Metaphern; und (3) die Art und Weise, wie die sprachliche Interaktion mit anderen (Rede) Kinder dazu bringt, verschiedene begriffliche Perspektiven auf Phänomene einzunehmen, die sich manchmal ergänzen und manchmal miteinander konkurrieren.

Die Weitergabe von Wissen durch Unterricht und sprachliche Kommunikation

Es gibt eine Tatsache, die so offensichtlich ist, daß sie selten, wenn überhaupt jemals erwähnt wird. Wenn Kinder keinen Unterricht von Erwachsenen in Form von Sprache, Bildern und anderen symbolischen Medien erhalten würden, würden sie genauso viel über Dinosaurier wissen wie Platon und Aristoteles, nämlich überhaupt nichts. In der Tat, wenn Kinder den ganzen Tag alleine herumliefen, wie es die Mitglieder mancher Primatenarten tun, würden sie nur wenig mehr als nichts über irgendeines

3 Slobin, 1991.

der Themen wissen, woraufhin Entwicklungspsychologen heute ihren Sachverstand untersuchen, z. B. über Dinosaurier, Biologie, Baseball, Musik und Mathematik. Über die grundlegenden Fertigkeiten der Primatenkognition hinaus hängen das bereichsspezifische Wissen und der Sachverstand der Kinder nahezu vollständig von dem akkumulierten Wissen ihrer Kulturen und dessen »Weitergabe« an sie durch sprachliche und andere Symbole ab, darunter Schrift und Bilder. Die Menge von Wissen, die ein einzelner Organismus erwerben kann, indem er einfach die Welt alleine beobachtet, ist äußerst begrenzt.

Der Prozeß, durch den Wissen und Fertigkeiten an Kinder »weitergegeben« werden, ist in verschiedenen Kulturen unterschiedlich, wobei Kinder in modernen, westlichen Kulturen viel mehr verbalen und schriftbasierten Unterricht erhalten als Kinder in vielen schriftlosen Kulturen, denen in der Regel befohlen wird, einfach den Erwachsenen zuzusehen und durch die Beobachtung einer gut eingeübten Praktik zu lernen. Aber selbst in schriftlosen Kulturen gibt es bedeutende Wissensgebiete, die fast ausschließlich in einem symbolischen Format existieren und deshalb nur symbolisch weitergegeben werden können. Am offensichtlichsten ist dabei das Wissen über räumlich und zeitlich entfernte Dinge, wie z. B. Eigenschaften entfernter Verwandter und Vorfahren, Mythen und religiöse Rituale, Wissen über die örtliche Flora und Fauna etc. Die Erwachsenen aller menschlichen Gesellschaften versorgen ihre Kinder also nachhaltig mit direktem Unterricht und Erklärungen über das eine oder andere von der Kultur geschätzte Wissensgebiet, wobei zumindest manches davon durch Sprache und andere symbolische Medien weitergegeben wird.[4]

Die strukturierende Rolle der Sprache

Der Erwerb einer natürlichen Sprache bewirkt jedoch mehr, als Kinder nur mit kulturell bedeutsamer Information in Berührung zu bringen. Eine natürliche Sprache zu erwerben dient ebenfalls

4 Kruger und Tomasello, 1996.

dazu, die Art und Weise, wie Kinder gewöhnlich auf ihre Umwelt achten und verschiedene Aspekte davon begrifflich vorstellen, zu sozialisieren und kulturell zu strukturieren. Wenn sie versuchen, an sie gerichtete sprachliche Kommunikationsakte zu verstehen, durchlaufen Kinder spezifische Prozesse der Kategorisierung und der begrifflichen Perspektivenübernahme. Die Sprache erzeugt zwar nicht diese grundlegenden kognitiven Fähigkeiten, da viele Tierarten verschiedene begriffliche Kategorien für unterschiedliche instrumentelle Zwecke hervorbringen und da Kinder die Perspektive von anderen auch ohne Sprache einnehmen können. Aber durch die Sprache kommt eine weitere Menge begrifflicher Kategorien und Perspektiven zum menschlichen Repertoire hinzu, nämlich Kategorien und Perspektiven, die zum Zwecke der sprachlichen Kommunikation gebildet wurden.

Die Kategorisierung der Welt zum Zweck sprachlicher Kommunikation weist in manchen Fällen spezifische Eigenschaften auf. Obwohl manche der Sprache inhärenten Kategorien eine direkte Widerspiegelung nichtsprachlicher Kategorien sein mögen, die potentiell mit denen anderer Arten identisch sein könnten (und von Säuglingen vor dem Spracherwerb gebildet werden können), spiegeln andere die Besonderheiten der sprachlichen Kommunikation des Menschen wider. Vor allem lassen sie das ganze System von Wahlmöglichkeiten erkennen, die in bestimmten Kommunikationssituationen offenstehen. So muß z. B. eine Person jedes Mal, wenn sie einer anderen Person gegenüber auf einen Gegenstand referieren will, wählen, ob sie ihn *der Hund*, *das Tier dort drüben*, *er*, *der Cockerspaniel*, *Fido* etc. nennen will. Wenn sie ein Ereignis beschreibt, muß sie zwischen *Der Hund biß* ... und *Der Mann wurde gebissen von* ... wählen. Die getroffene Auswahl wird zum großen Teil davon bestimmt, wie der Sprecher die kommunikativen Bedürfnisse des Hörers einschätzt, und davon, was das Ziel der Kommunikation am effektivsten verwirklichen würde, d. h. welche Art von Beschreibung auf welcher Genauigkeitsstufe und von welcher Perspektive aus für erfolgreiche und effektive Kommunikation benötigt wird, wie in den Kapiteln 4 und 5 skizziert. Unter der Voraussetzung, daß Sprachen hauptsächlich anhand von Kategorien funktionieren (sie haben sich nicht als riesige Listen von Eigennamen für einzelne Objekte und Ereignisse entwickelt), ermöglichen die der Sprache immanenten Kategorien und Schemata den Kindern unter anderem, mehrere Perspektiven zugleich auf dieselbe Sache einzunehmen. Dieser Gegenstand ist sowohl eine Rose als auch eine Blume (und vieles mehr) in Abhängigkeit davon, wie ich ihn in dieser bestimmten Kommunikationssituation auffassen will. Es gibt keine eindeutigen Belege dafür, daß nichtmenschliche Tiere oder vorsprachliche Säuglinge die Welt in dieser hierarchisch flexiblen Weise kategorisieren oder entsprechende Perspektiven einnehmen.[5] Andere Tiere mögen in der Lage sein, verschiedene Perspektiven auf Dinge unter verschiedenen Umständen einzunehmen. Da sie jedoch nicht über die vielen Perspektiven der anderen verfügen, die in der Sprache verkörpert sind, verstehen sie nicht, daß es eine Vielzahl von Weisen gibt, ein Phänomen aufzufassen.

Die Kategorien, denen Kinder in der Sprache begegnen, beinhalten sowohl statische Entitäten wie Gegenstände und Eigenschaften als auch dynamische Entitäten wie Ereignisse und Relationen. Die bei weitem am häufigsten untersuchten kognitiven Kategorien betreffen Gegenstände und deren Eigenschaften, und tatsächlich bestanden viele der ursprünglichen Modelle der Wissensrepräsentation in der Kognitionspsychologie ausschließlich aus Hierarchien von Objektkategorien. Die meisten Wissensgebiete, die Kognitionspsychologen untersuchen, werden durch die darin vorkommenden Gegenstände definiert (z. B. Tierarten, andere »natürliche Arten« und Artefakte). Kategorien von Ereignissen und Beziehungen sind ebenfalls bis zu einem bestimmten Grad hierarchisch organisiert, und einige Wissensbereiche sind fast ausschließlich durch bestimmte Arten von Ereignissen definiert (z. B. Baseball oder Schach), so daß ähnliche Untersuchungen auch zur Kognition von Ereignissen durchgeführt werden könnten.[6] Die bei weitem interessanteste und kognitiv bedeutsamste Manifestation relationaler Kategorien in der Sprache be-

5 Tomasello und Call, 1997.

6 Barsalou, 1992.

trifft jedoch Analogien und Metaphern, die gerade deshalb interessant sind, weil sie aus Ereignissen und Relationen bestehen, die über verschiedene Gegenstandsbereiche hinweg als »ähnlich« erkannt werden können. Was Analogien und Metaphern so interessant macht, ist, daß sie sich von Gegenstandskategorien in einer grundlegenden Eigenschaft unterscheiden. Gegenstände bleiben sich gleich, und zwar unabhängig vom Kontext, in dem man ihnen begegnet: ein *Tyrannosaurus Rex* ist ein *Tyrannosaurus Rex*, egal, ob er in seiner natürlichen Umgebung oder in einem Museum untersucht wird oder in einem Broadwaystück vorkommt. Ereignisse und Relationen hängen jedoch mehr von einem Gegenstandskontext ab: Photosynthese kann nur im Kontext von Pflanzen stattfinden, weil es sich um einen Prozeß handelt, der auf bestimmte Dinge und Substanzen angewiesen ist. Wenn wir über Photosynthese im Kontext von Autos sprechen wollten, müßten wir eine Analogie oder Metapher bilden, bei der wir bestimmte Gegenstände durch andere ersetzen (z. B. Mitochondrien durch Vergaser), so daß dieselbe relationale Struktur in den beiden Gegenstandsbereichen erhalten bleibt.[7]

Jüngere Arbeiten aus der kognitiven und funktionalen Linguistik haben gezeigt, daß Metaphern sogar die gewöhnlichsten Verwendungen natürlicher Sprache durchdringen.[8] Erwachsene sagen ihren Kindern z. B. regelmäßig, sie sollten »nicht aus der Reihe tanzen« oder »sich etwas aus dem Kopf schlagen« oder »die Geduld nicht verlieren«. Wenn Kinder diese figurative Sprechweise verstehen, können sie Analogien zwischen den konkreten Bereichen herstellen, die sie von ihrer sensu-motorischen Erfahrung her kennen, und den abstrakteren Bereichen der Interaktion zwischen Erwachsenen und des sozialen und geistigen Lebens, die sie sich gerade aneignen. Nachdem sie ausreichend viele metaphorische Ausdrücke gehört haben, dürften Kinder in der Lage sein, ein metaphorisches Verständnis auszubilden, das zur Produktivität führt. So wie in der berühmten Metapher »die Liebe ist eine Reise« von Lakoff und Johnson,[9] bei der unsere

7 Gentner und Markman, 1997.

8 Lakoff, 1987; Johnson, 1987; Gibbs, 1995.

9 Lakoff und Johnson, 1998.

Beziehung »auf dem falschen Gleis« oder »auf dem richtigen Gleis« ist oder »nirgendwo hinführt« oder »schnellebig« ist, wobei die Möglichkeit besteht, daß Menschen, die dieses Muster kennen, neue kohärente Metaphern erfinden können (z. B. »Wir hatten uns zu einem Eheleben aufgemacht, aber nicht die richtigen Sachen für die Reise eingepackt«). Kinder brauchen eine gewisse Zeit, bis sie metaphorische Sprache wirklich schätzen lernen, vermutlich weil relationale Abbildungen dieser Art sehr komplex sind.[10] Von entscheidender Bedeutung für das gegenwärtige Argument ist jedoch die Tatsache, daß Gentner und Medina eine Fülle empirischer Belege durchgesehen haben und zu dem Schluß gekommen sind, daß das analogische/metaphorische Denken von Kindern durch ihre Begegnung mit relationaler Sprache sehr gefördert oder vielleicht sogar ermöglicht wird.[11]

Es ist ebenfalls interessant und bedeutsam, daß Kinder mit einem fortgeschrittenen Verständnis der abstrakten Konstruktionen ihrer Muttersprache Dinge, von denen sie wissen, daß sie zu einer bestimmten Art gehören, so auffassen können, als ob sie zu einer anderen Art gehörten, wie in Kapitel 5 dargestellt. Dieser Punkt ist so wichtig, daß ich ihn hier wiederholen möchte. Während ihrer Ontogenese entdecken Kinder abstrakte Muster in der sie umgebenden Sprache, was sie zur Bildung unzähliger verschiedener sprachlicher Generalisierungen veranlaßt, von Gegenstandskategorien bis zu schematisierten und abstrakten Sprachkonstruktionen. Die Menschen aller Kulturen haben diese abstrakten Kategorien und Schemata über einen historischen Zeitraum hinweg zu verschiedenen Kommunikations- und Ausdruckszwecken variiert, so daß ihr Verstehen eine metaphorische bzw. analogische Auffassung von Aspekten der Wirklichkeit erfordert.[12] Dieses Verstehen umfaßt alles von dem Ableitungsprozeß, durch den Ereignisse als Gegenstände aufgefaßt werden (*Skifahren macht Spaß*) und Gegenstände als Ereignisse (*Sie tabellierten die Bewegung*), bis zu expliziten Metaphern wie »an

10 Siehe die Übersicht bei Winner, 1988.

11 Gentner und Medina, 1997; siehe auch Gentner et al., 1995.

12 Lakoff, 1987; Johnson, 1987; Gentner und Markman, 1997.

die Decke gehen« oder »vor Wut überschäumen«. Kinder stoßen auf diesen Aspekt des sprachlichen Inventars ihrer Kultur und müssen ihn verstehen und schließlich selbst verwenden lernen. Die Flexibilität des Denkens, die sich daraus ergibt, ist undenkbar bei Tierarten, deren einzelne Mitglieder miteinander nicht symbolisch kommunizieren und deshalb kein Repertoire abstrakter symbolischer Auffassungen speichern.

Es geht nicht darum, daß Sprache die Fähigkeit zur Kategorisierung, zur Perspektivenübernahme oder zur Herstellung von Analogien und Metaphern aus dem Nichts erzeugt. Das wäre unmöglich, weil Sprache von diesen Fähigkeiten abhängt und weil sie in einer primitiven Form bei nichtmenschlichen Primaten oder vorsprachlichen Kindern vorhanden sind. Menschen haben jedoch durch ihre Zusammenarbeit über einen historischen Zeitraum eine unglaubliche Menge kategorieller Perspektiven und Auffassungen von Gegenständen, Ereignissen und Beziehungen geschaffen und diese dann in ihren Systemen symbolischer Kommunikation, d. h. in natürlichen Sprachen inkorporiert. Während ihrer ontogenetischen Entwicklung verwenden Kinder grundlegende Fertigkeiten zur Kategorisierung, Perspektivenübernahme und zum relationalen Denken zusammen mit ihrer Fähigkeit, die kommunikativen Absichten Erwachsener zu verstehen, um den Gebrauch der relevanten symbolischen Formen zu lernen. Das ermöglicht ihnen, eine riesige Zahl von Kategorien und Analogien zu nutzen, die andere Mitglieder ihrer Kultur erzeugt und symbolisiert haben und die sie sehr wahrscheinlich nicht alleine geschaffen hätten. Außerdem können sie natürlich auch diese Kategorien verallgemeinern und selbst neue Kategorien und Analogien hervorbringen, die von anderen übernommen werden können. Hier zeigt sich wieder die individuelle Entwicklungslinie, die mit dem Material operiert, das von der kulturellen Entwicklungslinie bereitgestellt wird.

Ein wichtiger Aspekt der Rolle, die der Spracherwerb für die kognitive Entwicklung spielt, sind also die Kategorien, Beziehungen und begrifflichen Perspektiven, die in konventionellen Sprachstrukturen verkörpert sind – von Wörtern über syntaktische Konstruktionen zu konventionellen Metaphern –, mit denen kleine Kinder bei normalen Redeinteraktionen umgehen müssen. Außerdem drückt jedoch manchmal der Bedeutungsinhalt der Rede, d. h. worüber über mehrere Redewechsel hinweg gesprochen wird, verschiedene und manchmal konfligierende Auffassungen von Dingen aus. So sind Menschen manchmal verschiedener Ansicht, oder sie drücken ein unterschiedliches Wissen in ihren Gesprächen aus, was Kindern verschiedene explizite Perspektiven auf ein gegenwärtiges Phänomen aufzeigt. Manchmal versteht auch der Erwachsene die Äußerung des Kindes nicht oder umgekehrt und verlangt nach Erläuterungen (Rede über die *Form* dessen, was der Sprecher gerade gesagt hat). Schließlich drückt das Kind manchmal eine Meinung über etwas aus, und dann sagt der Interaktionspartner, was er von dieser Meinung hält (Rede über den *Inhalt* dessen, was der Sprecher gerade gesagt hat). Jede dieser drei Arten von Rede – Meinungsverschiedenheiten, Erläuterungen und didaktische Interaktionen – stellt ihre eigene Perspektive zur Verfügung.

Erstens drücken Menschen in längerer Rede verschiedenes Wissen und Perspektiven explizit aus, wenn sie über ein bestimmtes Thema sprechen. Dabei gibt es sowohl Meinungsverschiedenheiten als auch Mißverständnisse. Das Kind könnte z. B. die Ansicht äußern, daß ein Geschwister das Spielzeug mit ihm teilen soll, während das Geschwister die entgegengesetzte Ansicht äußern könnte. Oder das Kind könnte meinen, daß in dem höheren Becher mehr Wasser sei, während ein Gleichaltriger die entgegengesetzte Meinung vertreten könnte, daß in einem anderen Becher mehr Wasser sei, weil er breiter ist. Der entscheidende Punkt ist in diesen Fällen, daß es zwei konfligierende Ansichten über denselben Gegenstand gibt und das Kind versuchen muß, diese Ansichten aufeinander abzustimmen. Manche Theoretiker halten konfligierende Ansichten dieser Art für besonders wichtig, wenn Gleichaltrige oder Geschwister miteinander sprechen, da das Kind in diesen Fällen nicht geneigt ist, einfach der Autorität des anderen nachzugeben (was gegenüber Erwachsenen oft geschieht), sondern vielmehr eine vernünftige Möglichkeit sucht, um mit der Diskrepanz umzugehen.[13]

Zweitens geschieht es bei der natürlich auftretenden Rede zwischen Kindern und Erwachsenen häufig, daß ein Erwachsener etwas sagt, was das Kind aufgrund der sprachlichen Formulierung nicht versteht und umgekehrt. Der Hörer fragt dann nach einer Erklärung mit solchen Ausdrücken wie »Was?«, »Was hast du gesagt?«, »Wohin hast du den Vogel gestellt?« etc., d. h. mit Fragen, die sich auf eine oder mehrere sprachliche Formen der Äußerung beziehen. Derartige Bitten um Erklärung zeigen mehr oder weniger deutlich, was der Hörer von der Äußerung des Sprechers verstanden hat und was nicht. Idealerweise findet dann eine Verdeutlichung statt, bei der der ursprüngliche Sprecher seine Äußerung auf eine Weise wiederholt oder neu formuliert, die die Tatsache und vielleicht sogar den Grund dafür berücksichtigt, daß der Hörer die Äußerung beim ersten Mal nicht verstanden hat. Eine Reihe von Untersuchungen zu Reaktionen von Kindern auf Nachfragen von Erwachsenen haben z. B. die folgenden Tatsachen festgestellt: (a) Zweijährige reagieren angemessen auf Nachfragen von Erwachsenen;[14] (b) Zwei- und Dreijährige reagieren anders auf allgemeinere Nachfragen (»Was?«, »Wie?«) als auf spezifischere Nachfragen (»Wohin stellen?«);[15] und (c) Zweijährige antworten auf allgemeine Nachfragen ihrer Mütter meistens so, daß sie ihre Äußerung wiederholen, während sie gegenüber weniger vertrauten Erwachsenen meistens ihre Äußerung neu formulieren. Möglicherweise geben sie damit ihr Verständnis kund, daß ihre Mütter ihre Sprache kennen und sie daher wahrscheinlich nur nicht richtig gehört haben, während der unvertraute Erwachsene eine neue Formulierung nötig haben könn-

13 Piaget, 1981; Damon, 1989; Dunn, 1988.

14 Wilcox und Webster, 1980.

15 Anselmi, Tomasello und Acunzo, 1986.

te.[16] Kinder in diesem Alter verfügen auch über genügend Wissen, um Erwachsene in vielen Situationen um Verdeutlichungen zu bitten.[17] In dieselbe Kategorie fallen auch Mißverständnisse. Wenn ein Kind z. B. von der Schule nach Hause kommt und sagt »Er hat mich geschlagen«, und der Gesprächspartner mit »Wer?« antwortet (oder annimmt, daß es Jimmy war, obwohl es nicht stimmt), gibt er damit sein begrenztes Wissen über die Situation kund. In allen diesen Fällen signalisiert der Inhalt der Rede dem Kind, daß einer der Interaktionspartner eine Situation oder eine Äußerung auf eine andere als die von ihm intendierte Weise versteht.

Drittens tritt eine verwandte, aber verschiedene Art von Rede (tatsächlich handelt es sich um eine Metarede) auf, wenn das Kind eine Ansicht über eine Situation äußert und dann eine andere Person ihre Meinung über diese Ansicht äußert. Das Kind mag z. B. die Ansicht äußern, daß mehr Wasser im höheren Becher ist, worauf ein Erwachsener antworten könnte, daß er versteht, warum das Kind das denkt, nämlich weil höher gewöhnlich mehr bedeutet, daß aber in diesem Fall die größere Breite des anderen Bechers die Höhe des ersten ausgleicht. Oder das Kind könnte sagen, daß es mit einem Puzzle anfangen wird, indem es nach Teilen des abgebildeten Baumes sucht, worauf der Erwachsene sagen könnte, daß das zwar eine vernünftige Strategie sei, daß sie aber vielleicht zu Verwirrung führen wird, und daß das Kind zuerst nach den Eckteilen suchen sollte, egal um was für ein Bild es sich handelt. In diesem Fall ist das Kind nicht mit einer gleichberechtigten und komplementären Ansicht konfrontiert, sondern mit einer Kritik seiner Ansicht, die zudem noch von einer Autoritätsfigur stammt. Beim Verstehen der kommunikativen Absichten des Erwachsenen muß das Kind folglich in einem solchen Austausch die geäußerte Meinung des Erwachsenen über seine eigene Ansicht verstehen. Diese Art der Rede über eine vorangehende Äußerung hat einen sehr besonderen Status, weil das Kind, wenn es sie versteht, veranlaßt wird, sein eigenes Denken aus der Perspektive des anderen zu betrachten. Die Ver-

16 Tomasello, Farrar und Dines, 1983.

17 Golinkoff, 1993; siehe die Übersicht bei Baldwin und Moses, 1996.

innerlichung der anderen Meinung über seine eigene führt das Kind dann zu den dialogischen kognitiven Repräsentationen, an denen Vygotskij so sehr interessiert war,[18] und schließlich, wenn es diesen Prozeß verallgemeinert, zu der Fähigkeit, seine eigenen kognitiven Prozesse zu kontrollieren. Da die so geäußerten Metaansichten in derselben natürlichen Sprache ausgedrückt werden wie die ursprüngliche Ansicht, kann das Nachdenken dem Kind dabei helfen, Kohärenz und Systematizität beim Denken über Gegenstände in der Welt und über Perspektiven auf die Welt in einem einzigen Repräsentationsmedium zu schaffen (was auch repräsentationale Neubeschreibung genannt wird; siehe unten.)

Kinder vollziehen diese drei Formen der Rede Tag für Tag, wobei jede von ihnen verlangt, die Perspektive einer anderen Person einzunehmen, und zwar auf eine Weise, die über die Perspektivenübernahme hinausgeht, die für das Verstehen einzelner sprachlicher Symbole und Konstruktionen erforderlich ist. Außerdem verlangt die Situation manchmal, daß diskrepante Perspektiven aufeinander abgestimmt werden. Das bedeutet, daß sie versuchen müssen, die Diskrepanz von explizit geäußerten Ansichten aufzulösen; die Teile ihrer Äußerung zu identifizieren, die die anderen nicht verstanden haben, und sie zu reformulieren; und ihre eigene Perspektive und die eines anderen, der seine Perspektive kommentiert, zu verstehen und manchmal zu koordinieren. Zusammen mit den beiden anderen allgemeinen Arten von sozialem und kulturellem Einfluß auf die frühe kognitive Entwicklung, nämlich die Weitergabe von Wissen durch sprachliche und andere Symbole und die strukturierende Rolle der Sprache, spielen diese drei Formen der Rede eine sehr wichtige Rolle – meiner Ansicht nach sogar eine konstitutive Rolle – bei der Entwicklung von dialogischen und selbstreflexiven kognitiven Repräsentationen in der frühen Kindheit.

18 Vygotskij, 1992.

Soziales und physisches Wissen

Während der frühen Kindheit erwerben Kinder viele Arten von Wissen über bestimmte Phänomene in verschiedenen Wissensbereichen, und zwar in Abhängigkeit von der kulturellen und erzieherischen Umgebung, in der sie aufwachsen. Es ist jedoch nicht so leicht, in der menschlichen Ontogenese ausgezeichnete und getrennte Bereiche der Kognition zu identifizieren, und verschiedene Theoretiker haben sehr verschiedene Inventare menschlicher Wissensbereiche vorgeschlagen.[19] Mein Vorgehen hier wird darin bestehen, denselben Ansatz zu verfolgen, den ich bereits für das Säuglingsalter favorisiert habe, d. h. ich werde das Augenmerk nicht auf Wissensbereiche, sondern auf Wissensgegenstände legen, von denen die beiden grundlegendsten psychosoziale und physische Gegenstände sind, die offensichtlich ganz verschieden funktionieren. Menschliche psychosoziale Gegenstände (d. h. Menschen) sind lebendig (selbstbewegt) und funktionieren auf intentionale und moralische Weise, während physische Gegenstände leblos (nicht selbstbewegt) sind und aufgrund kausaler und quantitativer Beziehungen funktionieren (wobei Tiere und Artefakte in einen sehr interessanten Zwischenbereich fallen, wie in Kapitel 3 erwähnt).

Bei der Untersuchung des Verstehens sozialer und physischer Gegenstände und bei der Einschätzung dessen, wie sich dieses Verstehen in der frühen Kindheit wandelt, werde ich mich auf die sozialen, kulturellen und sprachlichen Prozesse konzentrieren, die an diesem Wandel beteiligt sind. Ich werde nicht dafür argumentieren, daß diese Prozesse ausreichen, um die ontogenetischen Veränderungen zu erklären, da offensichtlich eine Reihe weiterer kognitiver Prozesse beteiligt ist. Ich werde jedoch zu begründen versuchen, daß sie notwendig sind, eine Begründung, die nur wenige Theoretiker ausdrücklich zu geben bereit wären. Sowohl für den sozialen als auch für den Bereich physischen Wissens möchte ich zeigen, daß die über eine Zeitspanne von einigen Jahren stattfindende, dialogische Interaktion mit ande-

19 Vgl. z. B. Fodor, 1983; Karmiloff-Smith, 1992; Carey und Spelke, 1994.

ren Personen die kognitiven Fertigkeiten von Ein- und Zweijährigen, die sich nur in wenigen bedeutenden Hinsichten von den Fertigkeiten anderer Primaten unterscheiden, in kognitive Fertigkeiten und Formen der Repräsentation verwandeln, die sich in unzähligen Aspekten von denen anderer Primaten unterscheiden. Ohne die dialogische Interaktion würde diese Transformation nicht stattfinden. In jedem einzelnen Fall werde ich den Fokus auf die drei genannten Arten sozio-kultureller Prozesse richten: die Weitergabe von Wissen, die Sprachstruktur und die Perspektivenübernahme bei der Rede.

Das Verstehen sozialer und moralischer Handlungen

Wenn Kleinkinder mit etwa einem Jahr andere Personen als intentionale Akteure verstehen, drängt sich die Frage auf, warum es noch einmal zwei bis vier Jahre dauert, d.h. bis sie zwischen drei und fünf sind, bevor sie andere Personen als geistige Akteure verstehen, die Überzeugungen über die Welt haben, welche sich von ihren eigenen unterscheiden können. Kinder aller Kulturen scheinen dieses Verständnis anderer als geistiger Akteure ungefähr im selben Alter zu erreichen, obwohl nur wenige nichtwestliche Kulturen untersucht wurden und obwohl die Variabilität innerhalb der Kulturen erst noch weiter erforscht werden muß.[20] Um die Veränderung im Verständnis sozialer Gegenstände mit ungefähr vier Jahren zu erklären, meint eine Reihe von Theoretikern natürlich, daß das Verstehen von Überzeugungen ein angeborener Modul ist, der einfach nach seinem eigenen unabhängigen Zeitplan heranreift.[21] Andere Theoretiker glauben, daß das Verstehen der mentalen Zustände anderer Personen aus einem Prozeß der Theoriebildung resultiert, der im Grunde mit dem Prozeß identisch ist, der im physischen Bereich anzutreffen ist. Ein Kind sieht z.B., wie ein Gleichaltriger unter einem Sofa nachschaut, zugleich weiß es jedoch, daß der Ball, den er gerade verloren hat, unter den Stuhl gerollt ist. Um seine Suche unter dem Sofa zu erklären, schreibt es ihm die »Überzeugung«

20 Lillard, 1997.

21 Z.B. Baron-Cohen, 1995.

zu, daß der Ball unter dem Sofa liegt.[22] Wie immer das auch geschehen mag, diese Fähigkeit zur Theoriebildung und die Erfahrungen mit anderen Personen, die als Daten fungieren, erreichen einfach ihren notwendigen Grad an Wirksamkeit mit etwa vier Jahren.

Eine Alternative zu diesen Positionen stellt die Simulationstheorie dar, deren bekanntester Vertreter Harris ist und die bei der Erklärung der sozialen Kognition von Säuglingen in Kapitel 3 verwendet wurde.[23] Das zentrale Argument besteht darin, daß wir es hier mit psychosozialem Wissen zu tun haben, das sich wesentlich von physischem Wissen unterscheidet. Beim Versuch, andere Personen zu verstehen, können Kinder ihre Erfahrung aus der Ersten-Person-Perspektive ihrer eigenen psychischen Zustände nutzen. Dabei handelt es sich um besondere Informationsquellen, wie z. B. die innere Erfahrung von Zielen und ihr Erreichen oder Nichterreichen, die innere Erfahrung von Gedanken und Überzeugungen etc., die nicht zur Verfügung stehen, wenn man eine andere Person oder einen unbelebten Gegenstand beobachtet. Wenn ein Kind sieht, wie ein Gleichaltriger etwas unter dem Sofa sucht, weiß es nach dieser Theorie, wie es sich anfühlt, wenn man vergeblich nach etwas sucht, und es weiß auch, wie es sich anfühlt, wenn man es schließlich an einem anderen Ort findet. Wenn das Kind sich also mit einem anderen identifiziert, versteht es dessen Verhalten aus der Innenperspektive. Wie Harris betont hat, ist die Simulation der Erfahrung anderer kein geradliniger Prozeß, und das Kind muß die Simulation mit seinem Wissen über die tatsächliche Situation von seiner Perspektive der ersten Person aus verknüpfen, d. h. damit, daß der Ball in Wirklichkeit unter dem Stuhl liegt. Interessanterweise kamen Perner und Lopez in diesem Zusammenhang zu dem Ergebnis, daß kleine Kinder besser vorhersagen konnten, was eine andere Person in einer bestimmten Situation sehen würde, wenn sie zuvor selbst in dieser Situation waren.[24] In Übereinstimmung mit meiner Erklärung der Neunmonatsrevo-

22 Gopnik, 1993; Wellman, 1990.

23 Harris, 1991; 1996.

24 Perner und Lopez, 1997.

lution, möchte ich die Leistung, daß kleine Kinder andere Personen als geistige Akteure verstehen, ebenfalls durch Simulation erklären. Das erfordert jedoch, daß das Kind im Alter von vier Jahren zu einem neuen Verständnis seiner eigenen Gedanken und Überzeugungen gelangt, was sofort die Frage aufwirft, wie es dazu kommen könnte.

Ich glaube nicht, daß genau zu dieser Zeit irgend etwas Dramatisches geschieht, das Kinder in die Lage versetzt, plötzlich ihren eigenen Geist tiefer als zuvor zu verstehen. Statt dessen machen Kinder in der frühen Kindheit allmählich Erfahrungen mit dem Wechselspiel zwischen ihrem eigenen Geist und dem anderer, und zwar hauptsächlich durch verschiedene Formen von Redeinteraktionen. Tatsächlich zeigen sich viele Anzeichen des Verstehens der mentalen Zustände anderer schon in den natürlichen Interaktionen von dreijährigen Kindern.[25] Außerdem gibt es eine große Variabilität des Alters, in dem Kinder Aufgaben meistern, die falsche Überzeugungen beinhalten, wobei ein beträchtlicher Anteil der Kinder solche Aufgaben nicht vor fünf Jahren schafft. Mehrere Theoretiker haben angenommen, daß die Sprache eine wichtige Rolle dabei spielen könnte, daß Kinder allmählich dazu gelangen, andere als geistige Akteure zu verstehen.[26] Die meisten empirischen Arbeiten untersuchen jedoch entweder sehr allgemeine Beziehungen[27] oder aber den Inhalt der Äußerungen von Kindern unter besonderer Berücksichtigung der Verwendung von Ausdrücken für mentale Zustände wie *denken*, *wollen* und *glauben*.[28] Meiner eigenen Ansicht nach ist der Prozeß der sprachlichen Kommunikation ebenso wichtig wie der Inhalt des Sprechens über Geistiges. Um die sprachliche Kommunikation der anderen zu verstehen, müssen Kinder deren Perspektive simulieren. Und so wechselt das Kind beim Hin- und Hergehen der Rede ständig seine eigenen Perspektiven mit denen der anderen.

25 Dunn, 1988.
26 Z.B. Harris, 1996.
27 Happé, 1995; Charman und Shmueli-Goetz, 1998; Jenkins und Astington, 1996.
28 Bartsch und Wellman, 1995.

Es überrascht daher nicht, daß Appleton und Reddy feststellten, daß das Sprechen über eine falsche Überzeugungen einschließende Aufgabe kleinen Kindern dabei half, die mentalen Akte zu verstehen, die eine solche Aufgabe umfaßt, oder daß Call und Tomasello fanden, daß Menschenaffen nicht in der Lage waren, eine nichtsprachliche Aufgabe, die falsche Überzeugungen einschloß, zu lösen.[29] Von besonderer Bedeutung ist gewiß der Befund von Peterson und Siegal und Russell et al., daß taube Kinder bei solchen Aufgaben sehr schlecht abschneiden.[30] Die meisten dieser Kinder haben Eltern mit intaktem Gehör und hatten deshalb in ihrer frühen Kindheit relativ wenig Gelegenheiten zu ausgedehnten verbalen Interaktionen. Interessanterweise haben taube Kinder, deren Eltern selbst taub sind und die sich mit ihnen durch Zeichensprache verständigen können, keine besonderen Schwierigkeiten bei diesen Aufgaben,[31] und nahezu alle tauben Jugendlichen schneiden gut bei ihnen ab, wahrscheinlich weil sie bis zu diesem Alter ausreichende Kommunikationserfahrungen gemacht haben.

Eine besonders wichtige Form der Rede für das Verstehen der Beziehung zwischen den eigenen mentalen Zuständen und denen anderer sind Meinungsverschiedenheiten und Mißverständnisse. Dunn hat einen Teil des weiten Bereichs von Auseinandersetzungen und Konflikten sowie von kooperativen Interaktionen dokumentiert, an denen Kinder derselben Familie täglich teilnehmen.[32] Von besonderer Bedeutung ist vielleicht, daß Geschwister mit erschreckender Regelmäßigkeit miteinander konfligierende Wünsche und Bedürfnisse haben, wenn sie beide dasselbe Spielzeug begehren oder gleichzeitig dasselbe tun wollen. Zusätzlich zu diesem Konflikt von Zielen oder Wünschen haben sie auch konfligierende Überzeugungen, wenn einer die Ansicht äußert, daß X der Fall sei, und der andere das bestreitet und behauptet, Y sei der Fall. Oder sie haben deutlich verschiedenes Wissen oder verschiedene Überzeugungen,

29 Appleton und Reddy, 1996; Call und Tomasello, 1999.

30 Peterson und Siegal, 1995; Russell et al., 1998.

31 Peterson und Siegal, 1997.

32 Dunn, 1988; Dunn, Brown und Beardsall, 1991.

nämlich wenn der eine etwas voraussetzt, was der andere nicht weiß (z. B. die Voraussetzung gemeinsamen Wissens, indem das Kind die Pronomen *er* oder *es* verwendet), oder wenn das Umgekehrte geschieht, d. h. wenn die Schwester oder der Bruder unbegründete Voraussetzungen über gemeinsames Wissen und Überzeugungen macht. Das Gespräch mit anderen Personen, vielleicht besonders mit Geschwistern, ist wahrscheinlich eine wesentliche Ursache dafür, daß das Kind dazu gelangt, sie als Wesen mit Wünschen, Gedanken und Überzeugungen aufzufassen, die den eigenen zwar ähnlich sind, sich aber doch von ihnen unterscheiden, und zwar selbst dann, wenn die Rede keine besonderen mentalen Ausdrücke enthält. Einen Beleg für diese allgemeine Ansicht stellt die Beobachtung dar, daß westliche Mittelklassekinder, die Geschwister haben, in einem früheren Alter dazu neigen, andere Personen im Lichte von deren Überzeugungen zu verstehen, als Kinder ohne Geschwister.[33]

Es gibt noch eine andere Art der Rede, die eine Rolle dabei spielen könnte, daß Kinder andere als geistige Akteure verstehen, und das ist der Prozeß der Behebung kommunikativer Pannen. Wenn Kinder zwischen zwei und drei Jahren mit Erwachsenen zu sprechen beginnen, geschieht es fast regelmäßig, daß jemand nicht versteht, was sie sagen. Golinkoff beschreibt einige Fälle, bei denen sogar ganz kleine Kinder in einen Prozeß des, wie sie es nennt, »Aushandelns von Bedeutungen« eintreten, bei dem das Kind etwas Unverständliches sagt, der Erwachsene versucht, die Bedeutung zu erraten, und das Kind die Interpretation entweder akzeptiert oder ablehnt.[34] Wenn Kinder älter werden, machen sie sowohl die Erfahrung von (a) Fehlinterpretationen, wenn der Erwachsene die Äußerung des Kindes auf eine Weise deutet, die vom Kind nicht intendiert war, und (b) von Aufforderungen zur Verdeutlichung, wenn das Kind etwas sagt, das der Erwachsene nicht versteht, woraufhin der Erwachsene um Erklärung bittet. Diese Formen von Gesprächen, mit denen fast alle Kinder häufig konfrontiert sind, die eine Sprache lernen, verset-

33 Perner, Ruffman und Leekham, 1994.

34 Golinkoff, 1993.

zen Kinder in eine Situation, in der sie eine Äußerung formulieren, wobei sie eine mehr oder weniger kohärente Vermutung über die Informationsbedürfnisse des Hörers haben, und dann erweist sich diese Vermutung entweder als korrekt oder als falsch. Diese Situationen erwecken beim Kind den Wunsch zu erkennen, warum der Erwachsene die Äußerung nicht versteht, nämlich weil er sie vielleicht nicht gehört hat oder weil er mit dieser besonderen Formulierung nicht vertraut ist etc. Natürlich kann es auch geschehen, daß das Kind die Äußerung des Erwachsenen nicht versteht und deshalb ebenfalls um Erläuterung bittet. Insgesamt scheint es, daß diese Arten von Mißverständnissen und deren Behebung eine äußerst reichhaltige Informationsquelle dafür darstellen, wie das eigene Verständnis einer sprachlich geäußerten Perspektive auf eine Situation sich vom Verständnis anderer unterscheiden kann.

Hier stellt sich auch die berechtigte Frage, wie genau man das aufkeimende Verständnis des Kindes von geistigen Akteuren charakterisieren soll: Wie sieht das Verstehen von Überzeugungen (oder das Verfügen über eine »Theorie des Geistes«) überhaupt aus? Ich habe in Kapitel 3 dafür argumentiert, daß ein- bis zweijährige Kinder andere Personen als intentionale Akteure verstehen. Obwohl das einen Fortschritt gegenüber dem Verstehen anderer als belebte Akteure bei Neugeborenen darstellt, ist es immer noch weniger als das Verstehen anderer als geistige Akteure bei älteren Kindern. Ein Problem in gegenwärtigen Diskussionen darüber, wie ältere Kinder andere als geistige Akteure verstehen (d. h. ihre »Theorie des Geistes«), besteht darin, daß eine ungegliederte Mischung von Ausdrücken verwendet wird, die geistige Zustände bezeichnen. Meiner Ansicht nach kann die Vielzahl solcher Ausdrücke, die das soziale Verständnis von Vorschulkindern betreffen, in einen einfachen Rahmen gebracht werden, der (a) Wahrnehmung oder Input, (b) Verhalten oder Output und (c) Ziele oder Referenzzustände umfaßt. Tabelle 6.1 zeigt den Verlauf dieser Komponenten von Neugeborenen bis zu älteren Säuglingen und von Kleinkindern bis zu jüngeren Kindern. Der grundlegende Verlauf der Ontogenese für alle drei Komponenten besteht darin, daß sich die jeweilige Komponente allmählich von konkreten Handlungen entfernt. Belebtheit drückt sich nur im Verhalten aus; Intentionalität zeigt sich im Verhalten, ist aber gleichzeitig vom Verhalten unterschieden, da sie gelegentlich unausgedrückt bleiben oder auf verschiedene Weisen ausgedrückt werden kann; das Haben eines Geistes betrifft jedoch Wünsche, Pläne und Überzeugungen, die überhaupt keine notwendige Beziehung zum Verhalten haben. Deshalb ist meine spezifische These über die soziale Kognition der frühen Kindheit, daß es einen kontinuierlichen Entwicklungsverlauf im Verstehen des Kindes von anderen gibt, der folgendermaßen aussieht:

- belebte Akteure; allen Primaten gemein (Säuglingsalter);
- intentionale Akteure; eine für den Menschen spezifische Weise des Verstehens von Artgenossen, was ein Verständnis sowohl des zielgerichteten Verhaltens als auch die Aufmerksamkeit der anderen einschließt (mit einem Jahr); und
- geistige Akteure; das Verstehen, daß andere Personen nicht nur diejenigen Absichten und diejenige Aufmerksamkeit haben, die sich in ihrem Verhalten manifestieren, sondern auch Gedanken und Überzeugungen, die sich im Verhalten ausdrücken können oder auch nicht und die sich von der »wirklichen« Situation unterscheiden können (mit vier Jahren).

Die spezifische Hypothese zu den beteiligten Prozessen ist, daß der Übergang zu einem Verständnis geistiger Akteure sich hauptsächlich von dem Gebrauch herleitet, den das Kind in Gesprächen mit anderen Personen vom intentionalen Verstehen macht. In diesen Gesprächen hat das Kind ein ständiges Bedürfnis, die Perspektiven anderer zu simulieren, wobei sich diese oft von seinen eigenen unterscheiden. Tabelle 6.1 kann also als eine Theorie des ontogenetischen Verlaufs der sozio-kognitiven Fertigkeiten kleiner Kinder (ihrer »Theorie des Geistes«) angesehen werden.

Es gibt aber noch einen anderen spezifisch menschlichen Aspekt des sozialen Verstehens, der am Ende der frühen Kindheit in Erscheinung tritt und der das moralische Verständnis betrifft. Nach der Theorie von Piaget geht es bei moralischen Überlegungen nicht um das Befolgen maßgebender Regeln, sondern vielmehr darum, sich in andere Personen einzufühlen, und um die Fähigkeit, die Dinge von ihrem Standpunkt aus zu sehen und zu empfinden.[35]

	Verstehen des Wahrnehmungs-inputs	Verstehen des Verhaltens-outputs	Verstehen des Zielzustands
Verstehen anderer als Lebewesen (junge Säuglinge)	Blick	Verhalten	[Richtung]
Verstehen anderer als intentionale Akteure (9 Monate alte Kinder)	Aufmerksamkeit	Strategien	Ziele
Verstehen anderer als geistige Akteure (4 Jahre alte Kinder)	Überzeugungen	Pläne	Wünsche

Tabelle 6.1 Drei Ebenen des menschlichen Verstehens psychosozialer Wesen, beschrieben anhand der drei Hauptkomponenten, die jeweils verstanden werden müssen: Input (Wahrnehmung), Output (Verhalten) und Zielzustände.

Piaget argumentierte, daß Redeinteraktionen für die Fertigkeit der Kinder, moralische Überlegungen anzustellen, von entscheidender Bedeutung seien, aber nur (oder vor allem), wenn sie zwischen Gleichaltrigen stattfinden. Obwohl Kinder einige Regeln für ihr Sozialverhalten von den Ermahnungen Erwachsener lernen können (z. B. »Teile dein Spielzeug mit anderen«), werden moralische Überlegungen nicht wirklich durch solche Regeln weitergegeben oder gefördert. Solche Überlegungen leiten sich davon ab, daß sich Kinder einfühlend in andere hineinversetzen, wenn sie »den Schmerz des anderen spüren«. Regeln, die mit Belohnungen und Bestrafungen durchgesetzt werden, fördern

35 Piaget, 1981.

diese Erfahrung nicht, statt dessen sind sie in vieler Hinsicht eher hinderlich. Erst in der sozialen Interaktion und im Gespräch mit anderen, die ihnen im Hinblick auf Wissen und Macht gleichgestellt sind, finden Kinder dazu, über das Befolgen von Regeln hinauszugehen und sich mit anderen moralischen Akteuren auseinanderzusetzen, die Gedanken und Gefühle haben, welche den ihren ähnlich sind.[36] Wieder ist zu beachten, daß nicht der Inhalt der Sprache entscheidend ist, sondern der Prozeß der dialogischen Auseinandersetzung mit einer anderen Person, obwohl ein Teil der moralischen Entwicklung von Kindern sicher auf expliziten und verbalisierten Prinzipien beruht, die ihnen von anderen weitergereicht werden.

Von entscheidender Bedeutung für die Entwicklung moralischer Überlegungen sind reflektierende Gespräche, in denen Kinder Kommentare abgeben oder Fragen zu den Überzeugungen und Wünschen anderer oder von ihnen selbst stellen, z. B. »Glaubt sie, daß ich X mag?«, »Ich will nicht, daß sie mein X will.« Kruger hat diese Vermutung in einer Untersuchung an Kindern zwischen sieben und elf Jahren bestätigt.[37] Zunächst wurden die Fertigkeiten der Kinder zu moralischen Überlegungen festgestellt, und zwar anhand von Messungen der Komplexität und Differenziertheit ihrer Argumentation bei der Kommentierung einer Geschichte, bei der es darum ging, wie Belohnungen unter einer Gruppe von Leuten aufgeteilt werden sollten, die verschiedene Beiträge zu einer Aufgabe geleistet hatten. Anschließend führten einige der Kinder weitere Gespräche mit einem Gleichaltrigen, und andere führten Gespräche mit ihren Müttern. Zum Schluß wurden ihre Fertigkeiten zu moralischen Überlegungen noch einmal geprüft. Kinder, die mit Gleichaltrigen gesprochen hatten, zeigten größere Zuwächse in ihren Fertigkeiten zu moralischen Überlegungen als jene, die mit ihren Müttern gesprochen hatten. Entscheidend ist Krugers Befund, daß in den Gruppen der Gleichaltrigen viel mehr reflektierende Gespräche stattfanden, d. h. Gespräche, in denen ein Teilnehmer über die Ansicht des anderen sprach, und daß dies mit dem Fort-

36 Siehe auch Damon, 1989.

37 Kruger, 1992; siehe auch Kruger und Tomasello, 1986.

schritt korreliert war, den die einzelnen Kinder gemacht hatten. Eine sehr wichtige Beobachtung, die Krugers Ergebnisse zu erklären hilft, haben Foley und Ratner gemacht.[38] Sie konnten feststellen, wie kleine Kinder nach der Teilnahme an einer gemeinsamen Beschäftigung mit einem Partner bei der Nachfrage, welcher Partner welche Handlungen vollzogen habe, sich oft daran zu erinnern glauben, selbst etwas getan zu haben, was in Wirklichkeit von anderen getan wurde. Foley und Ratner schließen daraus, daß »kleine Kinder die Handlungen der anderen als ihre eigenen rekodieren, während sie darüber nachdenken, was eine andere Person getan hat oder tun wird«.[39] Das beweist wiederum, daß wir es im Grunde mit einem Simulationsprozeß zu tun haben und daß Gespräche ein besonders ergiebiger Ort für komplexe und differenzierte Simulationen sind.

Fassen wir zusammen: Die Grundhypothese ist, daß Kinder schon bald, nachdem sie andere als intentionale Akteure verstehen (mit etwa einem Jahr), die Fähigkeit haben, mit anderen an Gesprächen teilzunehmen. Für das Verständnis anderer als geistige Akteure brauchen sie nur deshalb einige Jahre länger, weil sie im Gespräch mit anderen erst ein Verständnis dafür erwerben müssen, daß andere Personen Überzeugungen über die Welt haben, die sich von ihren eigenen unterscheiden. Dabei treten diese verschiedenen Perspektiven dann deutlich zutage, und zwar entweder in Form einer Meinungsverschiedenheit, eines Mißverständnisses, einer Bitte um Verdeutlichung oder eines reflektierenden Dialogs. Das schließt nicht aus, daß andere Formen der Interaktion mit anderen und die Beobachtung ihres Verhaltens bei der Konstruktion einer »Theorie des Geistes« durch das Kind ebenfalls wichtig sind. Gespräche stellen nur eine besonders ergiebige Informationsquelle über den Geist anderer dar. Genauso ist zu beachten, daß im Verlauf der späteren Kindheit große Variationen in den psychosozialen Überlegungen der Kinder auftreten, und zwar aufgrund der Art und Weise, wie verschiedene Kulturen von mentalen Ursachen des Verhaltens Gebrauch

38 Foley und Ratner, 1997.

39 A.a.O., S. 91.

machen, z.B. wie sie besondere Ausdrücke für mentale Zustände verwenden. In einer Übersicht und Analyse kulturübergreifender Belege äußert Lillard die Vermutung, daß Kleinkinder in allen Kulturen in ihrer sozialen Kognition sehr ähnlich sind, z.B. was das Verstehen der Grundabsichten und mentalen Zustände anderer Personen angeht.[40] Über diese anfänglichen Universalien hinaus lernen Kinder jedoch eine große Vielfalt verschiedener Systeme von psychologischen Erklärungen, darunter nicht nur individuelle Gedanken und Überzeugungen, sondern auch eher kollektivistische soziale Erklärungen und sogar Erklärungen aufgrund von äußeren Eingriffen wie Hexerei und dergleichen. Sobald sie eine universale kognitive Kompetenz erworben haben, die sich vom in Gesprächen praktizierten intentionalen Verstehen herleitet, können Kinder in verschiedenen Kulturen lernen, diese Kompetenz für die Konstruktion einer breiten Fülle unterschiedlicher Erklärungssysteme einzusetzen. Dabei gehen sie von demjenigen System aus, mit dem sie in ihrer jeweiligen Sprache und Kultur zu tun haben, d.h. vom Inhalt dessen, was in ihrer jeweiligen Kultur (vor allem sprachlich) weitergegeben wird.

Das Verstehen kausaler und quantitativer Beziehungen

Irgendwann um die Zeit ihres ersten Geburtstags beginnen Säuglinge, Werkzeuge auf eine Weise zu verwenden, die ein heraufdämmerndes Verständnis der kausalen Kräfte ihrer eigenen sensu-motorischen Handlungen anzeigt.[41] Wenn es jedoch um eine kausale Analyse der Interaktionen zwischen äußeren Gegenständen und Ereignissen geht (d.h. unabhängig von der eigenen Handlung des Kindes), zeigen Kinder einige Jahre lang eine sehr schwache Leistung, und zwar sogar bei Aufgaben, die Erwachsene für relativ leicht halten.[42] Wie für den psychosozialen Bereich stellt sich auch hier die Frage, warum dieser Entwicklungsprozeß so langsam vor sich geht.

40 Lillard, 1997.

41 Piaget, 1974.

42 Z.B. Piaget und Garcia, 1974; Schultz, 1982.

Entsprechend den Ausführungen in den Kapiteln 2 und 3 vertrete ich die Ansicht, daß das früheste kausale Verständnis physischer Ereignisse auf dem intentionalen Verständnis externer psychosozialer Ereignisse beruht. Dies bildet die Grundlage für kausales Verstehen, das hauptsächlich während des zweiten Lebensjahrs auftritt. Abgesehen von diesen Grundformen beruht das frühe Kausalverstehen spezifischer Ereignisse jedoch in der einen oder anderen Weise vor allem auf den drei Formen soziokultureller Prozesse, die ich in diesem Kapitel genannt habe. Obwohl kleine Kinder gelegentlich die Ursachen eines bestimmten Phänomens durch eigene Beobachtung und Experimentieren entdecken können, hören sie zumeist, wie Erwachsene ihnen kausale Beziehungen erklären, und versuchen dann zu verstehen, was die Erwachsenen sagen. Dieser Versuch des Verstehens kausaler Rede trägt auf mehreren Ebenen zum kausalen Verständnis der Kinder bei. Am grundlegendsten ist die Tatsache, daß in allen Sprachen der Welt Kausalität eine wichtige strukturgebende Rolle spielt. Ein Großteil der kanonischen Sprachkonstruktionen aller Sprachen ist in der einen oder anderen Form transitiv oder sogar kausativ.[43] Daran läßt sich erkennen, daß Kausalität ein grundlegender Aspekt menschlicher Kognition ist, und deshalb ist die Struktur der Sprache ein historisches Ergebnis, und nicht die Ursache des kausalen Verstehens. Ontogenetisch bedeutet das jedoch, daß Kinder ständig kausale Beschreibungen bestimmter Ereignisse hören, die sie unmöglich selbst bilden könnten. So ordnen selbst die einfachsten Äußerungen, die eine Zustandsänderung beschreiben, wie *Du hast das Glas zerbrochen* oder *Er hat sein Zimmer saubergemacht*, der resultierenden Zustandsänderung eine Ursache oder zumindest einen kausalen Akteur zu. Diese Art der Rede lenkt zumindest die Aufmerksamkeit der Kinder immer wieder auf die Möglichkeit, daß kausale Akteure für verschiedene Arten physischer Ereignisse verantwortlich sind.

Außerdem sprechen Erwachsene und Kinder natürlich auch explizit über Ursachen, und viele, obwohl gewiß nicht alle, der

43 Hopper und Thompson, 1980.

besonderen kausalen Erklärungen von Kindern rühren von ihren Gesprächen mit Erwachsenen her. Aber selbst in den Fällen, wo Kinder originelle kausale Erklärungen von Ereignissen produzieren, hat jede Kultur ihre eigenen Erklärungsweisen, die von den Kindern bald gelernt werden. So erklärt die Volksgruppe der Jalaris im ländlichen Indien Krankheiten und Naturkatastrophen typischerweise durch eine Wechselwirkung von Geistern und menschlichen Missetaten,[44] und die Zande von Zentralafrika schreiben viele Unglücksereignisse der Hexerei zu.[45] Es ist daher nicht verwunderlich, daß westliche Mittelschichtskinder bestimmte Erklärungen geben, sobald sie sich die Erklärungen angeeignet haben, die Erwachsene normalerweise geben und wertschätzen. Beispielsweise haben Bloom und Capatides in einer Untersuchung der frühesten Kausalerklärungen festgestellt, daß der größte Teil kausaler Rede von Kindern sich nicht auf Ereignisse bezog, die unabhängig von ihnen stattfanden, sondern vielmehr auf sozio-kulturelle Situationen und darauf, wie sie mit ihnen umgehen könnten. Bloom und Capatides nannten das »subjektive Kausalität«.[46] Viele dieser Situationen beinhalteten »willkürliche« Regeln und Konventionen, und so war die einzige Möglichkeit, wie das Kind die kausale Struktur gelernt haben kann, das Gespräch mit Erwachsenen.[47] Beispiele hierfür sind:

(1) KIND: Er kann nicht weiterfahren. (Bild eines Zuges vor einem roten Signallicht)
ERWACHSENER: Er kann nicht weiterfahren?
KIND: Nein, weil dieses Zeichen bedeutet, daß er nicht weiterfahren kann.
(2) ERWACHSENER: Woher hast du das (Meerschweinchen)? Hast du es von der Schule mitgebracht?
KIND: Ja, weil die nicht in die Schule gehören.
(3) ERWACHSENER: Ich möchte jetzt nach Hause gehen.
KIND: Warte bis Mama kommt.
ERWACHSENER: Warum?
KIND: Weil ich sonst alleine bin.

44 Nuckolls, 1991.
45 Evans-Pritchard, 1978.
46 Bloom und Capatides, 1987.
47 Siehe auch Hood, Fiess und Aron, 1982; Callanan und Oakes, 1992.

Bloom und Capatides bemerken:

Die Kinder könnten keine Beziehungen wie diese zwischen Ereignissen entdeckt haben oder die Gefühle, persönlichen Urteile oder kulturellen Überzeugungen, die mit den Ereignissen kausal verknüpft sind, dadurch herausgefunden haben, daß sie auf ihre Umgebung einwirken. Jemand muß ihnen gesagt haben, daß Rot Anhalten und Grün Weiterfahren bedeutet, daß Meerschweinchen nicht in die Schule gehören etc. Vieles von dem, was die Kinder über subjektive Kausalität wußten, müssen sie den Überzeugungen, Gründen und Rechtfertigungen Erwachsener in vorangegangenen Gesprächen entnommen haben.[48]

Damit soll nicht geleugnet werden, daß Kinder manche Aspekte kausaler Folgen auch eigenständig lernen oder daß das kausale Denken der Sprache in einem gewissen Sinn sowohl phylogenetisch als auch ontogenetisch vorausgeht. Es scheint jedoch trotzdem so zu sein, daß der Erwerb der kausalen Erklärungsweisen Erwachsener zum Großteil von den Versuchen der Kinder während ihrer Ontogenese abhängt, die kausalen Erklärungen Erwachsener zu verstehen, wenn sie mit ihnen sprechen. Dieser Prozeß ist auch ein wichtiger Bestandteil dessen, wie Vorschulkinder lernen, ihre Erzählungen von Geschichten so zu strukturieren, daß sie kausal kohärent werden.[49] Interessanterweise können diese Erklärungen Erwachsener, die aus der kulturellen Entwicklungslinie hervorgehen, manchmal mit der natürlichen Neigung des Kindes in Konflikt geraten, physische Ereignisse intentional zu erklären. So hat z.B. Kelemen die »unterschiedslose Teleologie« kleiner amerikanischer Kinder nachgewiesen, die intentionale Erklärungen für natürliche Phänomene geben (vermutlich im Gegensatz zu den kausalen Theorien Erwachsener, die sie hören), z.B. daß Steine deshalb spitz sind, damit Tiere sich nicht auf sie setzen und kaputt machen.[50]

Eine besondere Form des Wissens über Gegenstände in der physischen Welt betrifft ihre Quantität. Mathematische Wissensinhalte und Schlußverfahren sind im gegenwärtigen Zusam-

48 A.a.O., S. 389.

49 Trabasso und Stein, 1981.

50 Kelemen, 1998.

menhang von besonderem Interesse, weil nichts weniger sozial zu sein scheint als die Mathematik. Und in der Tat können viele nichtsprachliche Organismen, von Vögeln über Primaten bis zu vorsprachlichen Säuglingen, kleine Quantitäten voneinander unterscheiden.[51] Das ontogenetische Rätsel ist wiederum, daß vorsprachliche Kinder zwar über bestimmte quantitative Fertigkeiten verfügen, daß sie aber erst zwischen vier und fünf Jahren die Erhaltung einer Quantität durch verschiedene physikalische Umwandlungen hindurch verstehen. Erst danach können sie mathematische Operationen wie Addieren und Subtrahieren vornehmen.

Es steht außer Frage, daß arithmetische Operationen entscheidend von den verfügbaren symbolischen Medien abhängen, gleichgültig ob es sich dabei um Zahlwörter oder graphische Zahlzeichen handelt. Bei der Verwendung arithmetischer Operationen in verschiedenen menschlichen Kulturen gibt es tiefgreifende Unterschiede, die davon abhängen, welche Mittel sie beim Zählen benutzen.[52] Innerhalb der westlichen Kultur gab es beim Vollzug arithmetischer Operationen radikale Veränderungen, insbesondere mit der Einführung arabischer Zahlzeichen und des Stellenwertsystems (einschließlich des Zeichens für die Null). Insgesamt sieht es so aus, daß die Arithmetik als eine Menge praktischer Tätigkeiten, die Menschen z. B. dabei helfen, Land zu vermessen oder einen Überblick über das Eigentum von Dingen zu behalten, ohne Symbole einer bestimmten Art nicht möglich wäre. Die Mathematik ist daher der Prototyp des kulturellen Wagenhebereffekts, der in Kapitel 2 beschrieben wurde, insofern neue Verfahrensweisen von Erwachsenen entweder einzeln oder gemeinsam geschaffen werden, woraufhin Kinder dann später mit diesen Produkten vertraut gemacht werden und ihren Gebrauch lernen. Obwohl die Situation für verschiedene mathematische Symbole verschieden sein kann, ist es so gut wie sicher, daß die meisten Kinder die komplexeren dieser Verfahren (z. B. die Division großer Zahlen durch einander) nicht ohne expliziten Unterricht ler-

51 Davis und Perusse, 1988; Starkey, Spelke und Gelman, 1990.

52 Z. B. Saxe, 1981.

nen könnten, d. h. ohne die »Weitergabe« durch erfahrenere Erwachsene.

Man könnte jedoch sogar für die radikalere Behauptung argumentieren, daß der grundlegende Begriff der Zahl selbst von sozio-kultureller Kognition abhängt. Die Frage ist wieder, warum kleine Kinder, die seit ihrem frühen Säuglingsalter ein bestimmtes Verständnis von Quantitäten gehabt haben, bis zum Alter von fünf bis sechs Jahren warten, bevor sie den Zahlbegriff genau verstehen. Individuelles Lernen durch unmittelbare Erfahrung und das Umgehen mit Quantitäten scheint jedenfalls kein plausibler Mechanismus zu sein.[53] Obwohl in einigen Untersuchungen festgestellt wurde, daß das Verstehen von Erhaltungsbegriffen, einschließlich des Zahlbegriffs, durch direkten Unterricht von Erwachsenen gefördert werden kann, gibt es unumstößliche Grenzen hinsichtlich des frühesten Alters, an die man mit einem solchen Training gelangt.[54] Eine Möglichkeit ist z. B., daß das Verstehen von Erhaltungsbegriffen im allgemeinen und des Zahlbegriffs im besonderen von der Koordination von Perspektiven in einer Weise abhängt, die entweder direkt oder indirekt durch soziale Interaktion und Gespräche bedingt ist. Belege für diese Ansicht sind in den Forschungen von Doise und Mugny, Mugny und Doise sowie Perret-Clermont und Brossard zu finden, die entdeckten, daß viele Kinder, die zunächst bei Erhaltungsaufgaben versagten, ihre Leistung beträchtlich verbesserten, wenn sie über das Problem mit einem anderen Kind sprachen, selbst wenn ihr Partner nicht mehr wußte als sie selbst.[55] Vermutlich war der Mechanismus, der in diesen Fällen die Veränderung hervorbrachte, die dialogische Interaktion mit dem Partner, wobei dieser eine Ansicht über das Problem äußerte, welche die Perspektive des Kindes ergänzte oder es sonst irgendwie dazu veranlaßte, über seine vorherigen unrichtigen Meinungen noch einmal nachzudenken. Ein Kind, das z. B. dachte, daß der höhere Becher mehr Wasser enthielt, weil das Wasser einen höheren Stand er-

53 Wallach, 1969.

54 Baillargeon, 1983.

55 Doise und Mugny, 1979; Mugny und Doise, 1978; Perret-Clermont und Brossard, 1985.

reichte, könnte ein Kind als Partner haben, das der Meinung war, daß der breitere Becher mehr Wasser enthielt, weil das Wasser eine größere Oberfläche bedeckte; wobei die Verschränkung dieser beiden Perspektiven eine Lösung des Problems ergibt. In einer kürzlich durchgeführten Variante dieser Untersuchungen stellte Siegler folgendes fest: Wenn ein Kind gebeten wurde, das Urteil eines erwachsenen Versuchsleiters über ein Problem zu erklären, wurden kleine Kinder zu Lösungen eines Erhaltungsproblems von Quantitäten veranlaßt, die denen von Erwachsenen ähnlicher waren als bei anderen Arten von traditionellerem Training und Unterricht.[56]

Tatsächlich läßt sich die Tradierung der Mathematik in mancher Hinsicht als ein prägnantes Beispiel für die Fertigkeiten zur Perspektivenübernahme und zum Perspektivenwechsel verstehen, und insofern beruht sie letztlich auf Prozessen der sozialen Kognition und der Rede. Piaget hat darauf hingewiesen, daß der Zahlbegriff auf zwei grundlegenden nichtsozialen Begriffen gründet: (a) Klassifikationsbegriffen (Kardinalität), durch die alle Gruppen von Dingen mit derselben Anzahl als »gleich« behandelt werden; und (b) relationalen Begriffen (Serialität), durch die ein Glied einer Folge zugleich als größer als das vorangehende und kleiner als das nachfolgende Glied vorgestellt wird. Es ist wohl kein Zufall, daß es sich hier um dieselben grundlegenden Begriffe handelt, die einen Großteil der Sprache strukturieren: Sie bilden Kategorien und Klassen von Wörtern (Paradigmata) und verknüpfen sie miteinander in einer Folge (Syntagmata). Der Vollzug sprachlicher Kommunikation erzeugt zwar nicht die Grundfähigkeiten der Klassifikation und des relationalen Denkens, da diese Fähigkeiten in rudimentärer Form auch bei nichtmenschlichen Primaten vorhanden sind, sondern das Verstehen, der Erwerb und die Verwendung von Sprache verlangt, wie oben ausgeführt, die spezifische und wirksame Ausübung dieser Fertigkeiten. Daher besteht die Antwort auf die Frage, warum Kinder so lange brauchen, um zu einem erwachsenenähnlichen Verständnis des Zahlbegriffs zu gelangen, zum Teil darin, daß ein

56 Siegler, 1995.

solches Verständnis eine längere Übung und Praxis von Fertigkeiten der Klassifikation und des relationalen Denkens erfordert, die ebenfalls vom Erwerb und Gebrauch einer natürlichen Sprache vorausgesetzt werden. In diesem Zusammenhang mag die Tatsache relevant sein, daß viele taube Kinder, die während der frühen Kindheit bedeutsame Verzögerungen in ihrer Sprachentwicklung aufweisen (vermutlich deshalb, weil sie die meiste Zeit keine Partner haben, die eine Zeichensprache beherrschen), auch erst mit bedeutender Verzögerung Aufgaben zur Erhaltung von Quantitäten meistern, und zwar von zwei bis sechs Jahren relativ zur Norm.[57]

Im selben Sinne weist von Glasersfeld im Hinblick auf arithmetische Operationen darauf hin, daß die Addition auf der Fähigkeit beruht, sich die einzelnen Elemente und deren Gesamtheit zugleich vorzustellen.[58] Der Rechnende muß also nicht nur das jeweils gezählte Element in seinem Geist festhalten, sondern auch die laufende Rechnung, die die Anzahl der Gesamtheit bestimmt. Das wird durch jenen Mann veranschaulicht, der im Halbschlaf die Kirchenglocke läuten hörte und sich nicht sicher war, ob er die Glocke vier Uhr schlagen oder ob er sie viermal eins schlagen gehört hat. Der Begriff der Vier als Summe von 1+1+1+1 beinhaltet sowohl die Perspektive von Elementen als Elemente als auch die Perspektive einer zusammenhängenden Gruppierung, deren Teile sie sind. Die Multiplikation und Division hebt diesen Prozeß einfach auf eine höhere Stufe, indem man z. B. in Dreierschritten oder in Sechserschritten anstatt in Einheiten zählt. Es ist zumindest vorstellbar, daß Kinder zunächst einige der klassifizierenden und relationalen Operationen, die am Prozeß sprachlicher Kommunikation beteiligt sind, gelernt haben müssen, um diese gleichzeitige Übernahme mehrerer Perspektiven, die eine hierarchische Ordnung aufweisen, zu vollziehen.

Zusammenfassend läßt sich sagen, daß das kindliche Verständnis der physischen Welt auf der sicheren Grundlage der Primatenkognition beruht. Zwei der wichtigsten Fertigkeiten für

57 Siehe die Übersicht bei Mayberry, 1995.

58 Von Glasersfeld, 1982.

physische Kognition, die beide spezifisch und universal für den Menschen sind, betreffen das kausale Verstehen und bestimmte Arten quantitativen Denkens. Das kausale Verstehen ist der kognitive Leim, der der menschlichen Kognition in allen besonderen Wissensbereichen Einheit verleiht, wobei der Zahlbegriff und die Mathematik vielen wichtigen menschlichen Tätigkeiten zugrunde liegen, vom Geld über die Architektur bis zur Wissenschaft. Keine dieser kognitiven Fertigkeiten hat ihren letzten Ursprung im sozio-kulturellen Leben, aber beide haben ihre heutige Form nur deshalb, weil Kinder ihnen auf einem kulturellen und sprachlichen Nährboden begegnen, auf dem sie (a) besondere Wissensinhalte, Denkmodelle und Erklärungen direkt durch die Sprache erfahren (Weitergabe von Wissen); (b) mit den Strukturen der Sprache umgehen, und zwar sowohl mit kausalen Strukturen als auch mit klassifikatorischen und relationalen Strukturen (die strukturbildende Rolle der Sprache); und (c) mit anderen über die physische Welt und deren Funktionsweise sprechen, und zwar so, daß sie zu der Übernahme derjenigen Perspektiven führen, von denen manche dieser Begriffe abhängen (Rede und Perspektivenübernahme).

Die Kognition in der frühen Kindheit

Ich möchte noch einmal wiederholen: Soziale und kulturelle Prozesse während der Ontogenese erzeugen keine kognitiven Grundfähigkeiten. Statt dessen verwandeln sie diese Grundfähigkeiten in äußerst komplexe und verfeinerte kognitive Fertigkeiten. So gestattet die Fähigkeit der Kinder, kommunikative Absichten und Sprache zu verstehen, die »Weitergabe« von Wissen an sie durch Sprache. Dabei ist manchmal die Informationsdichte so groß, daß sie dieses Wissen umorganisieren müssen, indem sie wahrnehmungsnahe Kategorien verändern, um den Überblick darüber zu behalten.[59] Außerdem führt ihr ständiger Gebrauch der in ihrer Kultur beheimateten Sprache Kinder dazu, die Welt anhand der Kategorien, Perspektiven und Analogien zu verste-

59 Mervis, 1987.

hen, die in dieser Sprache verkörpert sind, und wahrscheinlich auch dazu, diese laufend ausgeübten Fertigkeiten zur Kategorisierung, Analogiebildung und Perspektivenübernahme in anderen Bereichen wie z. B. der Mathematik anzuwenden. Zusätzlich erfahren kleine Kinder in ihren Gesprächen mit anderen unzählige konfligierende Überzeugungen und Standpunkte, ein Vorgang, der mit großer Wahrscheinlichkeit eine wesentliche Rolle dabei spielt, daß sie andere Personen als Wesen verstehen, die einen ähnlichen, aber doch auch verschiedenen Geist von ihrem eigenen haben.

Nach all dem können wir uns noch einmal ein einsames Kind auf einer verlassenen Insel vorstellen: Es soll ein Jahr alt sein, in kognitiver Hinsicht normal, in der Lage, intentionale und kausale Beziehungen zu verstehen, bereit zum Spracherwerb, aber ohne Kontakt mit Menschen oder Symbolen. Dieses Kind würde mit Sicherheit Informationen sammeln, würde kategorisieren und selbständig bis zu einem gewissen Grad kausale und andere Beziehungen in der Welt sehen. Aber

- es würde keine Informationen über Kausalität in der physischen Welt oder mentale Vorgänge in der psychosozialen Welt erhalten, die von anderen gesammelt wurden, oder von anderen irgendwie darüber unterrichtet werden (d. h. es gäbe keine »Weitergabe« von Information);
- es würde keine der vielen komplexen Formen von Kategorisierungen, Analogien, Kausalität und Metaphernbildungen erfahren, die in einer historisch entwickelten, natürlichen Sprache verkörpert sind; und
- es würde keine abweichenden oder konfligierenden Ansichten oder Meinungen über seine eigenen Ansichten in dialogischen Auseinandersetzungen mit anderen Personen erfahren.

Daher vermute ich, daß dieses Kind zu einer späteren Zeit nur sehr wenige kausale und sehr wenige mathematische Denkprozesse vollziehen und sehr wenig über die mentalen Zustände anderer und über moralische Gegenstände nachdenken würde, und zwar deshalb, weil alle diese Formen des Denkens und Überlegens entweder hauptsächlich oder ausschließlich in der dialogischen Auseinandersetzung mit anderen stattfinden.

Metakognition und repräsentationale Neubeschreibung

Sowohl für den physischen als auch für den sozialen Bereich habe ich verschiedene Gesprächsformen skizziert, die Kinder dazu führen, eine Situation zu verstehen und neue Perspektiven auf sie einzunehmen. Die dritte Form, die ich besprochen habe, war die reflexive Metarede, bei der jemand die verbal ausgedrückten Gedanken oder Überzeugungen anderer kommentiert oder bewertet (häufig in Unterrichtssituationen). Es gibt jedoch eine besondere Anwendung dieser Art von Rede, die oben angedeutet wurde und die genauer analysiert werden muß, weil sie für den Übergang von der Kognition früher Kindheit zur späteren Kognition eine besondere Rolle spielt. Nach Vygotskij und anderen besteht der Grundgedanke darin, daß Kinder die Rede verinnerlichen, durch die Erwachsene ihnen Anweisungen geben oder ihr Verhalten steuern (d. h. sie lernen sie durch Imitation). Das veranlaßt sie, ihre eigenen Gedanken und Überzeugungen so zu prüfen und auf sie zu reflektieren, wie der Erwachsene es vorgemacht hat. Daraus resultieren verschiedene Fertigkeiten zur Selbststeuerung und Metakognition, die zuerst am Ende der frühen Kindheitsperiode und wahrscheinlich bei Prozessen repräsentationaler Neubeschreibung in Erscheinung treten, durch welche dialogische kognitive Repräsentationen gebildet werden.

Selbststeuerung und Metakognition

Auf der ganzen Welt treten Kinder zwischen fünf und sieben Jahren in eine neue Entwicklungsphase ein. Nahezu alle Gesellschaften, in denen es eine institutionalisierte Schulbildung gibt, schulen Kinder in diesem Alter ein, und häufig werden den Kindern auch neue Verantwortungen übertragen.[60] Zumindest ein Teil der Gründe dafür, warum Erwachsene zu Kindern diesen Alters ein größeres Zutrauen haben, liegt in der wachsenden

60 Cole und Cole, 1996.

Fähigkeit der Kinder, verschiedene Regeln zu verinnerlichen, die Erwachsene ihnen geben, und diesen Regeln auch dann zu folgen, wenn der Erwachsene nicht anwesend ist, d. h. in ihrer wachsenden Fähigkeit zur Selbststeuerung. Ein weiterer Grund ist, daß Kinder in diesem Alter in der Lage sind, über ihre eigenen Tätigkeiten des Nachdenkens und Problemlösens zu sprechen, und zwar so, daß sie weitere Problemlösetätigkeiten viel leichter erlernen können. Das bedeutet, daß sie die Fähigkeit zu bestimmten, besonders produktiven Formen der Metakognition haben.

Ohne einen Gesamtüberblick über eine sehr umfangreiche Literatur zur Entwicklung und Bildung geben zu wollen, sind im folgenden einige wichtige Bereiche metakognitiver Tätigkeit aufgeführt, die Kinder am Ende der frühen Kindheit zu vollziehen beginnen:

- Sie beginnen, Regeln zu lernen und zu befolgen, die Erwachsene ihnen beigebracht haben, um ein theoretisches Problem besser zu lösen, und sie tun das relativ selbständig (selbstgesteuert).[61]
- Sie fangen an, soziale und moralische Regeln selbstgesteuert zu verwenden, um ihre spontanen Handlungsimpulse zu hemmen, ihre sozialen Interaktionen zu leiten und zukünftige Handlungen zu planen.[62]
- Sie beginnen, aktiv den sozialen Eindruck zu verfolgen, den sie auf andere Leute machen, und betreiben so aktives Impression-Management, was ihr Verständnis der Meinungen anderer über sie selbst widerspiegelt.[63]
- Sie fangen an, verschachtelte Sätze mit mentalen Ausdrücken zu verstehen, wie z. B. »Sie denkt, daß ich X denke«.[64]
- Sie beginnen Fertigkeiten der Metaerinnerung zu zeigen, die ihnen ermöglichen, bei Gedächtnisaufgaben Planungsstrategien zu verwenden, z. B. wenn Erinnerungshilfen erforderlich sind.[65]
- Sie fangen zu lesen und schreiben an, was zum großen Teil von metasprachlichen Fertigkeiten abhängig ist, die ihnen gestatten, über die Sprache und ihre Funktion zu sprechen.[66]

61 Brown und Kane, 1988; Zelazo, 2000.

62 Palincsar und Brown, 1984; Gauvain und Rogoff, 1989.

63 Harter, 1983.

64 Perner, 1988.

65 Schneider und Bjorkland, 1997.

66 Snow und Ninio, 1986.

Obwohl wir nicht so viele direkte Belege haben, wie wünschenswert wären, gibt es manche Anzeichen dafür, daß diese Arten von selbstgesteuerten und metakognitiven Fertigkeiten damit zusammenhängen, daß Erwachsene Kindern gegenüber reflexive Metarede gebrauchen, dic die Kinder dann verinnerlichen, damit sie sie unabhängig für die Steuerung ihres eigenen Verhaltens einsetzen können. Die Grundidee ist dabei folgende: Wenn der Erwachsene das Verhalten des Kindes bei einer bestimmten kognitiven Aufgabe steuert, versucht das Kind zunächst, diese Steuerung vom Standpunkt des Erwachsenen zu verstehen (die Perspektive des Erwachsenen zu simulieren). Später vollzieht es die Anweisungen des Erwachsenen offen nach, indem es sein eigenes Verhalten in der gleichen oder einer ähnlichen Situation durch metakognitive, verhaltensüberwachende Strategien oder selbststeuernde Rede reguliert.

Verschiedene Belege stützen diese Ansicht. Erstens fand Luria in einer Reihe klassischer Untersuchungen heraus, daß zwei- und dreijährige Kinder nicht in der Lage waren, bei der Steuerung ihrer Problemlösetätigkeiten Sprache zu verwenden, was sich an ihrer wiederholten Nichtbeachtung ihres eigenen selbstbezogenen Sprechens zeigte (sie wiederholten nur, was die Erwachsenen sagten).[67] Aber ab ihrem vierten oder fünften Geburtstag bewiesen die Kinder in Lurias Untersuchungen die Fähigkeit, ihre Rede zur Steuerung ihres eigenen Verhaltens einzusetzen, indem sie ihre selbststeuernde Rede mit ihrem Verhalten bei der Aufgabe dialogisch koordinierten. Zweitens wurde in verschiedenen Untersuchungen nachgewiesen, daß die selbststeuernde Rede von Kindern wirklich spezifisch auf die Steuerung und die Anweisungen der Erwachsenen zurückgeht. Ratner und Hill haben beispielsweise festgestellt, daß Kinder diesen Alters die Rolle des Lehrers in einer Lehrsituation auch noch Wochen nach der ursprünglichen Lehrerfahrung reproduzieren können.[68] Es gibt auch Hinweise auf eine Korrelation zwischen Lehrer- und Schülerverhalten, die in dieselbe Richtung deuten. Beispielsweise fand Kontos heraus, daß Kinder, die von ihren

67 Luria, 1961.

68 Ratner und Hill, 1991; siehe auch Foley und Ratner, 1997.

Müttern Anweisungen zu einem Problem bekommen hatten, bei anschließenden Problemlöseepisoden mehr selbststeuerndes Sprachverhalten zeigten (im Vergleich mit Kindern, die keine Anweisungen bekommen hatten).[69] Es gibt sogar experimentelle Hinweise darauf, daß Änderungen im Unterrichtsstil der Erwachsenen zu Änderungen in der Häufigkeit selbststeuernder Rede führen können, die Kinder bei späteren Versuchen mit derselben Problemsituation verwenden.[70] Drittens zeigen informelle Beobachtungen bei derselben Altersspanne, daß Kinder sich zunächst spontan bemühen, andere Kinder zu lehren oder deren Lernen zu steuern. Diese Verhaltensweisen sind hier deshalb relevant, weil Selbststeuerung in gewissem Sinn bedeutet, daß man sich selbst etwas beibringt.[71]

In späteren Phasen ihrer frühen Kindheit zeigen Kinder also relativ deutliche Anzeichen, daß sie die steuernde Rede, Regeln und Anweisungen der Erwachsenen verinnerlichen. Vygotskij machte geltend, daß das, was verinnerlicht wird, ein Dialog ist. Bei Lerninteraktionen versteht das Kind die Anweisung des Erwachsenen (es simuliert die steuernde Aktivität des Erwachsenen). Es tut das jedoch vor dem Hintergrund seines eigenen Verständnisses, was eine Koordination der beiden Perspektiven erfordert. Die daraus resultierende kognitive Repräsentation repräsentiert daher nicht nur die Anweisungen, sondern auch den intersubjektiven Dialog.[72] Eine mögliche Hypothese ist nun, daß diejenigen steuernden Aktivitäten des Erwachsenen, die vom Kind mit der größten Wahrscheinlichkeit in einen inneren Dialog eingebaut werden, solche sind, die an schwierigen Stellen einer Aufgabe vorkommen, d. h. wenn das Kind und der Erwachsene sich nicht beide zugleich auf denselben Aspekt der Aufgabe konzentrieren (genau wie bei anderen Arten von Imitation). Diese Diskrepanz wird dem Kind bewußt, wenn es versucht, die Anweisungen des Erwachsenen zu verstehen, so daß der Versuch der Wiederherstellung eines gemeinsamen Verständ-

69 Kontos, 1983.

70 Goudena, 1987.

71 Siehe auch Ashley und Tomasello, 1998.

72 Fernyhough, 1996.

nisses die Form eines Dialogs annimmt, und zwar eines wirklichen oder eines verinnerlichten. Ein Beleg für diese Hypothese stellt zumindest die Beobachtung dar, daß selbststeuernde Rede von Kindern tatsächlich meistens an schwierigen Stellen von Problemlöseaufgaben eingesetzt wird.[73] Es sollte ebenfalls betont werden, daß das, was Kinder im Fall von Anweisungen und steuernden Aktivitäten verinnerlichen, höchstwahrscheinlich die »Stimme« einer anderen Person ist.[74] Wichtig ist dabei, daß eine Stimme nicht nur ein blutleerer Standpunkt ist, sondern die Kognition oder das Verhalten des Kindes vielmehr mit größerer oder geringerer Autorität leitet. Die Verinnerlichung der Anweisung eines Erwachsenen umfaßt daher sowohl eine begriffliche Perspektive als auch ein moralisches Gebot: »Du sollst es auf diese Weise auffassen.« Bruner hat deshalb vor allem geltend gemacht, daß eine umfassende Erklärung menschlicher Kultur diese »deontische« Dimension der Kultur und des kulturellen Lernens nicht übersehen darf.[75]

Repräsentationale Neubeschreibung

Karmiloff-Smith stellt folgende Frage:[76] Vorausgesetzt, daß Menschen biologische Wesen sind und daher wie andere Lebewesen kognitive Kompetenzen in vielen spezialisierten Bereichen haben, was unterscheidet dann menschliche Kognition von der Kognition anderer Arten? Ihre Antwort, die auf verschiedenartigen Forschungen basiert, lautet, daß es der Prozeß der repräsentationalen Neubeschreibung ist, durch den Menschen immer abstraktere und allgemeiner anwendbare kognitive Fertigkeiten ausbilden:

> Ich behaupte, daß eine spezifisch menschliche Weise des Wissenserwerbs darin besteht, daß sich der Geist die bereits gespeicherte Information (sowohl die angeborene als auch die erworbene) zunutze macht, indem er seine Repräsentationen neu beschreibt, oder genauer, indem er

73 Goodman, 1984.
74 Bachtin, 1986; Wertsch, 1991.
75 Bruner, 1987; 1996.
76 Karmiloff-Smith, 1992.

schrittweise in verschiedenen repräsentationalen Formaten den Inhalt seiner Repräsentationen noch einmal repräsentiert.[77]

Dieser Prozeß ist deshalb so wichtig, weil Menschen ihr Wissen in einer breiten Vielfalt relevanter Kontexte flexibler nutzen können, wenn sie dasselbe Wissen in verschiedenen Formaten noch einmal repräsentieren, von denen jedes einen weiteren Anwendungsbereich als das vorhergehende hat. Ihre Kognition wird dadurch »systematischer«, so, wie bei der Bildung umfassender Verallgemeinerungen in der Mathematik und bei abstrakten Konstruktionen der Grammatik.

In Karmiloff-Smiths Modell gibt es also zwei grundlegende Ebenen des Wissens und Verstehens (tatsächlich gibt es noch einige Unterebenen, die hier jedoch nicht relevant sind). Zunächst ist da jenes Wissen, das Menschen mit anderen Lebewesen teilen, obwohl sie zweifellos ihre eigene artspezifische Variante haben. Dabei handelt es sich um implizites, prozedurales Wissen, das zwar auf angeborenen Grundlagen ruht, aber außerdem von außen kommende Daten benutzt, um in einem bestimmten Bereich erfolgreiches Verhalten zu ermöglichen. Beispielsweise fängt das Lernen, wie man Gegenstände aufeinanderstellt oder eine Sprache gebraucht, damit an, daß das Kind versucht, die Aufgabe prozedural zu lösen, ohne daß es viel darüber weiß, was es tut. Die zweite Ebene ergibt sich aus einer repräsentationalen Neubeschreibung dieses prozeduralen Wissens und resultiert in explizitem, bewußtem und sprachlich ausdrückbarem Wissen. Nachdem man bei einer Aufgabe ein bestimmtes Niveau der Geschicklichkeit erreicht hat, beginnt man über die Gründe für diesen Erfolg nachzudenken und diejenigen Merkmale der eigenen Leistung zu isolieren, die für den Erfolg relevant sein könnten (obwohl dieser Prozeß natürlich nicht ganz optimal funktioniert). Zu einer repräsentationalen Neubeschreibung kommt es nicht in allen Wissensbereichen, sondern nur dort, wo das Individuum eine besondere Geschicklichkeit erreicht. Aus diesem Nachdenken ergeben sich Gedankensysteme, weil in der Selbstbeobachtung alle Fertigkeiten zur Kategorisierung und Analyse

77 Ebd., S. 15.

verwendet werden, die auch bei der Wahrnehmung, beim Verstehen und bei der Kategorisierung der Außenwelt zum Einsatz kommen. Die Person versteht, kategorisiert und nimmt ihre eigene Kognition wahr, was dadurch gefördert wird, daß diese Kognition in sprachlichem Gewand verfügbar ist. Das Ergebnis ist die Herausbildung effizienterer und abstrakterer kognitiver Systeme im Verlauf der Ontogenese.

Karmiloff-Smiths Erklärung für den Prozeß der repräsentationalen Neubeschreibung besteht im wesentlichen darin, daß das System einfach auf diese Weise funktioniert, daß nur Menschen, aber nicht andere Lebewesen so konstruiert sind:

> Der Prozeß repräsentationaler Neubeschreibung ergibt sich spontan als Teilwirkung eines inneren Drangs nach der Herstellung von Beziehungen innerhalb eines Wissensbereichs und zwischen verschiedenen Wissensbereichen. Obwohl ich die endogene Eigenart der repräsentationalen Neubeschreibung hervorgehoben habe, kann der Prozeß natürlich zu bestimmten Zeiten auch durch äußere Einflüsse ausgelöst werden.[78]

Das ist eine sehr plausible Vermutung. Dennoch muß ich sagen, daß es von einem evolutionären Standpunkt aus Schwierigkeiten bereitet, sich die ökologischen Bedingungen vorzustellen, die einen Selektionsdruck für einen solchen allgemeinen »Drang« bei Menschen, nicht aber bei nahe verwandten Tierarten darstellen könnten.

Eine alternative Erklärung der repräsentationalen Neubeschreibung lautet, daß sie sich durch die Einnahme der Perspektive eines Außenstehenden auf sein eigenes Verhalten und seine eigene Kognition ergibt: Das Kind tut etwas und beobachtet dann dieses Verhalten und die sich in ihm ausdrückende kognitive Organisation so, als ob es das Verhalten einer anderen Person betrachten würde. Dieser Reflexionsprozeß hat seine Wurzeln in den oben besprochenen Metadialogen, insbesondere in solchen, in denen Erwachsene Kindern Anweisungen geben, die dann verinnerlicht werden. Ich möchte behaupten, daß Kinder wie bei vielen anderen kognitiven Fertigkeiten auch bei dieser Verinnerlichung eine größere Geschicklichkeit erwerben, so daß sie diesen

78 Ebd., S. 18.

Vorgang verallgemeinern und folglich auf ihr eigenes Verhalten reflektieren können, *als ob* sie eine andere Person wären, die dieses Verhalten beobachtet. So ergibt sich z. B. die Systematisierung grundlegender mathematischer Begriffe mit größter Wahrscheinlichkeit dann, wenn Kinder auf ihre eigenen rudimentären mathematischen Operationen reflektieren.[79] Außerdem ist es wahrscheinlich so, daß Kinder ihre komplexeren grammatischen Strukturen erst dann bilden, wenn sie auf ihren produktiven Gebrauch abstrakter sprachlicher Konstruktionen reflektieren.[80] Wie ich oben schon betont habe, werden bei dieser Reflexion auf das eigene Verhalten und die eigene Kognition Grundfertigkeiten zur Kategorisierung, Schematisierung, Analogiebildung, etc. eingesetzt, so daß das Kind seine eigenen kognitiven Fertigkeiten genauso kategorisieren, organisieren und schematisieren kann, wie es das mit äußeren Phänomenen tut. Wahrscheinlich erleichtert die Tatsache, daß alles im selben sprachlichen Format stattfindet – d. h., sowohl das, was das Kind über die Welt sagt, als auch das, was der Erwachsene zu den Bemerkungen des Kindes sagt, sind normale sprachliche Ausdrücke –, den Gebrauch der kognitiven Grundfertigkeiten des Kindes bei der Reflexion.

Meine spekulative Vermutung ist also, daß die evolutionären Anpassungen, die sich auf die Fähigkeit von Menschen beziehen, ihr Sozialverhalten aufeinander abzustimmen – sich gegenseitig als intentionale Wesen zu verstehen – auch (nach vielen ontogenetischen Verfeinerungen) der Fähigkeit von Menschen zugrunde liegen könnten, auf ihr eigenes Verhalten zu reflektieren und auf diese Weise systematische Strukturen expliziten Wissens zu erzeugen, wie z. B. wissenschaftliche Theorien.[81] Die menschliche Fähigkeit zur Systembildung könnte, um einen Begriff von Gould[82] zu gebrauchen, eine Exaptation der Reflexionsfähigkeit von Menschen sein, die sich ihrerseits von ihren sozio-kognitiven Fähigkeiten ableitet.

79 Piaget, 1970.

80 Tomasello, 1992b; Tomasello und Brooks, 1999.

81 Siehe auch Humphrey, 1983.

82 Gould, 1982.

Jeder, der lange über diese Dinge nachgedacht hat, erkennt, daß die Kultur während der frühen Kindheit eine unverzichtbare Rolle für die kognitive Entwicklung des Menschen spielt. Vieles von dem spezifischen Wissen, das Kinder in diesem Alter lernen sollen, das ihnen ausdrücklich beigebracht wird oder das sie sich selbst aneignen, wird ihnen durch kulturspezifisch konventionelle Symbole oder direkten Unterricht von anderen zuteil. Um eine Kompetenz in einem Bereich zu erwerben, müssen sie lernen, was andere gelernt haben und dann eventuell selbst einige kleine Neuerungen hinzufügen. Die vorgefertigten sprachlichen Kategorien sind ebenfalls nicht zu übersehen, da sie für das Kind einen Ausgangspunkt darstellen, Dinge verschiedener Art begrifflich zu systematisieren und Beziehungen zwischen ihnen herzustellen. Eine solche kulturelle Weitergabe ist natürlich nur deshalb möglich, weil Kinder über Primatenfertigkeiten der Wahrnehmung, Erinnerung, Kategorisierung und dergleichen verfügen. Aber spezifisch menschliche Fertigkeiten zu kulturellem Lernen ermöglichen ihnen, diese individuellen Fertigkeiten zu verwenden, um vom Wissen und den Fertigkeiten anderer in ihrer sozialen Gruppe zu profitieren.

Nur sehr wenige Forscher sind jedoch über die Anerkennung dieser einflußreichen Rolle der Kultur für den Inhalt der Kognition von Kindern hinausgegangen und haben die Rolle der Kultur für den *Prozeß* der kognitiven Entwicklung betrachtet. Obwohl die Fähigkeit von Kindern, die Perspektive anderer einzunehmen, eine anerkannte Tatsache ist, wird sie normalerweise als eine gesonderte Fertigkeit betrachtet, als eine bloße Fertigkeit zu sozialer Kognition. Meiner Meinung nach, die sich in vielen Aspekten an einige von Piaget[83] in seinen frühen Arbeiten geäußerte Ansichten anlehnt, beginnt der Prozeß der Perspektivenübernahme schon in der frühen Kindheit, alle Aspekte der kognitiven Entwicklung von Kindern zu durchdringen. Seine beiden wichtigsten Manifestationen sind folgende:

83 Piaget, 1928.

• die zunehmende Fähigkeit der Kinder, einen Gegenstand aus zwei oder mehreren Perspektiven zugleich zu sehen (wie z. B. bei der hierarchischen Kategorisierung, bei Metaphern, Analogien, Zahlen etc.); und
• die zunehmende Fähigkeit, auf ihr eigenes intentionales Verhalten und ihre Kognition zu reflektieren, so daß beides repräsentational neu beschrieben und stärker »systematisiert« werden kann.

Diese Prozesse könnten sehr wohl nur innerhalb eng umgrenzter Bereiche kognitiver Aktivität stattfinden, die in gewissem Maße unabhängig voneinander sind, wobei jeder einzelne Prozeß auf eine bestimmte »kritische Masse« eines spezifischen Erfahrungsmaterials angewiesen wäre, bevor er in Aktion treten kann.[84] Eines der Kennzeichen reifer menschlicher Kognition besteht jedoch gerade darin, daß verschiedene Arten von Fertigkeiten und Wissen aufeinander bezogen werden können.

Es ist möglich, daß Menschen für bestimmte Arten der Kognition oder der sozialen Kognition eine spezifische, biologische Anpassung haben, die ihnen gestattet, mehrere Perspektiven zugleich einzunehmen und auf ihre eigene Kognition zu reflektieren, ohne daß sie sozial interagieren, und daß diese Fähigkeiten einfach während der frühen bis mittleren Kindheit auftauchen. Aber wenn das so sein sollte, ist es etwas verwunderlich, warum diese Fertigkeiten so lange brauchen, bis sie in der Ontogenese sichtbar werden. Meiner Ansicht nach tauchen diese kognitiven Funktionen deshalb so spät auf, weil sie auf der menschlichen Grundanpassung an soziale Kognition und Kultur in wirklichen sozialen Interaktionen beruhen, die über mehrere Jahre hinweg eingeübt wird. Der Erwerb und Gebrauch einer konventionellen Sprache sind für diesen Prozeß besonders wichtig wegen der verschiedenen Perspektiven, die einer Sprache innewohnen, wegen der vielgestaltigen Gespräche, die durch sie ermöglicht werden, und wegen des gemeinsamen repräsentationalen Formats, das die Sprache für reflexive Akte der Metakognition und der repräsentationalen Neubeschreibung bereitstellt. Außerdem würde es mir zumindest in evolutionärer Hinsicht merkwürdig erscheinen, wenn es sehr allgemeine kognitive Funktionen gäbe, die kei-

84 Hirschfield und Gelman, 1994.

nen Bezug zu irgendeinem kognitiven Bereich oder Inhalt hätten und die einfach irgendwann während der kognitiven Ontogenese auftauchten, ohne daß sie bei anderen Primatenarten vorgebildet wären. Die Ansicht, daß diese neuen Funktionen eine Einheit mit den früher auftretenden, spezifisch menschlichen kognitiven Fertigkeiten des Verstehens von anderen als intentionale Akteure und des kulturellen Lernens bilden, scheint dagegen viel plausibler zu sein. Der einzige Unterschied besteht darin, daß Kinder verschiedene Arten der Auffassung von Dingen und des Nachdenkens über sie von anderen lernen, einschließlich ihrer eigenen Kognition.

Viele Kulturpsychologen haben sich zu einigen dieser Themen geäußert, betrachten dabei jedoch das Kind nicht gerne als Individuum.[85] Als Vertreter des eher psychologisch orientierten Flügels innerhalb der Kulturpsychologie denke ich, daß wir nicht nur über das einzelne Kind, und das heißt über den Prozeß der Verinnerlichung, sprechen müssen.[86] Das Kind versteht, daß die Ansichten anderer Leute ihm tatsächlich äußerlich sind – es handelt sich dabei oft um Ansichten, die es nie alleine entwickelt hätte –, und wenn es sie sich zum Zweck des zukünftigen Gebrauchs in einer neuen Situation »zu eigen machen« will, muß es sie sich aneignen oder »verinnerlichen«. Wie ich an früheren Stellen schon betont habe,[87] ist der Prozeß der Verinnerlichung kein geheimnisvoller zusätzlicher Prozeß der Kognition oder des Lernens, der sich durch gegenwärtige theoretische Beschreibungen nicht fassen ließe. Wenn das Kind hört, wie ein Erwachsener eine Ansicht zu einem Thema oder zu seiner Kognition äußert, bedeutet Verinnerlichung einfach, daß es diese Ansicht auf dieselbe Weise lernt, wie es andere Dinge lernt, die mit Perspektiven zu tun haben. Wir könnten diesen Vorgang sogar kulturelles oder Imitationslernen in dem Sinne nennen, daß das Kind durch Imitation lernt, die Perspektive des anderen auf dieselbe Weise einzunehmen, wie es lernt, die Gefühlshaltung eines anderen gegenüber einem neuen Gegenstand (soziale Bezugnahme) oder

85 Lave, 1988; Rogoff, 1990; Rogoff, Chavajay und Mutusov, 1993.

86 Siehe auch Greenfield, 2000.

87 Tomasello, Kruger und Ratner, 1993.

das Verhalten eines anderen gegenüber einem Gegenstand (Imitationslernen instrumenteller Handlungen) einzunehmen. Der einzige Unterschied besteht darin, daß das Kind, wenn diese Ansicht sprachlich geäußert wird, die symbolische (intersubjektive) Beschreibung, die auch an es selbst gerichtet sein kann, durch Imitation lernt.

So scheint es, daß auch in diesem Fall die menschliche Ontogenese eine wichtige Rolle spielt. Die biologische Anpassung der Kinder an kulturelle Vererbung versetzt sie in die Lage, an bestimmten Formen sozialer Interaktion teilzunehmen. Es sind jedoch diese sozialen Interaktionen selbst, die das Kind tatsächlich dazu führen, verschiedene Perspektiven auf andere Dinge und sich selbst einzunehmen. Eine treffende Analogie stellen solche kulturspezifischen Tätigkeiten wie das Schachspiel oder Basketball dar. Natürlich erzeugt eine Kultur nicht die kognitiven oder sensu-motorischen Fähigkeiten des Individuums, die nötig sind, um diese Spiele zu spielen. Aber es ist unmöglich, ein Geschick darin zu entwickeln, ohne daß man einige Zeit – tatsächlich mehrere Jahre – diese Spiele mit anderen wirklich gespielt und Erfahrungen darüber gesammelt hat, was gut funktioniert, was nicht und was der Partner in bestimmten Situationen wahrscheinlich tun wird. Menschenkinder haben ein großes biologisches und kulturelles Erbe; aber es gibt trotzdem noch viel für sie zu tun.

7
Kulturelle Kognition

Wir können sagen, daß Denken im wesentlichen eine Tätigkeit des Operierens mit Zeichen ist.
Ludwig Wittgenstein

Wir haben kein Vermögen, ohne Zeichen zu denken.
Charles Sanders Peirce

Nur durch Gesten qua signifikante Symbole wird Geist oder Intelligenz möglich.
George Herbert Mead

Das Denken wird nicht nur in Worten ausgedrückt; es vollzieht sich in ihnen.
Lev Vygotskij

Menschliche Kognition ist eigentlich eine Form der Primatenkognition. Menschen haben den größten Teil ihrer kognitiven Fertigkeiten und ihres Wissens mit anderen Primaten gemein. Das gilt sowohl für die sensu-motorische Welt der Gegenstände mit ihren räumlichen, zeitlichen, kategoriellen und quantitativen Beziehungen als auch für die soziale Welt der Artgenossen mit ihren vertikalen (Dominanz) und horizontalen (Verwandtschaft) Beziehungen. Außerdem setzen alle Primatenarten ihre Fertigkeiten und ihr Wissen dazu ein, kreative und einsichtsvolle Strategien zu entwickeln, wenn sie mit Problemen in der sozialen oder physischen Welt konfrontiert sind. Jede Primatenart kann jedoch auch über zusätzliche kognitive Fertigkeiten verfügen, die über jene hinausgehen, die sie mit anderen Arten derselben Ordnung gemein hat. Menschen bilden hier keine Ausnahme. Nach der hier vertretenen Hypothese besitzen Menschen tatsächlich eine artspezifische kognitive Anpassung, die in vielen Hinsichten besonders wirksam ist, weil sie den *Prozeß* der kognitiven Evolution grundlegend verändert.

Diese Anpassung trat an einem bestimmten Punkt der Evolution des Menschen auf, möglicherweise sogar erst in jüngster Zeit und vermutlich wegen bestimmter genetischer Ereignisse und eines bestimmten Selektionsdrucks. Sie besteht in der Fähigkeit und Tendenz von Individuen, sich mit Artgenossen so zu identifizieren, daß sie diese Artgenossen als intentionale Akteure wie sich selbst mit eigenen Absichten und eigenem Aufmerksamkeitsfokus verstehen, und in der Fähigkeit, sie schließlich als geistige Akteure mit eigenen Wünschen und Überzeugungen zu begreifen. Diese neue Weise des Verstehens anderer Personen veränderte die Eigenart aller Formen von sozialer Interaktion, einschließlich des sozialen Lernens, grundlegend. Über einen historischen Zeitraum hinweg begann so eine einzigartige Form kultureller Evolution, indem viele Generationen von Kindern von ihren Vorfahren verschiedene Dinge lernten und diese dann modifizierten, wobei sich diese Modifikationen, die typischerweise in einem materiellen oder symbolischen Artefakt verkörpert sind, akkumulierten. Dieser »Wagenhebereffekt« änderte die Beschaffenheit der ontogenetischen Nische, in der sich menschliche Kinder entwickeln, radikal, so daß moderne Kinder ihrer physischen und sozialen Welt fast ausschließlich durch die Vermittlung kultureller Artefakte begegnen, die etwas von den intentionalen Beziehungen zur Welt verkörpern, die die Erfinder und Benutzer zu diesen Artefakten hatten. In der Entwicklung begriffene Kinder wachsen also mitten unter den besten Werkzeugen und Symbolen auf, die ihre Vorfahren erfunden haben, um mit den Härten der physischen und sozialen Welt umzugehen. Wenn Kinder diese Werkzeuge und Symbole verinnerlichen, indem sie sie sich durch Prozesse kulturellen Lernens aneignen, schaffen sie dabei neue wirkungsvolle Formen der kognitiven Repräsentation, die in den intentionalen und mentalen Perspektiven anderer Personen gründen.

Von einer metatheoretischen Perspektive aus behaupte ich also, daß wir die menschliche Kognition nicht völlig verstehen können – zumindest nicht ihre spezifisch menschlichen Aspekte –, ohne im einzelnen zu betrachten, wie sie sich auf drei verschiedenen Zeitskalen entfaltet:

• die Zeit der Phylogenese, in der menschliche Primaten ihr spezifisches Verstehen von Artgenossen entwickelten;
• die geschichtliche Zeit, in der diese ausgezeichnete Form des sozialen Verstehens zu charakteristischen Formen kultureller Vererbung führte mit materiellen und symbolischen Artefakten, die Modifikationen über die Zeit hinweg akkumulieren;
• die Zeit der Ontogenese, in der Kinder alles aufnehmen, was ihre Kulturen zu bieten haben, und dabei spezifische Arten von perspektivischen kognitiven Repräsentationen entwickeln.

Zum Schluß möchte ich noch einige Gedanken zu den Prozessen anfügen, die auf der jeweiligen Zeitskala stattfinden, und einige kurze Überlegungen zu den wichtigsten theoretischen Paradigmen vorstellen, die konkurrierende Erklärungen dieser Prozesse anbieten.

Phylogenese

Eines der herrschenden Paradigmen bei der modernen Erforschung menschlichen Verhaltens und der Kognition nimmt an, daß Menschen eine bestimmte Anzahl angeborener kognitiver Module besitzen. Dieser Ansatz wurde ursprünglich von Philosophen wie Chomsky und Fodor vertreten[1], fand aber seither Eingang in verschiedene empirische Paradigmen, unter anderem in den Neonativismus in der Entwicklungspsychologie und Soziobiologie und außerdem in die evolutionäre Psychologie innerhalb der evolutionären Anthropologie.[2] Das Hauptproblem für Theorien der Modularität war jedoch immer folgendes: Welche Module gibt es, und wie können wir sie identifizieren? Da keine allgemein anerkannte Methode zur Verfügung steht, konzentriert sich die Mehrheit der Theoretiker einfach auf diejenigen, die sie für die eindeutigsten Fälle hält, obwohl selbst diese sich in den verschiedenen Ansätzen sehr unterscheiden. Die am häufigsten angenommenen Module sind (a) Wissen über Gegenstände, (b) Wissen über andere Personen, (c) Wissen über Zahlen,

1 Chomsky, 1980; Fodor, 1983.

2 Z.B. Spelke und Newport, 1997; Tooby und Cosmides, 1989; Pinker, 1998.

(d) Wissen über die Sprache und (e) Wissen über Biologie. Selbst innerhalb dieser Bereiche gibt es jedoch Kontroversen darüber, ob man konstitutive Minimodule annehmen soll. Baron-Cohen behauptet beispielsweise, daß das anfängliche Wissen über andere Personen in vier sehr spezifischen Minimodulen besteht, und viele Linguisten der Chomskyschule glauben, daß die Sprachfähigkeit ebenfalls verschiedene sprachliche Minimodule beinhaltet. Die Suche nach Antworten im Gehirn, die von manchen Modularitätstheoretikern empfohlen wird, ist alles andere als einfach, da die Lokalisierung von Funktionen im Gehirn eine Folge vieler verschiedener Entwicklungsprozesse sein kann, und es keine genetische Spezifikation von Wissensinhalten gibt. Beispielsweise könnte ein bestimmter Teil des Gehirns besonders komplexe Informationen verarbeiten, und die erste Entwicklungsfunktion, die eine solche Rechenkapazität benötigt, könnte einfach dort lokalisiert sein.[3]

Das zweite Hauptproblem für Modularitätstheoretiker ist, wie in Kapitel 1 angedeutet, ein zeitliches. Für kognitive Funktionen, die der Mensch mit anderen Säugetieren und Primaten teilt, stand viel Zeit zur Verfügung, in der die biologische Evolution ihre Wunder vollbringen konnte. Aber für die Entwicklung der meisten spezifisch menschlichen kognitiven Funktionen gab es nicht genügend Zeit – höchstens sechs Millionen Jahre, aber viel eher nur eine viertel Million Jahre. Viel plausibler ist daher eine Theorie, die sich auf Prozesse konzentriert, die deutlich schneller vonstatten gehen – die sich z. B. in einem geschichtlichen und ontogenetischen Zeitrahmen vollziehen –, und dann versucht, die Art und Weise zu bestimmen, durch die diese Prozesse tatsächlich spezifisch menschliche kognitive Funktionen erzeugen und aufrechterhalten. Gewiß gibt es kognitive Funktionen, für die geschichtliche und ontogenetische Prozesse nur eine untergeordnete Rolle spielen, z. B. grundlegende Prozesse der Kategorisierung in der Wahrnehmung. Aber solche Dinge wie sprachliche Symbole und soziale Institutionen sind soziale Erzeugnisse und können deshalb unmöglich in ihrer ganzen

3 Bates, im Druck; Elman et al., 1997.

Komplexität mit einem Schlag in der Evolution des Menschen aufgetreten sein; bei ihrer Schaffung und ihrer Aufrechterhaltung müssen soziale Interaktionsprozesse eine Rolle gespielt haben. Das Grundproblem genetisch orientierter Modularitätsansätze – insbesondere, wenn sie sich auf spezifisch menschliche und sozial verfaßte Artefakte und gesellschaftliche Praktiken beziehen – ist im allgemeinen, daß sie versuchen, von der ersten Seite der Geschichte, nämlich der Genetik, zur letzten Seite, der gegenwärtigen menschlichen Kognition zu springen, ohne einen Blick auf die dazwischenliegenden Seiten zu werfen. Diese Theoretiker lassen somit in vielen Fällen formgebende Elemente sowohl des geschichtlichen als auch des ontogenetischen Zeitrahmens außer Betracht, die zwischen dem menschlichen Genotyp und Phänotyp eingeschaltet sind.

Mein eigener Versuch besteht darin, eine einzige biologische Anpassungsleistung mit Hebelwirkung zu finden, und so bin ich auf die Hypothese gestoßen, daß Menschen eine neue Art der Identifikation mit Artgenossen und ein Verständnis dieser Artgenossen als intentionale Wesen entwickelt haben. Der ökologische Druck, der eine solche Anpassung begünstigt haben mag, ist uns zwar nicht bekannt. Wir können uns aber verschiedene Vorteile vorstellen, die diese Anpassung den Menschen verliehen hat. Nach meiner Theorie könnte jedes der vielen Anpassungsszenarien für die soziale Kognition des Menschen zum selben evolutionären Ergebnis geführt haben. Wenn ein Individuum seine Artgenossen als intentionale Wesen versteht, aus welchem Grund auch immer, ob zu Zwecken der Kooperation, des Wettbewerbs, des sozialen Lernens, etc., wird dieses Verständnis sich nicht einfach in Luft auflösen, wenn dieses Individuum unter anderen Umständen mit Artgenossen interagiert. Mit anderen Worten, solche Dinge wie Kommunikation, Kooperation und soziales Lernen bilden keine verschiedenen Module oder Wissensbereiche. Es handelt sich dabei vielmehr um verschiedene Bereiche von Tätigkeiten, von denen jeder durch eine neue Weise des Verstehens von Artgenossen, d. h. eine neue Form der sozialen Kognition, eine grundlegende Wandlung erfuhr. Wichtig ist, daß diese neue Form sozialer Kognition tiefgreifende Wirkungen hatte, wann immer Individuen miteinander interagierten, und zwar indem sie innerhalb des geschichtlichen Zeitrahmens soziale Tatsachen in kulturelle Tatsachen transformierten und innerhalb des ontogenetischen Zeitrahmens Fertigkeiten der Primatenkognition und kognitiven Repräsentation in spezifisch menschliche Fertigkeiten des kulturellen Lernens und der perspektivischen Repräsentation umwandelten.

Es ist ebenso wichtig, darauf hinzuweisen, daß diese spezifisch menschliche Form der sozialen Kognition nicht nur das Verstehen anderer als lebendige Quellen von Bewegung und Kraft betrifft, wie von Piaget und Premack angenommen wurde.[4] Denn anscheinend sind alle Primaten zu einem solchen Verstehen fähig. Vielmehr bezieht sich diese neue Form sozialer Kognition darauf, daß andere in ihren Wahrnehmungen und Handlungen Entscheidungen treffen und daß diese Entscheidungen von einer mentalen Repräsentation eines erwünschten Ergebnisses, d. h. eines Ziels, geleitet werden. Darin liegt viel mehr als nur ein Verstehen, daß etwas belebt ist. Andererseits haben viele Theoretiker gemeint, daß dasjenige, was menschliche Kognition von der anderer Lebewesen unterscheidet, eine »Theorie des Geistes« ist. Eine solche Position ist angemessen, wenn dieser Begriff auf generische Weise in der Bedeutung von sozialer Kognition im allgemeinen gebraucht wird. Wenn er sich jedoch nur auf das Verstehen falscher Überzeugungen beziehen soll, dann sollte man berücksichtigen, daß Kindern ein solches Verständnis bis zu ihrem vierten Lebensjahr fehlt. Menschliche Kognition beginnt aber schon im Alter von ein bis zwei Jahren, sich von nichtmenschlicher Primatenkognition zu unterscheiden, und zwar durch gemeinsame Aufmerksamkeit, Spracherwerb und andere Formen des kulturellen Lernens. Das Verstehen falscher Überzeugungen ist daher einfach nur die Spitze des sozio-kognitiven Eisbergs, der hauptsächlich aus dem Verstehen von Intentionalität besteht.

An dieser Stelle möchte ich ebenfalls betonen, daß die Vermenschlichung oder Romantisierung der kognitiven Fähigkeiten

4 Piaget, 1974; Premack, 1990.

anderer Tierarten uns nicht dabei helfen wird, diese schwierigen Fragen zu beantworten. Damit will ich nicht andeuten, daß Wissenschaftler nur nach Unterschieden zwischen menschlicher und nichtmenschlicher Kognition von Primaten suchen sollten. Im Gegenteil, wenn wir herausfinden wollen, worin die spezifisch menschlichen Fähigkeiten bestehen oder was für Schimpansen und Kapuzineraffen eigentümlich ist, dann ist es von entscheidender Bedeutung, daß Wissenschaftler sowohl die Ähnlichkeiten als auch die Unterschiede erfassen. Die vielen populären Erklärungen, die auf anekdotische Beobachtungen des Verhaltens von Tieren zurückgehen, zusammen mit dem menschlichen Hang, andere Lebewesen als einem selbst sehr ähnlich aufzufassen, sind meiner Meinung nach für dieses Unternehmen nicht hilfreich. Es liegt eine gewisse Ironie in der Tatsache, daß genau diejenige Fähigkeit, deren Vorzüge ich gepriesen habe, nämlich die Fähigkeit, andere als einem selbst ähnliche, intentionale Wesen zu verstehen, im Hinblick auf bestimmte Erkenntniszwecke eher hinderlich als nützlich sein kann. Ich glaube auch nicht, daß die Suche nach Modulen selbst schon die Antwort ist. Manche der in evolutionärer Hinsicht dringenden Probleme wie Inzestvermeidung (die zu einem sehr spezifischen und unflexiblen Mechanismus führt, der bei vielen Tierarten gleich sein könnte) und das Bedürfnis nach der Weitergabe der eigenen Gene (was zu verschiedenen Formen sexueller Eifersucht führt, die beim Menschen aufgrund der spezifischen Art, wie sich die Paarung vollzieht, besonders hervorstechend sind) könnten zwar gute Kandidaten für adaptive Spezialisierungen sein, die keine Beziehung zu anderen adaptiven Spezialisierungen haben.[5] Aber wirklich kognitive Anpassungen sind schon per definitionem viel flexibler. Obwohl sie sich entwickelt haben könnten, um ein spezielles Problem der Anpassung zu lösen, werden sie häufig für eine Vielzahl verwandter Probleme eingesetzt (z. B. kognitive Landkarten, die beim Auffinden von Nahrung, Wasser, Unterschlüpfen, Partnern, Nachkommen, Feinden etc. von Nutzen sind). Ich sehe also nicht, warum man die menschliche Kognition mo-

5 Buss, 1994.

dularisieren sollte, und die vielen verschiedenen Vorschläge dafür, wie die Liste der menschlichen Module aussehen soll, belegen die praktischen Schwierigkeiten dieses Vorgehens.

Geschichte

Viele Theoretiker sind meiner Meinung nach viel zu schnell bei der Hand mit einer Erklärung spezifisch menschlicher kognitiver Fertigkeiten durch spezifische genetische Anpassungen. Man sollte hinzufügen, daß dies typischerweise ohne jegliche genetische Untersuchung behauptet wird. Das ist ein beliebtes Vorgehen, und zwar hauptsächlich deshalb, weil es so mühelos ist und weil eine Widerlegung durch empirische Daten unwahrscheinlich ist. Ein anderer wichtiger Grund für die Neigung vieler Theoretiker, zuallererst angeborene kognitive Module anzunehmen, ist jedoch ein Mangel an Verständnis für menschliche kulturell-historische Prozesse, d. h. Prozesse der Soziogenese. Das gilt sowohl für ihre unmittelbar schöpferische Kraft als auch für ihre indirekten Wirkungen bei der Schaffung einer neuen Art von ontogenetischer Nische für die kognitive Entwicklung des Menschen. Außerdem ist es von Bedeutung, daß geschichtliche Prozesse sich in einem ganz anderen Zeitrahmen vollziehen als Evolutionsprozesse.[6]

Betrachten wir etwa das Schachspiel. Kinder lernen dieses Spiel in der Interaktion mit erfahrenen Spielern, und manche entwickeln in diesem Zusammenhang ziemlich raffinierte kognitive Fertigkeiten, von denen viele äußerst bereichsspezifisch zu sein scheinen. Ein Kognitionspsychologe kann nur über die komplexen Planungsvorgänge und Vorstellungen staunen, die für die Durchführung eines Königsangriffs erforderlich sind, bei dem die Schutzbauern des gegnerischen Königs zunächst durch ein Läuferopfer eliminiert werden, anschließend der Bewegungsspielraum des Königs eingeschränkt und der Angriff schließlich durch das Zusammenspiel von Springer, Turm und Dame zu Ende gebracht wird. Trotz der erforderten kognitiven Komple-

6 Donald, 1991.

xität und trotz der Bereichsspezifizität der beteiligten kognitiven Fertigkeiten hat nie jemand einen angeborenen Schachmodul postuliert. Das liegt daran, daß Schach ein sehr junges Produkt der menschlichen Geschichte ist. Es gibt sogar Bücher mit Illustrationen, die seine historische Entwicklung nachzeichnen. Schach war ursprünglich ein einfacheres Spiel, aber als die Spieler zu einem gegenseitigen Verständnis von Modifikationen gelangten, die das Spiel verbesserten, änderten sie manche Regeln oder fügten neue hinzu, bis das moderne Spiel entstand, bei dem heutige Kinder im Verlauf einiger Jahre Spielerfahrung recht beeindruckende kognitive Fertigkeiten entwickeln können. Natürlich erzeugt das Schachspiel bei Kindern nicht grundlegende kognitive Fertigkeiten wie Gedächtnis, Planen, räumliche Intelligenz oder Kategorisierung – das Spiel konnte sich nur deshalb entwikkeln, weil Menschen diese Fertigkeiten schon besaßen –, aber es lenkt grundlegende kognitive Prozesse in neue Bahnen und trägt dadurch zur Schaffung neuer und sehr spezialisierter kognitiver Fertigkeiten bei.

Meine These ist einfach, daß die kognitiven Fertigkeiten der Sprache und komplexer Mathematik sich ähnlich wie die Fertigkeit, Schach zu spielen, verhalten: Sie sind Ergebnisse historischer und ontogenetischer Entwicklungen, die mit einer Vielfalt schon bestehender kognitiver Fertigkeiten operieren, von denen manche auch bei Primaten zu finden, andere dagegen spezifisch menschlich sind. Das läßt sich am leichtesten am Beispiel der Mathematik einsehen, weil (und darin besteht die Analogie zum Schachspiel) (a) wir einen großen Teil der historischen Entwicklung der modernen Mathematik über die letzten 2000 Jahre zurückverfolgen können, (b) die einzigen mathematischen Operationen, die in vielen Kulturen benutzt werden, ganz einfache Zählverfahren (und ihre arithmetischen Varianten) sind und (c) viele Individuen in Kulturen, in denen es eine komplexe Mathematik gibt, nur ein paar einfache Verfahren lernen. Diese Tatsachen schränken die Möglichkeiten derart ein, daß Modularitätstheoretiker nur etwas als Mathematikmodul postulieren können, das lediglich die grundlegendsten quantitativen Begriffe enthält. Bei der Sprache ist es jedoch so, daß wir (a) wenig über ihre Geschichte wissen (wir kennen nur die relativ junge Geschichte der wenigen Sprachen, für die es schriftliche Zeugnisse gibt), (b) alle Kulturen komplexe Sprachen haben und (c) alle Kinder, die sich in einer Kultur auf normale Weise entwickeln, im Grunde die gleichen sprachlichen Fertigkeiten erwerben. Diese Tatsachen sprechen dafür, daß Sprache verschieden von der Mathematik und vom Schachspiel ist, aber sie geben den Grund für diese Verschiedenheit nicht an. Es könnte einfach sein, daß die Sprache, aus welchem Grund auch immer, zuerst ihre historische Entwicklung begann, und zwar zu einer frühen Zeit der Entwicklung des modernen Menschen vor etwa 200 000 Jahren, und das gegenwärtige Komplexitätsniveau erreichte, bevor die modernen Sprachen von ihrem Prototyp zu divergieren begannen. Wenn wir die Ontogenese als Leitfaden für die kognitive Komplexität benutzen, fangen heutige Kinder damit an, natürliche Sprachen mit großer Raffiniertheit zu gebrauchen, lange bevor sie komplexe Mathematik oder Schachstrategien beherrschen. Der Grund, warum Sprache kognitiv primär ist, liegt vermutlich darin, daß sie ein so unmittelbarer Ausdruck der menschlichen Fähigkeit zur Symbolisierung ist, die selbst unmittelbar auf Tätigkeiten der gemeinsamen Aufmerksamkeit und Kommunikation zurückgeht, welche das Verstehen von anderen als intentionale Akteure hervorbringt. Das heißt also, daß Sprache zwar besonders ist, aber nicht so überaus besonders.

Deshalb ist meine Erklärung dafür, wie eine einzelne kognitive Anpassung alle die vielen Unterschiede bei der menschlichen und nichtmenschlichen Primatenkognition zur Folge haben könnte, daß diese einzelne Anpassung eine aus evolutionärer Sicht neue Art von Prozessen ermöglichte, nämlich Prozesse der Soziogenese, durch die in der Menschheitsentwicklung vieles erreicht wurde, und zwar in einem viel kürzeren Zeitraum als durch die Evolution. Wahrscheinlich veränderte diese einzelne Neuerung die Art und Weise, wie Menschen miteinander interagierten, und diese neue Art der Interaktion verwandelte über einen großen geschichtlichen Zeitraum und durch große Anstrengungen solche bei Primaten anzutreffende Grundphänomene wie Kommunikation, Dominanz, Austausch und Explorationsverhalten und überführte sie in die menschlichen kulturellen Institutionen der Sprache, der Regierung, des Geldes und der Wissenschaft, und zwar ohne zusätzliche genetische Ereignisse. Die Umwandlungen in den verschiedenen Bereichen menschlicher Tätigkeit, die aus dieser neuen Anpassung resultierten, fanden gewiß nicht augenblicklich statt. Beispielsweise kommunizierten Menschen bereits auf komplexe Weise miteinander, als sie einander als intentionale Akteure zu verstehen begannen, und deshalb dauerte es einige Zeit, wahrscheinlich viele Generationen, bis dieses neue Verständnis von anderen spürbar wurde und symbolische Formen der Kommunikation entstanden. Dasselbe würde für die anderen Tätigkeitsbereiche gelten, wie z. B. für die verschiedenen Formen der Kooperation und des sozialen Lernens, indem diese neue Art des sozialen Verstehens allmählich neue Formen der sozialen Interaktion und der Herstellung von Artefakten ermöglichte. Tabelle 7.1 stellt eine vereinfachte und sicher unvollständige Liste einiger Bereiche menschlicher Tätigkeit und deren mögliche Umwandlung durch die spezifisch menschliche Anpassung der sozialen Kognition dar, die in sozialen Interaktionsprozessen über viele Generationen der Menschheitsgeschichte hinweg am Werke war.

Idealerweise sollten wir viel mehr über den Prozeß der Soziogenese in verschiedenen Tätigkeitsbereichen während der Menschheitsgeschichte wissen, als wir tatsächlich tun. Kulturpsychologen, die sich für diese Frage interessieren sollten, haben in den meisten Fällen keine großen Anstrengungen in empirische Untersuchungen der geschichtlichen Prozesse investiert, durch die sich bestimmte kulturelle Institutionen in bestimmten Kulturen geformt haben, z. B. Prozesse der Grammatikalisierung in der Geschichte einzelner Sprachen oder Prozesse der gemeinsamen Erfindung in der Geschichte mathematischer Fertigkeiten, die für die jeweilige Kultur kennzeichnend sind.

Die wahrscheinlich aufschlußreichsten Untersuchungen dieser Prozesse sind Studien von Geisteshistorikern, die sich z. B. für die Geschichte der Technik, die Geschichte von Wissenschaft und Mathematik und für Sprachgeschichte interessieren (siehe Kapitel 2). Diese Gelehrten haben jedoch meist kein besonderes

Bereich	Sozial	Kulturell
Kommunikation	Signale	Symbole (intersubjektiv, perspektivisch)
Blick der anderen	Verfolgen des Blicks	Gemeinsame Aufmerksamkeit (Intersubjektivität)
Soziales Lernen	Emulation, Ritualisierung	Kulturelles Lernen (Imitation intentionaler Akte)
Kooperation	Koordination	Zusammenarbeit (Rollenübernahme)
Lehren	Unterstützung	Unterricht (mentale Zustände der anderen)
Manipulation von Gegenständen	Werkzeuge	Artefakte (intentionale Angebote)

Tabelle 7.1 Einige Bereiche sozialer Tätigkeit, die sich über einen geschichtlichen Zeitraum durch das spezifisch menschliche Verstehen von Artgenossen in Bereiche kultureller Tätigkeit verwandelt haben.

Interesse an kognitiven oder anderen psychologischen Prozessen per se, und daher sind die Informationen, die Psychologen aus solchen Untersuchungen ziehen können, sehr indirekt. Möglicherweise lassen sich manche relevanten Tatsachen aus Untersuchungen zur Kooperation entnehmen, wo es zwei Partnern, die zum ersten Mal mit einem bestimmten Problembereich konfrontiert sind, gelingt, gemeinsam ein neues Artefakt oder eine neue Strategie zu erfinden, und zwar auf eine Weise, die Prozessen der kulturellen Schöpfung innerhalb der geschichtlichen Zeit analog ist.[7]

Insgesamt können wir die Macht der Soziogenese dadurch illustrieren, daß wir uns eine Variation unseres wiederkehrenden Themas des wilden Kindes vorstellen, das auf einer einsamen Insel lebt. Nehmen wir diesmal an, daß ein riesiger Röntgenstrahl aus dem Weltraum auf die Erde herabkommt und alle Menschen,

7 Siehe Ashley und Tomasello, 1998.

die älter als ein Jahr sind, zu extremen Autisten macht, und zwar so sehr, daß sie weder absichtlich miteinander noch mit den Kleinkindern kommunizieren können (obwohl sie wundersamerweise die Kleinkinder ernähren und versorgen können). Die Einjährigen sind also bei ihrer Interaktion miteinander auf sich selbst gestellt (wie in *Herr der Fliegen*), während die schwerfällige Infrastruktur moderner Technik im Hintergrund verrostet (wie bei *Mad Max*). Die Frage ist nun: Wie lange würden die Kinder brauchen, um soziale Praktiken und Institutionen wie Sprache, Mathematik, Schrift, Regierungen etc. neu zu schaffen oder vielleicht andere, aber gleichwertige hervorzubringen. Ich bin sicher, daß manche Gelehrten denken, daß dieser Prozeß nahezu unverzüglich stattfinden würde, besonders was die Sprache angeht. Ich glaube jedoch, daß diese Ansicht naiv ist und daß sie die geschichtlichen Anstrengungen, die der Schaffung dieser Institutionen zugrunde liegen, ernsthaft unterschätzt, da sie über viele Generationen hinweg eine große Komplexität ausgebildet haben. (Außerdem gehen Untersuchungen von Kindern, die in der Interaktion mit spracherfahrenen Erwachsenen oder miteinander in einer Schule für Taube gestische Zeichen lernen, die Frage nicht direkt an, obwohl sie hier relevant ist, da es in diesen Fällen viele Möglichkeiten gibt, wie die intakten Kulturen, in denen diese Kinder leben, den kulturellen Schöpfungsprozeß fördern können.) Die Sprache könnte zwar, wie oben angedeutet, aufgrund ihrer innigen Verbindung mit der in Frage stehenden spezifisch menschlichen sozio-kognitiven Anpassung eine Sonderstellung einnehmen. Aber die sozialen Konventionen, die eine natürliche Sprache ausmachen, können nur in bestimmten Formen sozialer Interaktion herausgebildet werden, und manche sprachlichen Konstruktionen können nur erzeugt werden, wenn andere schon etabliert sind. Meine Hypothese ist deshalb, daß die Schaffung von etwas, das den modernen natürlichen Sprachen ähnlich ist, viele Generationen benötigen wurde, und zweifellos würden noch viel mehr Generationen für solche Dinge wie Schrift, komplexe Mathematik und Institutionen der Regierung etc. nötig sein.

Die Ontogenese ist für verschiedene Tierarten ein sehr unterschiedlicher Prozeß. Um ihre Überlebenschancen bis zum fortpflanzungsfähigen Alter zu erhöhen, ist es für einige Arten wichtig, daß ihre Nachkommen nahezu vollkommen funktionstüchtig sind, wenn sie der Außenwelt zum ersten Mal begegnen. Für andere Arten ist dagegen eine lange Ontogenese mit intensivem individuellen Lernen die lebensgeschichtliche Strategie der Wahl. Lernen ist also ein Ergebnis der Evolution, eine ihrer Strategien, wenn wir den Prozeß etwas anthropomorph charakterisieren wollen, genau wie die Kultur und kulturelles Lernen Sonderfälle der evolutionären Strategie »ausgedehnter Ontogenese« sind. Die Frage kann also nicht sein, ob man die Natur den Umweltfaktoren gegenüberstellen soll; die Umweltfaktoren sind lediglich eine der vielen Formen, die die Natur annehmen kann. Die für Entwicklungstheoretiker interessante Frage kann deshalb nur sein, wie der Prozeß abläuft, wie die verschiedenen Faktoren ihre verschiedenen Rollen an verschiedenen Stellen der Entwicklung spielen. Bei der Geburt sind Menschenkinder darauf eingestellt, funktionsfähige erwachsene Menschen zu werden: Sie haben die nötigen Gene und leben in einer vorstrukturierten kulturellen Welt, die bereit ist, ihre Entwicklung zu unterstützen und sie bestimmte Dinge auch aktiv zu lehren. Aber an diesem Punkt sind sie noch keine Erwachsenen; bis dahin gibt es noch mehr zu tun.

Es ist wichtig, sich klarzumachen, daß die kognitive Ontogenese des Menschen keine Wiederholung der Ontogenese von Schimpansen mit einem »kleinen Zusatz« am Ende ist. Wie ich in Kapitel 3 gezeigt habe, ist die kognitive Ontogenese des Menschen schon sehr früh, möglicherweise schon von Geburt an, einzigartig, insofern Neugeborene verschiedene Dinge tun, die eine besondere Form der Identifikation mit Artgenossen anzeigen (Nachahmung und Protokonversationen). Das sind die spezifischen Fähigkeiten, aus denen sich alles andere ergibt, da sie es den Kindern gestatten, eine neue Quelle von Informationen über andere Personen auszunutzen, nämlich die Analogie mit dem eigenen Selbst. Mit etwa neun Monaten können Kinder durch die Analogie zwischen sich selbst und anderen Personen den anderen dieselben Arten von Intentionalität zuschreiben, die sie selbst anfangen zu erleben (und sie können auch, unkorrekterweise, in ihrem kausalen Denken darüber, warum unbelebte Gegenstände sich so und so verhalten, Analogien zum eigenen Selbst herstellen). Die neuen und wirkungsvollen Formen sozialer Kognition, die sich daraus ergeben, markieren den Beginn der kulturellen Linie menschlicher Entwicklung in dem Sinne, daß Kinder nun in der Lage sind, mit anderen Personen an Tätigkeiten gemeinsamer Aufmerksamkeit teilzunehmen und dadurch deren intentionale Handlungen, an denen materielle und symbolische Artefakte beteiligt sind, zu verstehen und zu reproduzieren. Diese Neigung, Handlungen anderer Personen durch Imitation zu lernen, ist in der Tat sehr ausgeprägt, da kleine Kinder manchmal Handlungen von Erwachsenen mit Gegenständen imitieren, wenn sie besser daran täten, diese Handlungen zu ignorieren, und beim Spracherwerb gibt es eine lange Periode, in der sie im wesentlichen genau die relationale Struktur der gehörten Äußerungen von Erwachsenen reproduzieren. Hier zeigt sich die kulturelle Linie der Entwicklung am stärksten, und das ist der Grund, warum Vierjährige in verschiedenen Kulturen so verschieden voneinander sind, nämlich im Hinblick auf ihre kulturspezifischen Verhaltensweisen. Aber während dieser ganzen Periode und stärker noch danach fällen Kinder auch Urteile, treffen Entscheidungen, kategorisieren, bilden Analogien und bewerten, und zwar auf individuelle Weise, d.h. mehr oder weniger von der individuellen Entwicklungslinie ausgehend. Es ist interessant, wie diese individuellen Kognitionen mit den Neigungen der Kinder innerhalb der kulturellen Entwicklungslinie interagieren, so daß sie schließlich das tun, was die anderen um sie herum tun.

Wenn Kinder ein ganz besonderes kulturelles Artefakt, nämlich die Sprache, beherrschen lernen, hat das tiefe Auswirkungen auf ihre Kognition. Die Sprache bringt natürlich keine neuen kognitiven Prozesse aus dem Nichts hervor, aber wenn Kinder mit anderen Personen intersubjektiv interagieren und deren Kommunikationskonventionen annehmen, erzeugt dieser soziale Prozeß eine neue Form der kognitiven Repräsentation, für die es kein Gegenstück bei anderen Tierarten gibt. Die Neuerung besteht darin, daß sprachliche Symbole sowohl intersubjektiv als auch perspektivisch sind. Das intersubjektive Wesen sprachlicher Symbole bedeutet, daß sie auf eine Weise sozial »geteilt« werden, wie das bei Signalen von Tieren nicht der Fall ist, und dadurch entsteht eine pragmatische Matrix, anhand deren viele Schlüsse auf die kommunikativen Absichten anderer gezogen werden können, z. B. warum sie das eine anstatt das andere Symbol gewählt haben, das sie ebenfalls mit dem Hörer teilen. Die perspektivische Natur sprachlicher Symbole bedeutet, daß ein und dasselbe Phänomen für verschiedene Kommunikationszwecke auf verschiedene Weisen aufgefaßt werden kann, und zwar in Abhängigkeit von zahlreichen Faktoren des Kommunikationskontextes. Indem Kinder Wörter und Sprachkonstruktionen so, wie die Erwachsenen gebrauchen, lernen sie diese Perspektivität verstehen. Die so gebildeten sprachlichen Repräsentationen sind vom unmittelbaren Wahrnehmungskontext nicht nur in dem Sinne frei, daß Kinder mit diesen Symbolen über räumlich und zeitlich entfernte Dinge kommunizieren können, sondern auch in dem Sinne, daß sogar dieselbe wahrnehmungsmäßig gegenwärtige Entität sprachlich auf zahllose verschiedene Weisen symbolisiert werden kann. In unserem Computerzeitalter und im »Jahrzehnt des Gehirns« ist es vielleicht sonderbar, daß diese radikal neue und wirkungsvolle Form kognitiver Repräsentation nicht aus irgendwelchen neuen Speicheranlagen oder größerer Rechenkapazität innerhalb des Gehirns hervorgeht, sondern vielmehr aus den neuen Formen sozialer Interaktion, die durch neue Formen der sozialen Kognition zwischen Individuen in menschlichen Kulturen ermöglicht werden.

Die Sprache ist außerdem so strukturiert, daß sie auf komplexe Weise Ereignisse und ihre Mitspieler repräsentieren kann, und diese Struktur dient Kindern dazu, ihre Erfahrung von Ereignissen auf vielerlei Art zu »zerlegen«. Abstrakte Sprachkonstruktionen können dann dazu verwendet werden, Erfahrungsszenen wechselseitig durch Analogien und Metaphern zu erhellen. Erzählungen fügen noch mehr Komplexität hinzu, indem sie einfache Ereignisse so miteinander verknüpfen, daß sie zu kausaler und intentionaler Analyse und darüber hinaus zur explizit symbolischen, kausalen und intentionalen Markierung auffordern, um sie kohärent zu machen. Längere Gespräche und andere Arten der sozialen Interaktion mit Erwachsenen eröffnen Kindern noch esoterischere kognitive Räume, indem sie sie in die Lage versetzen, widerstreitende Perspektiven auf Dinge zu verstehen, die irgendwie miteinander versöhnt werden müssen. Schließlich führt die Art von Interaktion, bei der Erwachsene die kognitiven Aktivitäten von Kindern kommentieren oder ihnen ausdrückliche Anweisungen geben, Kinder dazu, die Perspektive eines Außenstehenden auf ihre eigene Kognition in Akten der Metakognition, Selbststeuerung und repräsentationalen Neubeschreibung einzunehmen, woraus sich systematischere kognitive Strukturen in einem dialogischen Format ergeben. Ob verschiedene Sprachen diese Dinge in verschiedener Weise tun, wie von den klassischen Argumenten zum »linguistischen Determinismus« behauptet wurde, oder nicht, das Lernen einer Sprache oder einer vergleichbaren Form symbolischer Kommunikation (im Gegensatz dazu, keine Sprache zu lernen) scheint jedenfalls ein wesentlicher Bestandteil der menschlichen Intersubjektivität und perspektivischen Kognition, der Repräsentation von Ereignissen und der Metakognition zu sein.

Ich glaube, daß es dies ist, was alle Denker, die am Anfang dieses Kapitels zitiert wurden, jeweils auf ihre eigene Weise und mit Besonderheiten, die sich vom Gedankengang dieses Buches unterscheiden, damit zu sagen versucht haben, daß das menschliche Denken im wesentlichen ein Operieren mit Symbolen sei. Menschen können natürlich auch ohne Symbole denken, wenn wir unter »Denken« Wahrnehmen, Erinnern, Kategorisieren und intelligentes Handeln verstehen, wie man es bei anderen Primaten auch findet.[8] Aber die spezifisch menschlichen Formen des Denkens, z. B. diejenigen, die ich vollziehe, wenn ich dieses

8 Piaget, 1970; Tomasello und Call, 1997.

Argument formuliere und versuche, die dialogischen Reaktionen vorwegzunehmen, die es bei anderen Denkern auslöst (und vielleicht meine Antwort auf diese Reaktionen), hängen nicht einfach nur von dem interaktiven Diskurs ab, der im Medium intersubjektiver und perspektivischer sprachlicher Symbole, Konstruktionen und Diskursstrukturen stattfindet, sondern leiten sich von ihm ab oder werden vielleicht gar durch ihn konstituiert. Es ist nicht unwesentlich, daß ein Individuum nur durch eine mehrere Jahre dauernde, kontinuierliche Interaktion mit erfahrenen Sprachbenutzern lernen kann, den Gebrauch solcher Symbole und der damit verbundenen Denkweisen zu beherrschen.

So kommt es neben der Evolution und der Geschichte wirklich auch auf die Ontogenese an. Menschen haben sich auf eine solche Weise entwickelt, daß ihre normale kognitive Ontogenese von einer bestimmten kulturellen Umgebung abhängt. Die Bedeutung der biologischen Vererbung für den ontogenetischen Prozeß wird durch die Probleme von autistischen Kindern unterstrichen, die die biologische Anpassung für die Identifikation mit anderen nicht in voll entwickelter Form besitzen und deshalb nicht zu normal funktionierenden kulturellen Akteuren werden. Die Bedeutung der kulturellen Vererbung für die Ontogenese tritt dagegen durch die vielen kognitiven Unterschiede hervor, die zwischen Völkern verschiedener Kulturen bestehen, und durch die unglücklichen Fälle vernachlässigter oder mißhandelter Kinder, die unter kulturell mangelhaften Umständen aufwachsen. Aber diese Bedeutung wird noch klarer, wenn wir uns die kognitive Entwicklung von Kindern vor Augen führen, die ohne jede Kultur oder Sprache groß werden. Ein Kind, das auf einer einsamen Insel ohne menschliche Gefährten aufwüchse, würde nicht, wie Rousseau es sich vorstellte, zu einem »natürlichen« Menschen, frei von gesellschaftlichen Zwängen werden, sondern würde vielmehr im Sinne von Geertz zu einer Art Monster werden, zu etwas anderem als einem wirklich menschlichen, intentional und moralisch Handelnden.

Wir sind, wie Wittgenstein und Vygotskij so deutlich gesehen haben, Fische im Wasser der Kultur. Als Erwachsene, die die menschliche Existenz erforschen und über sie nachdenken, können wir nicht einfach unsere kulturelle Brille abnehmen, um die Welt kulturunabhängig zu sehen und sie dann mit der Welt unserer kulturellen Wahrnehmung zu vergleichen. Menschen leben in einer Welt von Sprache, Mathematik, Geld, Regierungen, Bildung, Wissenschaft und Religion, d. h. von kulturellen Institutionen, die aus kulturellen Konventionen bestehen. Der Laut »Baum« steht genau deshalb für etwas Bestimmtes, weil wir denken, daß er für etwas Bestimmtes steht. Ich kann genau deshalb ein Auto im Tausch gegen ein Stück Papier bekommen, weil wir glauben, daß das Papier genausoviel wert ist wie das Auto.[9] Diese sozialen Institutionen und Konventionen werden durch bestimmte Formen der Interaktion und des Denkens innerhalb einer Gruppe von Menschen geschaffen und aufrechterhalten. Andere Tierarten interagieren und denken einfach nicht so.

Aber die menschliche Welt der Kultur ist deshalb nicht unabhängig von der biologischen Welt, und die Kultur des Menschen ist in der Tat ein sehr junges evolutionäres Produkt, das aller Wahrscheinlichkeit nach erst seit wenigen hunderttausend Jahren existiert. Die Tatsache, daß die Kultur ein Produkt der Evolution ist, bedeutet nicht, daß jedes ihrer besonderen Merkmale seine eigenen genetischen Grundlagen hat. Dafür stand nicht genügend Zeit zur Verfügung. Ein plausibleres Szenario wäre, daß alle menschlichen kulturellen Institutionen auf der biologisch vererbten, sozio-kognitiven Fähigkeit beruhen, soziale Konventionen und Symbole zu schaffen und zu benutzen. Diese sozialen Konventionen und Symbole sind jedoch kein Zauberstab, der nichtmenschliche Primatenkognition unmittelbar in menschliche Kognition verwandelt. Die heutige Kognition von erwachsenen Menschen ist nicht nur das Ergebnis von

9 Searle, 1997.

genetischen Ereignissen, die über viele Millionen Jahre hinweg in einem evolutionären Zeitraum stattfanden, sondern gleichfalls das Resultat von kulturellen Ereignissen, die über viele zehntausend Jahre hinweg in einem geschichtlichen Zeitraum auftraten, und von persönlichen Ereignissen, die sich über zehntausende von Stunden hinweg während der Ontogenese abspielen. Der Wunsch, die mühevolle empirische Arbeit zu umgehen, die notwendig ist, um den Verlauf dieser zwischengeschalteten Prozesse zu verfolgen, die zwischen dem menschlichen Genotyp und Phänotyp liegen, hat eine verführerische Kraft und führt zu den Formen des allzu einfachen genetischen Determinismus, der heute große Teile der Sozial-, Verhaltens- und Kognitionswissenschaften durchzieht. Gene sind ein wesentlicher Teil der Geschichte der kognitiven Evolution des Menschen. Von manchen Standpunkten aus gesehen sind sie vielleicht sogar der wichtigste Teil, da sie den Stein ins Rollen gebracht haben. Aber sie machen nicht die ganze Geschichte aus, und der Stein hat einen langen Weg zurückgelegt, seitdem er angestoßen wurde. Alles in allem sind die abgenutzten, alten philosophischen Kategorien von Natur versus Umwelt, angeboren versus gelernt oder etwa Gene versus Umgebung einfach ungeeignet – weil sie zu statisch und kategorisch sind –, wenn unser Ziel eine dynamische Darwinsche Erklärung menschlicher Kognition in ihren evolutionären, geschichtlichen und ontogenetischen Dimensionen ist.

Danksagung

Nur wenn sie von anderen Menschen und gesellschaftlichen Institutionen Unterstützung erfahren, sind einzelne Menschen in der Lage, kulturell bedeutsame Artefakte zu schaffen. Ich selbst konnte dieses Buch – was auch immer seine Mängel sein mögen und wie beschränkt seine kulturelle Bedeutung auch sein mag – nur deshalb schreiben, weil ich von den folgenden Leuten und Institutionen direkt unterstützt wurde (und indirekt natürlich von all den anderen, die durch die vergangenen 2500 Jahre der abendländischen Kultur hindurch über die Grundrätsel menschlichen Erkennens nachgedacht und geschrieben haben).

Die Emory Universität (Dr. Steven Sanderson, Dekan des Emory College) und die Max-Planck-Gesellschaft gewährten mir finanzielle Unterstützung für einen einjährigen Forschungsaufenthalt, während dessen der größte Teil des Buches geschrieben wurde. Die Spencer Foundation, die National Science Foundation (Abteilung für die Erforschung von Tierverhalten), das National Institute of Child Health and Human Development unterstützten meine empirischen Forschungen über die letzten zehn Jahre hinweg. Allen diesen Menschen und Institutionen bin ich zu tiefem Dank verpflichtet, und ich hoffe, daß sie den Eindruck haben, auf ihre Kosten gekommen zu sein.

Von Diskussionen mit Freunden und Kollegen über viele Themen aus diesem Buch habe ich sehr profitiert. Von besonderer Bedeutung waren Gespräche mit Philippe Rochat, Josep Call, Malinda Carpenter, Nameera Akhtar, Gina Conti-Ramsden, Elena Lieven, Tricia Striano, Holger Diessel, Nancy Budwig und Ann Kruger. Die genannten Personen haben auch eine vorläufige Version des ganzen Manuskripts oder Teile davon gelesen und mir äußerst brauchbare Kommentare dazu gegeben. Ebenfalls möchte ich mich bei Michael Cole und Katherine Nelson bedanken, die das Manuskript für Harvard University Press begutachteten und mir außerdem sehr hilfreiche Rückmeldungen gaben.

Schließlich möchte ich Katharina Haberl und Anke Förster für ihre ganze Unterstützung bei der Redaktion und anderen

Aufgaben an der Heimatfront in Leipzig danken und Elizabeth Knoll und Camille Smith für ihre entsprechende Arbeit bei Harvard University Press.

Literatur

Acredelo, L. P. & Goodwyn, S. W. (1988). Symbolic gesturing in normal infants. *Child Development, 59*, 450-466.

Akhtar, N., Carpenter, M. & Tomasello, M. (1996). The role of discourse novelty in children's early word learning. *Child Development, 67*, 635-645.

Akhtar, N., Dunham, F. & Dunham, P. (1991). Directive interactions and early vocabulary development: the role of joint attentional focus. *Journal of Child Language, 18*, 41-50.

Akhtar, N. & Tomasello, M. (1996). Twenty-four month old children learn words for absent objects and actions. *British Journal of Developmental Psychology, 14*, 79-93.

Akhtar, N. & Tomasello, M. (1997). Young children's productivity with word order and verb morphology. *Developmental Psychology, 33*, 952-965.

Anisfeld, M. (1991). Review: Neonatal imitation. *Developmental Review, 11*, 60-97.

Anselmi, D., Tomasello, M. & Acunzo, M. (1986). Young children's responses to neutral and specific contingent queries. *Journal of Child Language, 13*, 135-144.

Appleton, M. & Reddy, V. (1996). Teaching three-year-olds to pass false belief tests: A conversational approach. *Social Development, 5*, 275-291.

Ashley, J. & Tomasello, M. (1998). Cooperative problem solving and teaching in preschoolers. *Social Development, 17*, 143-163.

Bachtin, M. (1986). *Untersuchungen zur Poetik und Theorie des Romans*. Berlin: Aufbau-Verlag.

Baillargeon, R. (1995). Physical reasoning in infancy. In M. Gazzaniga (Hg.), *The cognitive neurosciences*. (181-204) Cambridge, MA: MIT Press.

Baldwin, D. & Moses, L. (1994). The mindreading engine: Evaluating the evidence for modularity. *Current Psychology of Cognition, 13*, 553-560.

Baldwin, D. & Moses, L. (1996). The ontogeny of social information gathering. *Child Development, 67*, 1915-1939.

Baldwin, D. (1991). Infants' contributions to the achievement of joint reference. *Child Development, 62*, 875-890.

Baldwin, D. (1993). Infants' ability to consult the speaker for clues to word reference. *Journal of Child Language, 20*, 395-418.

Baron-Cohen, S. (1993). From attention-goal psychology to belief-desire psychology: The development of a theory of mind and its dysfunction. In S. Baron-Cohen, H. Tager-Flusberg & D. J. Cohen (Hg.), *Understanding other minds: Perspectives from autism.* New York: Oxford University Press.

Baron-Cohen, S. (1988). Social and pragmatic deficits in autism: Cognitive or affective? *Journal of Autism and Developmental Disorders, 18,* 379-401.

Baron-Cohen, S. (1995). *Mindblindness: An essay on autism and theory of mind.* Cambridge, MA: MIT Press.

Barresi, J. & Moore, C. (1996). Intentional relations and social understanding. *Behavioral and Brain Sciences, 19,* 107-154.

Barsalou, L. (1992). *Cognitive psychology: An overview for cognitive scientists.* Hillsdale, N. J.: Lawrence Erlbaum Associates.

Bartsch, K. & Wellman, H. (1995). *Children talk about the mind.* New York: Oxford University Press.

Basalla, G. (1988). *The evolution of technology.* Cambridge: Cambridge University Press.

Bates, E. (1979). *The emergence of symbols: Cognition and communication in infancy.* New York: Academic Press.

Bates, E. (im Druck). Modularity, domain specificity, and the development of language. *Journal of Cognitive Neuroscience.*

Bauer, P. & Fivush, R. (1992). Constructing event representations: Building on a foundation of variation and enabling relations. *Cognitive Development, 7,* 381-401.

Bauer, P., Hestergaard, L. & Dow, G. (1994). After 8 months have passed: Long term recall of events by 1- to 2-year-old children. *Memory, 2,* 353-382.

Berman, R. A. & Armon-Lotem, S. (1995). How grammatical are early verbs? Vortragsmanuskript, *Colloque International de Besançon sur l'Acquisition de la Syntaxe.* Besançon, Frankreich.

Bishop, D. (1997). *Uncommon understanding: Development and disorders of language comprehension in children.* London: Psychology Press.

Bloom, L. & Capatides, J. (1987). Sources of meaning in the acquisition of complex syntax: The sample case of causality. *Journal of Experimental Child Psychology, 43,* 112-128.

Bloom, L., Tinker, E. & Margulis, C. (1993). The words children learn: Evidence for a verb bias in early vocabularies. *Cognitive Development, 8,* 431-450.

Boesch, C. (1991). Teaching among wild chimpanzees. *Animal Behavior, 41,* 530-532.

Boesch, C. (1993). Towards a new image of culture in wild chimpanzees? *Behavioral and Brain Sciences, 16*, 514-515.
Boesch, C. (1996). The emergence of cultures among wild chimpanzees. In W. Runciman, J. Maynard-Smith & R. Dunbar (Hg.), Evolution of Social Behaviour Patterns in Primates and Man (251-268). Oxford: Oxford University Press.
Boesch, C. (2000). *The chimpanzees of the Tai Forest.* Oxford: Oxford University Press.
Boesch, C., Marchesi, P., Marchesi, N., Fruth, B. & Joulian, F. (1994). Is nut cracking in wild chimpanzees a cultural behavior? *Journal of Human Evolution, 26*, 325-338.
Boesch, C. & Tomasello, M. (1998). Chimpanzee and human culture. *Current Anthropology, 39*, 591-614.
Bolinger, D. (1977). *Meaning and form.* New York: Longmans.
Bourdieu, P. (1976). *Entwurf einer Theorie der Praxis auf der ethnologischen Grundlage der kabylischen Gesellschaft*. Frankfurt a. M.: Suhrkamp.
Bowerman, M. (1982). Reorganizational processes in lexical and syntactic development. In L. Gleitman & E. Wanner (Hg.), *Language acquisition: The state of the art.* Cambridge: Cambridge University Press.
Boyd, R. & Richerson, P. (1985). *Culture and the evolutionary process.* Chicago: The University of Chicago Press.
Boyd, R. & Richerson, P. (1996). Why culture is common but cultural evolution is rare. *Proceedings of the British Academy, 88*, 77-93.
Braine, M. (1976). Children's first word combinations. *Monographs of the Society for Research in Child Development, 41*, (1).
Braine, M. (1963). The ontogeny of English phrase structure. *Language, 39*, 1-14.
Brooks, P. & Tomasello, M. (1999). Young children learn to produce passives with nonce verbs. *Developmental Psychology, 35*, 29-44.
Brown (1973). *A first language: the early stages.* Cambridge, MA: Harvard University Press.
Brown, A. & Kane, M. (1988). Preschool children can learn to transfer: Learning to learn and learning from example. *Cognitive Psychology, 20*, 493-523.
Brown, P. (2001). The conversational context for language acquisition: A Tzeltal (Mayan) case study. In M. Bowerman & S. Levinson (Hg.), *Language acquisition and conceptual development.* Cambridge: Cambridge University Press.
Bruner, J. (1972). The nature and uses of immaturity. *American Psychologist, 27*, 687-708.

Bruner, J. (1975). From communication to language. *Cognition, 3,* 255-287.

Bruner, J. (1986). *Actual minds, possible worlds.* Cambridge, MA: Harvard University Press.

Bruner, J. (1987). *Wie das Kind sprechen lernt*. Bern; Stuttgart: Huber.

Bruner, J. (1993). Commentary on Tomasello et al. »Cultural Learning«. *Behavioral and Brain Sciences, 16,* 515-516.

Bruner, J. (1996). *The culture of education.* Cambridge, MA: Harvard University Press.

Bruner, J. (1997). *Sinn, Kultur und Ich-Identität*. Heidelberg: Carl-Auer-Systeme, Verlag und Verlagsbuchhandlung.

Bullock, D. (1987). Socializing the theory of intellectual development. In M. Chapman & R. Dixon (Hg.), *Meaning and the growth of understanding,* Berlin: Springer-Verlag.

Buss, D. (1994). *Die Evolution des Begehrens*. Hamburg: Kabel.

Byrne, R.W. & Whiten, A. (1988). *Machiavellian intelligence. Social expertise and the evolution of intellect in monkeys, apes, and humans*. New York: Oxford University Press.

Byrne, R.W. (1995). *The thinking ape*. Oxford: Oxford University Press.

Call, J. & Tomasello, M. (1996). The role of humans in the cognitive development of apes. In A. Russon (Hg.), *Reaching into Thought: The Minds of the Great Apes.* Cambridge: Cambridge University Press.

Call, J. & Tomasello, M. (1998). Distinguishing intentional from accidental actions in orangutans, chimpanzees, and human children. *Journal of Comparative Psychology, 112,* 192-206.

Call, J. & Tomasello, M. (1999). A nonverbal false belief task: The performance of chimpanzees and human children. *Child Development, 70,* 381-395.

Callanan, M. & Oakes, L. (1992). Preschoolers' questions and parents' explanations: Causal thinking in everyday activity. *Cognitive Development, 7,* 213-233.

Carey, S. & Spelke, E. (1994). Domain-specific knowledge and conceptual change. In L. Hirschfeld & S. Gelman (Hg.), *Mapping the mind: Domain specificity in cognition and culture.* New York: Cambridge University Press.

Carey, S. (1978). The child as word learner. In M. Halle, J. Bresnan & G. Miller (Hg.), *Linguistic theory and psychological reality.* Cambridge, MA: MIT Press.

Carpenter, M., Akhtar, N. & Tomasello, M. (1998). Fourteen-through 18 month-old infants differentially imitate intentional and accidental actions. *Infant Behavior and Development, 21 (2),* 315-330.

Carpenter, M., Nagell, K. & Tomasello, M. (1998). Social cognition, joint attention, and communicative competence from 9 to 15 months of age. *Monographs of the Society for Research in Child Development, Bd. 63.*

Carpenter, M., Tomasello, M. & Savage-Rumbaugh, E.S. (1995). Joint attention and imitative learning in children, chimpanzees and enculturated chimpanzees. *Social Development, 4*, 217-237.

Carpenter, M. & Tomasello, M. (2000). Joint attention, cultural learning, and language acquisition: Implications for autism. In A. Wetherby & B. Prizant (Hg.), *Autistic Spectrum Disorders: A Transactional Developmental Perspective.* New York: Brookes.

Charman, T. & Shmueli-Goetz, Y. (1998). The relationship between theory of mind, language, and narrative discourse: An experimental study. *Cahiers de Psychologie Cognitive, 17*, 245-271.

Chomsky, N. (1980). Rules and representations. *Behavioral and Brain Sciences, 3*, 1-61.

Clark, E. (1987). The principle of contrast: A constraint on language acquisition. Mechanisms of language acquisition, In B. MacWhinney (Hg.), 1-33. Hillsdale, NJ: Lawrence Erlbaum Associates.

Clark, E. (1988). On the logic of contrast. *Journal of Child Language, 15*, 317-336.

Clark, E. (1997). Conceptual perspective and lexical choice in acquisition. *Cognition, 64*, 1-37.

Clark, H. (1996). *Uses of language.* Cambridge: Cambridge University Press.

Cole, M. & Cole, S. (1996). *The development of children.* San Francisco: Freeman.

Cole, M. (1996). *Cultural psychology: A once and future discipline.* Cambridge, MA: Harvard University Press.

Comrie, B. (1990). (Hg.). *The world's major languages.* Oxford: Oxford University Press.

Croft, W. (1998). Syntax in perspective: Typology and cognition. Vortragsmanuskript, DGFS, Mainz.

Csibra, G., Gergely, G., Biró, S., Koos, O. & Brockbank, M. (1999). Goal attribution without agency cues: The perception of »pure reason« in infancy. *Cognition, 72(3)*, 237-267.

Damerow, P. (1998). Prehistory and cognitive development. In J. Langer & M. Killen (Hg.), *Piaget, evolution, and development.* Mahwah, NJ: Lawrence Erlbaum.

Damon, W. (1989). *Die soziale Entwicklung des Kindes: ein entwicklungspsychologisches Lehrbuch*. Stuttgart: Klett-Cotta.

Danzig, T. (1954). *Number: The language of science.* New York: Free Press.

Dasen, P. (1977). *Piagetian psychology: Cross-cultural contributions.* New York: Gardner.

Dasser, V. (1988a). A social concept in Java monkeys. *Animal Behaviour, 36*, 225-230.

Dasser, V. (1988b). Mapping social concepts in monkeys. In R.W. Byrne & A. Whiten (Hg.), *Machiavellian intelligence. Social expertise and the evolution of intellect in monkeys, apes, and humans* (85-93). New York: Oxford University Press.

Davis, H. & Perusse, R. (1988). Numerical competence in animals: Definitional issues, current evidence and a new research agenda. *Behavioral and Brain Sciences, 11*, 561-615.

Dilthey, W. (1990). *Einleitung in die Geisteswissenschaften [Gesammelte Schriften].* Stuttgart: Teubner.

de Waal, F.B.M. (1986). Deception in the natural communication of chimpanzees. In R.W. Mitchell & N.S. Thompson (Hg.), *Deception. Perspectives on human and nonhuman deceit* (221-244). Albany, NY: SUNY Press.

Decasper, A. J. & Fifer, W. P. (1980). Of human bonding: Newborns prefer their mothers' voices. *Science, 208*, 1174-1176.

DeLoache, J.S. (1995). Early understanding and use of symbols: The model model. *Currents Directions in Psychological Science, 4*, 109-113

Doise, W. & Mugny, G. (1979). Individual and collective conflicts of centrations in cognitive development. *European Journal of Psychology, 9*, 105-108.

Donald, M. (1991). *Origins of the modern mind.* Cambridge: Harvard University Press.

Dryer. M. (1997). Are grammatical relations universal? In J. Bybee, J. Haiman & S. Thompson (Hg.), *Essays on language function and language type.* Amsterdam: John Benjamins.

Dunham, P., Dunham, F. & Curwin, A. (1993). Joint attentional states and lexical acquisition at 18 months. *Developmental Psychology, 29*, 827-831.

Dunn, J. (1988). *The beginnings of social understanding.* Oxford: Blackwell.

Dunn, J., Brown, J. & Beardsall, L. (1991). Family talk about feeling states and children's later understanding about others' emotions. *Developmental Psychology*, 27, 448-455.

Durham, W. (1991). *Coevolution: Genes, culture, and human diversity.* Stanford: Stanford University Press.

Elman, J., Bates, E., Karmiloff-Smith, A., Parisi, D., Johnson, M. & Plunkett, K. (1997). *Rethinking innateness.* Cambridge, MA: MIT Press.

Evans-Pritchard, E. (1978). *Hexerei, Orakel und Magie bei den Zande.* Frankfurt a. M.: Suhrkamp.

Eves, H. (1961). *An introduction to the history of mathematics.* New York: Holt, Rinehart & Winston.

Fantz, R. L. (1963). Pattern vision in newborn infants. *Science, 140,* 296-297.

Fernyhough, C. (1996). The dialogic mind: A dialogic approach to the higher mental functions. *New Ideas in Psychology, 14,* 47-62.

Fillmore, C. (1985). Syntactic intrusions and the notion of grammatical construction. *Berkeley Linguistic Society, 11,* 73-86.

Fillmore, C. (1988). Toward a frame-based lexicon. In A. Lehrer & E. Kittay (Hg.), *Frames, fields, and contrast.* Hillsdale, NJ: Lawrence Erlbaum.

Fillmore, C. J., Kay, P. & O'Conner, M. C. (1988). Regularity and idiomaticity in grammatical constructions: The case of *let alone. Language, 64,* 501-538.

Fisher, C. (1996). Structural limits on verb mapping: The role of analogy in children's interpretations of sentences. *Cognitive Psychology, 31,* 41-81.

Fisher, C., Gleitman, H. & Gleitman, L. R. (1991). On the semantic content of subcategorization frames. *Cognitive Psychology, 23,* 331-392.

Fodor, J. (1983). *The modularity of mind.* Cambridge, MA: MIT Press.

Foley, M. & Ratner, H. (1997). Children's recoding in memory for collaboration: A way of learning from others. *Cognitive Development, 13,* 91-108.

Foley, R. & Lahr, M. (1997). Mode 3 technologies and the evolution of modern humans. *Cambridge Archeological Journal, 7,* 3-36.

Franco, F., & Butterworth, G. (1996). Pointing and social awareness: declaring and requesting in the second year. *Journal of Child Language, 23,* 307-336.

Frye, D. (1991). The origins of intention in infancy. In D. Frye & C. Moore (Hg.), *Children's theories of mind* (101-132). Hillsdale, NJ: Lawrence Erlbaum.

Galef, B. (1992). The question of animal culture. *Human Nature, 3,* 157-178.

Gauvain, M. (1995). Thinking in niches: Sociocultural influences on cognitive development. *Human Development, 38,* 25-45.

Gauvain, M. & Rogoff, B. (1989). Collaborative problem solving and children's planning skills. *Developmental Psychology, 25*, 139-151.
Gelman, R. & Baillargeon, R. (1983). A review of some Piagetian concepts. In P. Mussen (Hg.), *Carmichael's manual of child psychology* (167-230). New York: Wiley.
Gentner, D. & Markman, A. (1997). Structure mapping in analogy and similarity. *American Psychologist, 52*, 45-56.
Gentner, D. & Medina, J. (1997). Comparison and the development of cognition and language. *Cognitive Studies, 4*, 112-149.
Gentner, D., Rattermann, M.J., Markman, A. & Kotovsky, L. (1995). Two forces in the development of relational similarity. In T.J. Simon & G.S. Halford (Hg.), *Developing cognitive competence: New approaches to process modeling* (263-313). Hillsdale, NJ: Lawrence Erlbaum Associates.
Gergely, G., Nádasdy, Z., Csibra, G. & Biró, S. (1995). Taking the intentional stance at 12 months of age. *Cognition, 56*, 165-193.
Gibbs, R. (1995). *The poetics of mind: Figurative thought, language, and understanding.* Cambridge: Cambridge University Press.
Gibson, E. & Rader, N. (1979). Attention: The perceiver as performer. In G. Hale & M. Lewis (Hg.), *Attention and cognitive development* (6-36). New York: Plenum Press.
Gibson, J. (1982). *Wahrnehmung und Umwelt: der ökologische Ansatz in der visuellen Wahrnehmung.* München [u.a.]: Urban & Schwarzenberg.
Givón, T. (1979). *On understanding grammar.* New York: Academic Press.
Givón, T. (1995). *Functionalism and grammar.* Amsterdam: John Benjamins.
Gleitman, L. (1990). The structural sources of verb meaning. *Language Acquisition, 1*, 3-55.
Goldberg, A. (1995). *Constructions: A construction grammar approach to argument structure.* Chicago: The University of Chicago Press.
Goldin-Meadow, S. (1997). The resilience of language in humans. In C. Snowdon & M. Hausberger (Hg.), *Social influences on vocal development* (293-311). New York: Cambridge University Press.
Golinkoff, R. (1993). When is communication a meeting of the minds? *Journal of Child Language, 20*, 199-208.
Gómez, J. C., Sarriá, E. & Tamarit, J. (1993). The comparative study of early communication and theories of mind: Ontogeny, phylogeny, and pathology. In S. Baron-Cohen, H. Tager-Flusberg & D. J. Cohen (Hg.), *Understanding other minds: Perspectives from autism* (397-426). New York: Oxford University Press.

Goodall, J. (1986). *The chimpanzees of Gombe. Patterns of behavior.* Cambridge, MA: Harvard University Press.
Goodman, J., McDonough, L., Brown, N. (1998). The role of semantic context and memory in the acquisition of novel nouns. *Child Development*, 69, 1330-1344.
Goodman, S. (1984). The integration of verbal and motor behavior in preschool children. *Child Development*, 52, 280-289.
Gopnik, A. (1993). How we know our minds: The illusion of first person knowledge about intentionality. *Behavioral and Brain Sciences, 16*, 1-14.
Gopnik, A. & Choi, S. (1995). Names, relational words, and cognitive development in English and Korean speakers: Nouns are not always learned before verbs. In M. Tomasello & W. E. Merriman (Hg.), *Beyond names for things: Young children's acquisition of verbs* (63-80). Hillsdale, NJ: Lawrence Erlbaum Associates.
Gopnik, A. & Meltzoff, A. (1997). *Words, thoughts, and theories.* Cambridge, MA: MIT Press.
Goudena, P.P. (1987). The social nature of private speech of preschoolers during problem solving. *International Journal of Behavioral Development*, 10, 187-206.
Gould, S.J. (1982). Changes in developmental timing as a mechanism of macroevolution. In J. Bonner (Hg.), *Evolution and Development.* Berlin: Springer-Verlag.
Greenfield, P. (2000). Culture and universals: Integrating social and cognitive development. In L. Nucci, G. Saxe & E. Turiel (Hg.), *Culture, thought, and development.* Mahwah, NJ: Lawrence Erlbaum.
Greenfield, P. & Lave, J. (1982). Cognitive aspects of informal education. In D. Wagner and H. Stevenson (Hg.), *Cultural perspectives on child development*. San Francisco: Freeman.
Grice, P. (1975). Logic and conversation. In P. Cole & J. Morgan (Hg.), *Speech acts, syntax, and semantics*. New York: Academic Press.
Haith, M. & Benson, J. (1997). Infant cognition. In D. Kuhn & R. Siegler (Hg.), *Handbook of Child Psychology, Bd. 2.* New York: Wiley.
Happé, F. (1995). *Autism: An introduction to psychological theory.* Cambridge: Harvard University Press.
Harris, P. (1991) The work of the imagination. In A. Whiten (Hg.), *Natural theories of mind*. (283-304) Oxford: Blackwell.
Harris, P. (1996). Desires, beliefs, and language. In P. Carruthers & P. Smith (Hg.), *Theories of theories of mind*, (200-222). Cambridge: Cambridge University Press.
Harter, S. (1983). Developmental perspectives on the self system. In P.

Mussen (Hg.), *Carmichael's manual of child psychology*, Bd. 4, (285-386). New York: Wiley.
Hayes, K. & Hayes, C. (1952). Imitation in a home-raised chimpanzee. *Journal of comparative and physiological psychology*, *45*, 450-459.
Heyes, C.M. & Galef, Jr., B.G. (1996). (Hg.). *Social learning in animals. The roots of culture*. New York: Academic Press.
Heyes, C.M. (1993). Anecdotes, training, trapping and triangulating: do animals attribute mental states? *Animal Behaviour, 46*, 177-188.
Hirschfield, L. & Gelman, S. (1994). (Hg.). *Mapping the mind: Domain specificity in cognition and culture*. Cambridge: Cambridge University Press.
Hobson, P. (1993). *Autism and the development of mind.* Hillsdale, NJ: Erlbaum.
Hockett, C. (1960). Logical considerations in the study of animal communication. In W. Lanyon & W. Tavolga (Hg.), *Animal sounds and communication.* American Institute of Biological Sciences, no. 7. Washington, D.C.
Hood, L., Fiess, K. & Aron, J. (1982). Growing up explained: Vygotskians look at the language of causality. In C. Brainerd & M. Pressley (Hg.), *Verbal processes in children*. Berlin: Springer-Verlag.
Hopper, P. & Thompson, S. (1980). Transitivity in grammar and discourse. *Language, 60*, 703-752.
Hopper, P. & Thompson, S. (1984). The discourse basis for lexical categories in universal grammar. *Language, 60*, 703-752.
Hopper, P. & Traugott, E. (1993). *Grammaticalization.* Cambridge: Cambridge University Press.
Humphrey, N.K. (1976). The social function of intellect. In P. Bateson & R.A. Hinde (Hg.), *Growing points in ethology* (303-321). Cambridge: Cambridge University Press.
Humphrey, N. (1983). *Consciousness regained*. Oxford: Oxford University Press.
Hutchins, E. (1995). *Cognition in the wild*. Cambridge, MA: MIT Press.
James, W. (1890). *The principles of psychology.* New York: Holt.
Jarrold, C., Boucher, J. & Smith, P. (1993). Symbolic play in autism: A review. *Journal of Autism and Developmental Disorders*, *23*, 281-308.
Jenkins, J. & Astington, J. (1996). Cognitive factors and family structure associated with theory of mind development in children. *Developmental Psychology, 32*, 70-78.
Johnson, M. (1987). *The body in the mind.* Chicago: The University of Chicago Press.

Karmiloff-Smith, A. (1992). *Beyond modularity: A developmental perspective on cognitive science.* Cambridge, MA: MIT Press.
Kawai, M. (1965). Newly-acquired pre-cultural behavior of the natural troop of Japanese monkeys on Koshima Islet. *Primates, 6*, 1-30.
Kawamura, S. (1959). The process of sub-culture propagation among Japanese macaques. *Primates, 2*, 43-60.
Kelemen, D. (1998). Beliefs about purpose: On the origins of teleological thought. In M. Corballis & S. Lea (Hg.), *The evolution of the hominid mind.* Oxford: Oxford University Press.
Keller, H., Schölmerich, A. & Eibl-Eibesfeldt, I. (1988). Communication patterns in adult-infant interactions in western and non-western cultures. *Journal of Cross-Cultural Psychology, 19*, 427-445.
Killen, M. & Uzgiris, I.C. (1981). Imitation of actions with objects: The role of social meaning. *Journal of Genetic Psychology, 138*, 219-229.
King, B.J. (1991). Social information transfer in monkeys, apes, and hominids. *Yearbook of Physical Anthropology, 34*, 97-115.
Klein, R. (1989). *The human career: Human biological and cultural origins.* Chicago: The University of Chicago Press.
Kontos, S. (1983). Adult-child interaction and the origins of metacognition. *Journal of Educational Research*, 77, 43-54.
Kruger, A. & Tomasello, M. (1996). Cultural learning and learning culture. In D. Olson (Hg.), *Handbook of Education and Human Development: New Models of Teaching, Learning, and Schooling* (169-187). Oxford: Blackwell.
Kruger, A.C. (1992). The effect of peer and adult-child transactive discussions on moral reasoning. *Merrill-Palmer Quarterly, 38*, 191-211.
Kruger, A.C., & Tomasello, M. (1986) Transactive discussions with peers and adults. *Developmental Psychology, 22*, 681-685.
Kummer, H. & Goodall, J. (1985). Conditions of innovative behaviour in primates. *Phil. Trans. Royal Soc. Lon., B308*, 203-214.
Lakoff, G. (1987). *Women, fire, and dangerous things: What categories reveal about the mind.* Chicago: The University of Chicago Press.
Lakoff, G. & Johnson, M. (1998). *Leben in Metaphern: Konstruktion und Gebrauch von Sprachbildern.* Heidelberg: Carl-Auer-Systeme, Verlag und Verlagsbuchhandlung.
Langacker, R. (1987a). *Foundations of cognitive grammar*, Bd. 1. Stanford: Stanford University Press.
Langacker, R. (1987b). Nouns and verbs. *Language, 63*, 53-94.
Langacker, R. (1991). *Foundations of cognitive grammar*, Bd. 2. Stanford: Stanford University Press.

Lave, J. (1988). *Cognition in practice.* Cambridge: Cambridge University Press.

Legerstee, M. (1991). The role of person and object in eliciting early imitation. *Journal of Experimental Child Psychology, 51*, 423-433.

Leonard, L. (1998). *Children with specific language impairment.* Cambridge, MA: MIT Press.

Leslie, A. (1984). Infant perception of a manual pick up event. *British Journal of Developmental Psychology, 2*, 19-32.

Levinson, S. (1990). *Pragmatik.* Tübingen: Niemeyer.

Lewis, M. & Brooks-Gunn, J. (1979). *Social cognition and the acquisition of self.* New York: Plenum.

Lewis, M., Sullivan, M., Stanger, C. & Weiss, M. (1989). Self-development and self-conscious emotions. *Child Development, 60*, 146-156.

Lieven, E., Pine, J. & Baldwin, G. (1997). Lexically-based learning and early grammatical development. *Journal of Child Language, 24*, 187-220.

Lillard, A. (1997). Other folks' theories of mind and behavior. *Psychological Science, 8*, 268-274.

Lock, A. (1978). *The emergence of language.* In A. Lock (Hg.), *Action, gesture, and symbol: the emergence of language*. New York: Academic Press.

Loveland, K. & Landry, S. (1986). Joint attention in autism and developmental language delay. *Journal of Autism and Developmental Disorders, 16*, 335-349.

Loveland, K., Tunali, B., Jaedicke, N. & Brelsford, A. (1991). Rudimentary perspective taking in lower functioning children with autism and Down syndrome. Vortragsmanuskript, *Society for Research In Child Development*, Seattle.

Loveland, K.A. (1993). Autism, affordances, and the self. In U. Neisser (Hg.), *The perceived self* (237-253). Cambridge: Cambridge University Press.

Lucy, J. (1992). *Grammatical categories and cognition.* New York: Cambridge University Press.

Luria, A. (1961). *The role of speech in the regulation of normal and abnormal behavior.* New York: Boni and Liveright.

Mandler, J. (1992). How to build a baby II: Conceptual primitives. *Psychological Review, 99*, 587-604.

Marchman, V. & Bates, E. (1994). Continuity in lexical and morphological development: A test of the critical mass hypothesis. *Journal of Child Language, 21*, 339-366.

Markman, E. (1989). *Categorization and naming in children.* Cambridge, MA: MIT Press.

Markman, E. (1992). Constraints on word learning: Speculations about their nature, origins, and word specificity. In M. Gunnar & M. Maratsos (Hg.), *Modularity and constraints in language and cognition.* Hillsdale, NJ: Lawrence Erlbaum.
Mayberry, R. (1995). The cognitive development of deaf children: Recent insights. In S. Segalowitz & I. Rapin (Hg.), *Handbook of Neuropsychology*, Bd. 7, (51-68). Amsterdam: Elsevier.
McCrae, K., Ferretti, T. & Amyote, L. (1997). Thematic roles as verb-specific concepts. *Language and Cognitive Processes, 12*, 137-176.
McGrew, W.C. (1992). *Chimpanzee material culture*. Cambridge: Cambridge University Press.
McGrew, W. (1998). Culture in nonhuman primates? *Annual Review of Anthropology, 27*, 301-328.
Mead, G. (1934). *Mind, self, and society.* Chicago: University of Chicago Press.
Meltzoff, A. & Moore, K. (1977). Imitation of facial and manual gestures by newborn infants. *Science, 198*, 75-78.
Meltzoff, A. & Moore, K. (1989). Imitation in newborn infants: Exploring the range of gestures imitated and the underlying mechanisms. *Developmental Psychology, 25*, 954-962.
Meltzoff, A. (1988). Infant imitation after a one week delay: Long term memory for novel acts and multiple stimuli. *Developmental Psychology, 24*, 470-476.
Meltzoff, A. (1995). Understanding the intentions of others: Re-enactment of intended acts by 18-month-old children. *Developmental Psychology, 31*, 838-850.
Meltzoff, A. N. & Gopnik, A. (1993). The role of imitation in understanding persons and developing a theory of mind. In S. Baron-Cohen, H. Tager-Flusberg & D. J. Cohen (Hg.), *Understanding other minds: Perspectives from autism* (335-366). New York: Oxford University Press.
Meltzoff, A. & Moore, K. (1994). Imitation, memory, and the representation of persons. *Infant Behavior and Development, 17*, 83-99.
Mervis, C. (1987). Child basic categories and early lexical development. In U. Neisser (Hg.), *Concepts and conceptual development.* Cambridge: Cambridge University Press.
Moore, C. (1996). Theories of mind in infancy. *British Journal of Developmental Psychology, 14*, 19-40.
Moore, C. & Dunham, P. (1995). *Joint attention: Its origins and role in development.* Hillsdale, NJ: Erlbaum.
Mugny, G. & Doise, W. (1978). Sociocognitive conflict and the structure

of individual and collective performances. *European Journal of Social Psychology, 8*, 181-192.

Muir, D. & Hains, S. (1999). Young infants' perception of adult intentionality: Adult contingency and eye direction. In P. Rochat (Hg.), *Early social cognition.* Mahwah, NJ: Lawrence Erlbaum.

Mundinger, P. (1980). Animal cultures and a general theory of cultural evolution. *Ethology and Sociobiology, 1*, 183-223.

Mundy, P., Sigman, M. & Kasari, C. (1990). A longitudinal study of joint attention and language development in autistic children. *Journal of Autism and Developmental Disorders, 20*, 115-128.

Murray, L. & Trevarthen, C. (1985). Emotional regulation of interactions between two-month-olds and their mothers. In T. M. Field & N. A. Fox (Hg.), *Social perception in infants* (177-197). Norwood, NJ: Ablex.

Myowa, M. (1996). Imitation of facial gestures by an infant chimpanzee. *Primates, 37*, 207-213.

Nadel, J. & Tremblay-Leveau, H. (1999). Early perception of social contingencies and interpersonal intentionality: dyadic and triadic paradigms. In P. Rochat (Hg.), *Early social cognition.* Mahwah, NJ: Lawrence Erlbaum.

Nagell, K., Olguin, K. & Tomasello, M. (1993). Processes of social learning in the tool use of chimpanzees (*Pan troglodytes*) and human children (*Homo sapiens*). *Journal of Comparative Psychology, 107*, 174-186.

Neisser, U. (1988). Five kinds of self-knowledge. *Philosophical Psychology, 1*, 35-59.

Neisser, U. (1995). Criteria for an ecological self. In P. Rochat (Hg.), *The self in infancy: Theory and research*. Amsterdam: Elsevier.

Nelson, K. (1985). *Making sense: The acquisition of shared meaning.* New York: Academic Press.

Nelson, K. (1986). *Event knowledge: Structure and function in development.* Hillsdale, NJ: Erlbaum.

Nelson, K. (1989). (Ed.). *Narratives from the crib.* Cambridge: Harvard University Press.

Nelson, K. (1996). *Language in cognitive development.* New York: Cambridge University Press.

Nelson, K. E. (1986). A rare event cognitive comparison theory of language acquisition. In K.E. Nelson & A. van Kleeck (Hg.), *Children's language,* Bd. 6. Hillsdale, NJ: Erlbaum.

Nishida, T. (1980). The leaf-clipping display: A newly discovered expressive gesture in wild chimpanzees. *Journal of Human Evolution*, 9, 117-128.

Nuckolls, C. (1991). Culture and causal thinking. *Ethos, 17*, 3-51.

Palincsar, A. & Brown, A. (1984). Reciprocal teaching of comprehension-fostering and monitoring activities. *Cognition and Instruction*, *1*, 117-175.

Perner, J. (1988). Higher order beliefs and intentions in children's understanding of social interaction. In J. Astington, P. Harris & D. Olson (Hg.), *Developing theories of mind.* Cambridge: Cambridge University Press.

Perner, J. & Lopez, A. (1997). Children's understanding of belief and disconfirming visual evidence. *Cognitive development, 12*, 367-380.

Perner, J., Ruffman, T. & Leekham, S. (1994). Theory of mind is contagious: You catch it from your sibs. *Child Development, 65*, 1228-1238.

Perret-Clermont, A.-N. & Brossard, A. (1985). On the interdigitation of social and cognitive processes. In R.A. Hinde, A.-N. Perret-Clermont & J. Stevenson-Hinde (Hg.), *Social relationships and cognitive development*. Oxford: Clarendon Press.

Peters, A. (1983). *The units of language acquisition.* Cambridge: Cambridge University Press.

Piaget, J. (1928). *The development of logical thinking in childhood*. London: Kegan Paul.

Piaget, J. (1970). Piaget's theory. In P. Mussen (Hg.), *Manual of child development* (703-732). New York: Wiley.

Piaget, J. (1974). *Der Aufbau der Wirklichkeit beim Kinde*. Stuttgart: Klett-Cotta.

Piaget, J. (1981). *Das moralische Urteil beim Kinde*. Frankfurt a. M.: Suhrkamp.

Piaget, J. (1992). *Das Erwachen der Intelligenz beim Kinde*. München: Deutscher Taschenbuch-Verlag.

Piaget, J. & Garcia, R. (1974). *Understanding causality.* New York: Norton.

Pine, J.M. & Lieven, E.V.M. (1993). Reanalysing rote-learned phrases: Individual differences in the transition to multi-word speech. *Journal of Child Language, 20*, 551-571.

Pinker, S. (1989). *Learnability and cognition: The acquisition of verb-argument structure*. Cambridge, MA: Harvard University Press.

Pinker, S. (1996). *Der Sprachinstinkt: wie der Geist die Sprache bildet*. München: Kindler.

Pinker, S. (1998). *Wie das Denken im Kopf entsteht*. München: Kindler.

Pizutto, E. & Caselli, C. (1992). The acquisition of Italian morphology. *Journal of Child Language, 19*, 491-557.

Povinelli, D. & Cant, J. (1996). Arboreal clambering and the evolutionary origins of self-conception. *Quarterly Review of Biology, 70*, 393-421.

Povinelli, D.J. (1994). Comparative studies of animal mental state attribution: a reply to Heyes. *Animal Behaviour, 48*, 239-241.

Povinelli, D.J., Nelson, K.E. & Boysen, S.T. (1990). Inferences about guessing and knowing by chimpanzees (*Pan troglodytes*). *Journal of Comparative Psychology, 104*, 203-210.

Povinelli, D., Perilloux, H., Reaux, J. & Bierschwale, D. (1998). Young chimpanzees' reactions to intentional versus accidental and inadvertent actions. *Behavioural Processes, 42*, 205-218.

Premack, D. (1983). The codes of man and beasts. *Behavioral and Brain Sciences, 6*, 125-167.

Premack, D. (1986). *Gavagai!* Cambridge, MA: MIT Press.

Premack, D. (1990). The infant's theory of self-propelled objects. *Cognition, 36*, 1-16.

Premack, D. & Woodruff, G. (1978). Does the chimpanzee have a theory of mind? *Behavioral and Brain Sciences*, *4*, 515-526.

Quine, W. (1980). *Wort und Gegenstand*. Stuttgart: Reclam.

Ratner, H. & Hill, L. (1991). Regulation and representation in the development of children's memory. Vortragsmanuskript, *the Society for Research in Child Development*, Seattle.

Reaux, J. (1995). Explorations of young chimpanzees' (*Pan troglodytes*) comprehension of cause-effect relationships in tool use. Unveröffentlichte Magisterarbeit, University of Southwestern Louisiana.

Rochat, P. (1999). (Hg.) *Early social cognition.* Mahwah, NJ: Lawrence Erlbaum.

Rochat, P. & Barry, L. (1998). Infants reaching for out-of-reach objects. Vortragsmanuskript, *the International Conference for Infant Studies.* Atlanta, GA.

Rochat, P., Morgan, R. & Carpenter, M. (1997). The perception of social causality in infancy. *Cognitive Development, 12*, 537-562.

Rochat, P. & Striano, T. (1999). Social cognitive development in the first year. In P. Rochat (Hg.), *Early social cognition.* Mahwah, NJ: Lawrence Erlbaum.

Rogoff, B. (1990). *Apprenticeship in thinking.* Oxford: Oxford University Press.

Rogoff, B., Chavajay, P. & Mutusov, E. (1993). Questioning assumptions about culture and individuals. *Behavioral and Brain Sciences, 16*, 533-534.

Rollins, P. & Snow, C. (1998). Shared attention and grammatical development in typical children and children with autism. *Journal of Child Language*, *25*, 653-674.

Rubino, R. & Pine, J. (1998). Subject-verb agreement in Brazilian Portugese: What low error rates hide. *Journal of Child Language, 25*, 35-60.

Russell, J. (1996). *Agency: Its role in mental development*. Cambridge, MA: MIT Press.

Russon, A. & Galdikas, B. (1993). Imitation in ex-captive orangutans. *Journal of Comparative Psychology, 107*, 147-161.

Samuelson, L. & Smith, L. (1998). Memory and attention make smart word learning: An alternative account of Akhtar, Carpenter, and Tomasello. *Child Development, 69*, 94-104.

Savage-Rumbaugh, E.S., McDonald, K., Sevcik, R.A., Hopkins, W.D. & Rubert, E. (1986). Spontaneous symbol acquisition and communicative use by pygmy chimpanzees (*Pan paniscus*). *Journal of Experimental Psychology: General, 115*, 211-235.

Savage-Rumbaugh, E.S., Rumbaugh, D.M. & Boysen, S.T. (1978). Sarah's problems in comprehension. *Behavioral and Brain Sciences, 1*, 555-557.

Saxe, G. (1981). Body parts as numerals: A developmental analysis of numeration among a village population in Papua New Guinea. *Child Development, 52*, 306-316.

Scarr, S. & McCarthy, K. (1983). How people make their own environments: A theory of genotype-environment effects. *Child Development, 54*, 424-435.

Schieffelin, B. & Ochs, E. (1986). *Language socialization across cultures.* Cambridge: Cambridge University Press.

Schneider W. & Bjorkland, D. (1997). Memory. In D. Kuhn & R. Siegler (Hg.), *Handbook of Child Psychology,* Bd. 2. New York: Wiley.

Schultz, T. (1982). Rules of causal attribution. *Monographs of the Society for Research in Child Development, 47*.

Scollon, R. (1973). *Conversations with a one year old.* Honolulu: University of Hawaii Press.

Searle, J. (1997). *Die Konstruktion der gesellschaftlichen Wirklichkeit.* Reinbek: Rowohlt.

Siegler, R. (1995). How does change occur: A microgenetic study of number conservation. *Cognitive Psychology, 28*, 225-273.

Sigman, M. & Capps, L. (1997). *Children with autism: A developmental perspective.* Cambridge, MA: Harvard University Press.

Slobin, D. (1985). The language making capacity. In D. Slobin (Hg.), *The cross-linguistic study of language acquisition* (1157-1256). Hillsdale, NJ: Lawrence Erlbaum Associates.

Slobin, D. (1991). Learning to think for speaking: Native language, cognition, and rhetorical style. *Pragmatics, 1*, 7-26.

Smith, C. B., Adamson, L. B. & Bakeman, R. (1988). Interactional predictors of early language. *First Language, 8*, 143-156.
Smith, D. & Washburn, D. (1997). The uncertainty response in humans and animals. *Cognition, 62*, 75-97.
Smith, L. (1995). Self-organizing processes in learning to use words: Development is not induction. *The Minnesota Symposium on Child Psychology*, Bd. 28. Mahwah, NJ: Lawrence Erlbaum.
Snow, C. & Ninio, A. (1986). The contracts of literacy: What children learn from learning to read books. In W. Teale & E. Sulzby (Hg.), *Emergent literacy: Writing and reading.* Norwood, NJ: Ablex.
Spelke, E. & Newport, E. (1997). Nativism, empiricism, and the development of knowledge. In R. Lerner (Hg.), *Handbook of Child Psychology*, Bd 1.
Spelke, E. (1990). Principles of object perception, *Cognitive Science, 14*, 29-56.
Spelke, E., Breinliger, K., Macomber, J. & Jacobson, K. (1992). Origins of knowledge. *Psychological Review, 99*, 605-632.
Sperber, D. & Wilson, D. (1986). *Relevance: Communication and cognition.* Cambridge, MA: Harvard University Press.
Starky, P., Spelke, E.S. & Gelman, R. (1990). Numerical abstraction by human infants. *Cognition, 36*, 97-128.
Stern, D. (2000). *Die Lebenserfahrung des Säuglings.* Stuttgart: Klett-Cotta.
Striano, T., Tomasello, M. & Rochat, P. (1999). *Social and object support for early symbolic play.* Zur Veröffentlichung eingereichtes Manuskript.
Stringer, C. & McKie, R. (1996). *Afrika – Wiege der Menschheit: die Entstehung, Entwicklung und Ausbreitung des Homo sapiens.* München: Limes.
Talmy, L. (1996). The windowing of attention in language. In M. Shibatani & S. Thompson (Hg.), *Grammatical constructions: Their form and meaning.* Oxford: Oxford University Press.
Tönnies, F. (1935). *Gemeinschaft und Gesellschaft: Grundbegriffe der reinen Soziologie.* Leipzig: Buske.
Thomas, R.K. (1986). Vertebrate intelligence: A review of the laboratory research. In R.J. Hoage & L. Goldman (Hg.), *Animal intelligence. Insights into the animal mind* (37-56). Washington, D.C.: Smithsonian Institution Press.
Tomasello, M. (1987). Learning to use prepositions: A case study. *Journal of Child Language, 14*, 79-98.
Tomasello, M. (1988). The role of joint attentional process in early language development. *Language Sciences, 10*, 69-88.

Tomasello, M. (1990). Cultural transmission in the tool use and communicatory signaling of chimpanzees? In S. Parker & K. Gibson (Hg.), *Language and intelligence in monkeys and apes: Comparative developmental perspectives*. Cambridge: Cambridge University Press.
Tomasello, M. (1992a). The social bases of language acquisition. *Social Development, 1(1)*, 67-87.
Tomasello, M. (1992b). *First verbs: A case study in early grammatical development*. Cambridge: Cambridge University Press.
Tomasello, M. (1993). The interpersonal origins of self concept. In U. Neisser (Hg.), *The perceived self: Ecological and interpersonal sources of self knowledge* (174-184). Cambridge: Cambridge University Press.
Tomasello, M. (1994). The question of chimpanzee culture. In R.W. Wrangham, W.C. McGrew, F.B.M. de Waal & P.G. Heltne (Hg.), *Chimpanzee cultures* (301-317). Cambridge, MA: Harvard University Press.
Tomasello, M. (1995a). Joint attention as social cognition. In C. Moore & P. Dunham (Hg.), *Joint attention: Its origins and role in development* (103-130). Hillsdale, NJ: Erlbaum.
Tomasello, M. (1995b). Understanding the self as social agent. In P. Rochat (Hg.), *The self in early infancy: Theory and research.* (449-460). Amsterdam: North Holland-Elsevier.
Tomasello, M. (1995c). Pragmatic contexts for early verb learning. In M. Tomasello & W. Merriman (Hg.), *Beyond Names for Things: Young Children's Acquisition of Verbs.* Mahwah, NJ: Lawrence Erlbaum.
Tomasello, M. (1995d). Language is not an instinct. *Cognitive Development, 10*, 131-156.
Tomasello, M. (1996a). Do apes ape? In B.G. Galef, Jr. & C.M. Heyes (Hg.), *Social learning in animals: The roots of culture* (319-346). New York: Academic Press.
Tomasello, M. (1996b). Chimpanzee social cognition. Kommentar, *Society for Research in Child Development Monographs, 61* (3).
Tomasello, M. (1998). One child's early talk about possession. In J. Newman (Hg.), *The Linguistics of Giving.* Amsterdam: John Benjamins.
Tomasello, M. (1999a). The cultural ecology of young children's interactions with objects and artifacts. In E. Winograd, R. Fivush & W. Hirst (Hg.), *Ecological Approaches to Cognition: Essays in Honor of Ulric Neisser.* Mahwah, NJ: Erlbaum.
Tomasello, M. (1999b). *Do young children use adult syntactic categories?* Zur Veröffentlichung eingereichtes Manuskript.
Tomasello, M. (2001). Perceiving intentions and learning words in the second year of life. In M. Bowerman & S. Levinson (Hg.), *Language*

Acquisition and Conceptual Development. Cambridge: Cambridge University Press.

Tomasello, M. & Akhtar, N. (1995). Two-year-olds use pragmatic clues to differentiate reference to objects and actions. *Cognitive Development, 10,* 201-224.

Tomasello, M., Akhtar, N., Dodson, K. & Rekau, L. (1997). Differential productivity in young children's use of nouns and verbs. *Journal of Child Language, 24,* 373-387.

Tomasello, M. & Barton, M. (1994). Learning words in non-ostensive contexts. *Developmental Psychology, 30,* 639-650.

Tomasello, M. & Brooks, P. (1998). Young children's earliest transitive and intransitive constructions. *Cognitive Linguistics, 9,* 379-395.

Tomasello, M. & Brooks, P. (1999). Early syntactic development. In M. Barrett (Hg.), *The development of language.* London: Psychology Press.

Tomasello, M. & Call, J. (1994). Social cognition of monkeys and apes. *Yearbook of Physical Anthropology, 37,* 273-305.

Tomasello, M. & Call, J. (1997). *Primate cognition.* New York: Oxford University Press.

Tomasello, M., Call, J. & Gluckman, A. (1997). The comprehension of novel communicative signs by apes and human children. *Child Development, 68,* 1067-1081.

Tomasello, M., Call, J., Nagell, K., Olguin, K. & Carpenter, M. (1994). The learning and use of gestural signals by young chimpanzees: A trans-generational study. *Primates, 35,* 137-154.

Tomasello, M., Call, J., Warren, J., Frost, T., Carpenter, M. & Nagell, K. (1997). The ontogeny of chimpanzee gestural signals: A comparison across groups and generations. *Evolution of Communication, 1,* 223-253.

Tomasello, M. & Farrar, J. (1986). Joint attention and early language. *Child Development, 57,* 1454-1463.

Tomasello, M., Farrar, J. & Dines, J. (1983). Young children's speech revisions for a familiar and an unfamiliar adult. *Journal of Speech and Hearing Research, 27,* 359-363.

Tomasello, M., George, B., Kruger, A., Farrar, J. & Evans, E. (1985). The development of gestural communication in young chimpanzees. *Journal of Human Evolution, 14,* 175-186.

Tomasello, M., Gust, D. & Frost, G.T. (1989). The development of gestural communication in young chimpanzees: a follow up. *Primates, 30,* 35-50.

Tomasello, M. & Kruger, A.C. (1992). Joint attention on actions: Acquir-

ing verbs in ostensive and non-ostensive contexts. *Journal of Child Language, 19*, 311-334.
Tomasello, M., Kruger, A.C. & Ratner, H.H. (1993). Cultural learning. *Behavioral and Brain Sciences, 16*, 495-552.
Tomasello, M., Mannle, S. & Kruger, A.C. (1986). Linguistic environment of 1- to 2-year-old twins. *Developmental Psychology, 22*, 169-176.
Tomasello, M., Mannle, S. & Werdenschlag, L. (1988). The effect of previously learned words on the child's acquisition of words for similar referents. *Journal of Child Language, 15*, 505-515.
Tomasello, M. & Merriman, W. (1995). (Hg.). *Beyond names for things: Young children's acquisition of verbs.* Mahwah, NJ: Lawrence Erlbaum.
Tomasello, M., Savage-Rumbaugh, E.S. & Kruger, A.C. (1993). Imitative learning of actions on objects by children, chimpanzees, and enculturated chimpanzees. *Child Development, 64*, 1688-1705.
Tomasello, M., Striano, T. & Rochat, P. (1999). Do young children use objects as symbols? *British Journal of Developmental Psychology, 17*, 563-584.
Tomasello, M., Strosberg, R. & Akhtar, N. (1996). Eighteen-month-old children learn words in non-ostensive contexts. *Journal of Child Language, 22*, 1-20.
Tomasello, M. & Todd, J. (1983). Joint attention and lexical acquisition style. *First Language, 4*, 197-212.
Tooby, J. & Cosmides, L. (1989). Evolutionary psychology and the generation of culture, Part I. *Ethology and Sociobiology, 10*, 29-49.
Trabasso, T. & Stein, N. (1981). Children's knowledge of events: A causal analysis of story structure. *The Psychology of Learning and Motivation, 15*, 237-282.
Traugott, E. & Heine, B. (1991a, 1991b). *Approaches to grammaticalization*, Bde. 1 und 2. Amsterdam: John Benjamins.
Trevarthen, C. (1979). Instincts for human understanding and for cultural cooperation: Their development in infancy. In M. von Cranach, K. Foppa, W. Lepenies & D. Ploog (Hg.), *Human ethology: Claims and limits of a new discipline.* Cambridge: Cambridge University Press.
Trevarthen, C. (1993a). Predispositions to cultural learning in young infants. *Behavioral and Brain Sciences, 16*, 534-535.
Trevarthen, C. (1993b). The function of emotions in early communication and development. In J. Nadel & L. Camaioni (Hg.), *New perspectives in early communicative development* (48-81). New York: Routledge.

Trueswell, J., Tanenhaus, M. & Kello, C. (1993). Verb-specific constraints in sentence processing. *Journal of Experimental Psychology: Learning, Memory, and Cognition, 19*, 528-553.

van Valin, R. & LaPolla, R. (1996). *Syntax: Structure, meaning, and function.* Cambridge: Cambridge University Press.

Visalberghi, E. & Fragaszy, D.M. (1990). Food-washing behaviour in tufted capuchin monkeys, *Cebus apella*, and crabeating macaques, *Macaca fascicularis. Animal Behaviour, 40*, 829-836.

Visalberghi, E. & Limongelli, L. (1996). Acting and Understanding: Tool use revisited through the minds of capuchin monkeys. In A.E. Russon, K.A. Bard & S.T. Parker (Hg.), *Reaching into thought.* (57-79). Cambridge: Cambridge University Press.

von Glasersfeld, E. (1982). Subitizing: The role of figural patterns in the development of numerical concepts. *Archives de Psychologie, 50*, 191-218.

Vygotskij, L. (1992). *Geschichte der höheren psychischen Funktionen.* Münster; Hamburg: Lit.

Wallach, L. (1969). On the bases of conservation. In D. Elkind and J. Flavell (Hg.), *Studies in cognitive development.* Oxford: Oxford University Press.

Wellman, H. & Gelman, S. (1997). Knowledge acquisition in foundational domains. In D. Kuhn & R. Siegler (Hg.), *Handbook of Child Psychology,* Bd. 2. New York: Wiley.

Wellman, H. (1990). *The child's theory of mind.* Cambridge, MA: MIT Press.

Wertsch, J. (1991). *Voices of the mind: A sociocultural approach to mediated action.* Cambridge, MA: Harvard University Press.

Whiten, A. & Ham, R. (1992). On the nature and evolution of imitation in the animal kingdom: Reappraisal of a century of research. In P.J.B. Slater, J.S. Rosenblatt, C. Beer & M. Milinsky (Hg.), *Advances in the study of behavior* (239-283). New York: Academic Press.

Whiten, A., Custance, D.M., Gómez, J.C., Teixidor, P. & Bard, K.A. (1996). Imitative learning of artificial fruit processing in children (*Homo sapiens*) and chimpanzees (*Pan troglodytes*). *Journal of Comparative Psychology, 110*, 3-14.

Wilcox, J., & Webster, E. (1980). Early discourse behaviors: children's response to listener feedback. *Child Development, 51*, 1120-1125.

Winner, E. (1988). *The point of words: Children's understanding of metaphor and irony.* Cambridge, MA: Harvard University Press.

Wittgenstein, L. (1980). *Philosophische Untersuchungen.* Frankfurt a.M.: Suhrkamp.

Wolfberg, P. & Schuler A. (1993). Integrated play groups: A model for promoting the social and cognitive dimensions of play in children with autism. *Journal of Autism and Developmental Disorders, 23*, 467-489.

Wood, D., Bruner, J. & Ross G. (1976). The role of tutoring in problem solving. *Journal of Child Psychology and Psychiatry, 17*, 89-100.

Woodruff, G. & Premack, D. (1979). Intentional communication in the chimpanzee: the development of deception. *Cognition, 7*, 333-362.

Woodward, A. (1998). Infants selectively encode the goal object of an actor's reach. *Cognition, 69*, 1-34.

Wrangham, R.W., McGrew, W.C., de Waal, F.B.M. & Heltne, P.G. (1994). *Chimpanzee cultures*. Cambridge, MA: Harvard University Press.

Wundt, W. (1900-09). *Völkerpsychologie: Eine Untersuchung der Entwicklungsgesetze von Sprache, Mythus und Sitte*, Bde. 1-10. Leipzig: Engelmann.

Zelazo, P. (2000). Self-reflection and the development of conciously controlled processing. In P. Mitchell & K. Riggs (Hg.), *Children's reasoning and the mind.* London: Psychology Press.

Register

Geschichte und Theorie der Naturwissenschaften

Bakteriologie und Moderne. Studien zur Biopolitik des Unsichtbaren 1870 – 1920. Herausgegeben von Philipp Sarasin. Silvia Berger, Marianne Hänseler und Myriam Spörri. stw 1807. 544 Seiten

Susan Blackmore. Gespräche über Bewußtsein. Gebunden. 380 Seiten

Lorraine Daston/Peter Galison. Objektivität. Aus dem Amerikanischen von Christa Krüger. Mit zahlreichen Abbildungen und farbigem Bildteil. Gebunden. 530 Seiten

John Dupré. Darwins Vermächtnis. Die Bedeutung der Evolution für die Gegenwart des Menschen. Aus dem Englischen von Eva Gilmer. 144 Seiten. Gebunden

Michael Esfeld. Naturphilosophie als Metaphysik der Natur. stw 1863 218 Seiten

Gene, Meme und Gehirne. Geist und Gesellschaft als Natur. Eine Debatte. Herausgegeben von A. Becker, C. Mehr, H. H. Nau, G. Reuter und D. Stegmüller. stw 1643. 330 Seiten

Geschichte, Theorie und Ethik der Medizin. Eine Einführung. Herausgegeben von Stefan Schulz u.a. stw 1791. 511 Seiten

Das Geschlecht der Natur. Feministische Beiträge zur Geschichte und Theorie der Naturwissenschaften. Herausgegeben von Barbara Orland und Elvira Scheich. Texte aus dem Amerikanischen von Xenia Rajewsky. Gender Studies. es 1727. 290 Seiten

NF 152/1/11.08

Stephen Jay Gould. Der falsch vermessene Mensch. Aus dem Amerikanischen von Günter Seib. stw 583. 400 Seiten

Michael Hampe. Eine kleine Geschichte des Naturgesetzbegriffs. Die Gesetze der Natur und die Handlungen der Menschen. stw 1864. 201 Seiten

Lily E. Kay. Das Buch des Lebens. Wer schrieb den genetischen Code? Mit Abbildungen. Aus dem Amerikanischen von Gustav Roßler. stw 1746. 556 Seiten

Alexandre Koyré. Von der geschlossenen Welt zu unendlichen Universum. Aus dem Amerikanischen von Rolf Dornbacher. stw 320. 259 Seiten

Werner Kutschmann. Der Naturwissenschaftler und sein Körper. Die Rolle der »inneren Natur« in der experimentellen Naturwissenschaft der frühen Neuzeit. 428 Seiten. Gebunden

Humberto R. Maturana. Biologie der Realität. Aus dem Amerikanischen von Wolfram K. Köck. stw 1502. 400 Seiten

Naturerkenntnis und Natursein. Für Gernot Böhme. Herausgegeben von Michael Hauskeller, Christoph Rehmann-Sutter und Gregor Schiemann. stw 1327. 406 Seiten

Naturwissenschaft, Technik und NS-Ideologie. Beiträge zur Wissenschaftsgeschichte des Dritten Reiches. Herausgegeben von Herbert Mehrtens und Steffen Richter. stw 303. 289 Seiten

Philosophie der Biologie. Eine Einführung. Herausgegeben von Ulrich Krohs und Georg Toepfer. stw 1745. 456 Seiten

Physiologie und industrielle Gesellschaft. Studien zur Verwissenschaftlichung des Körpers im 19. und 20. Jahrhundert.

NF 152/2/11.08

Herausgegeben von Philipp Sarasin und Jakob Tanner.
stw 1343. 529 Seiten

Die Transformation des Humanen. Beiträge zur Kulturgeschichte der Kybernetik. Herausgegben von Michael Hagner und Erich Hörl. stw 1848. 464 Seiten

Hans-Jörg Rheinberger.
- Epistemologie des Konkreten. Studien zur Geschichte der modernen Biologie. stw 1771. 415 Seiten
- Experimentalsysteme und epistemische Dinge. Eine Geschichte der Proteinsynthese im Reagenzglas. stw 1806. 383 Seiten

Lothar Schäfer. Das Bacon-Projekt. Von der Erkenntnis, Nutzung und Schonung der Natur. stw 1401. 279 Seiten

NF 152/3/11.08

»Geist und Gehirn« im Suhrkamp Verlag

François Ansermet / Pierre Magistretti. Die Individualität des Gehirns. Neurobiologie und Psychoanalyse. 282 Seiten. Gebunden

Olaf Breidbach. Die Materialisierung des Ichs. Zur Geschichte der Hirnforschung im 19. und 20. Jahrhundert. stw 1276. 476 Seiten

Gene, Meme und Gehirne. Geist und Gesellschaft als Natur. Eine Debatte. Herausgegeben von A. Becker, C. Mehr, H. H. Nau, G. Reuter und D. Stegmüller. stw 1643. 330 Seiten

Hirnforschung und Willensfreiheit. Zur Deutung der neuesten Experimente. Herausgegeben von Christian Geyer. es 2387. 296 Seiten

Eric R. Kandel. Psychiatrie, Psychoanalyse und die neue Biologie des Geistes. Mit einem Vorwort von Gerhard Roth. 341 Seiten. Gebunden

Benjamin Libet. Mind Time. Wie das Gehirn Bewusstsein produziert. 298 Seiten. Gebunden

Philosophie und Neurowissenschaften. Ist das psychologische Problem gelöst? Herausgegeben von Dieter Sturma. stw 1770. 266 Seiten

NF 155/1/3.07

Gerhard Roth

- Aus Sicht des Gehirns. 216 Seiten. Kartoniert
- Fühlen, Denken, Handeln. Wie das Gehirn unser Verhalten steuert. stw 1678. 608 Seiten
- Das Gehirn und seine Wirklichkeit. Kognitive Neurobiologie und ihre philosophischen Konsequenzen. stw 1275. 384 Seiten

John R. Searle. Freiheit und Neurobiologie. 91 Seiten. Kartoniert

Wolf Singer

- Ein neues Menschenbild? Gespräche über Hirnforschung. stw 1596. 144 Seiten
- Der Beobachter im Gehirn. Essays zur Hirnforschung. stw 1571. 240 Seiten
- Vom Gehirn zum Bewußtsein. 59 Seiten. Gebunden

NF 155/2/3.07

Sprachanalytische Philosophie
im Suhrkamp Verlag
Eine Auswahl

Robert B. Brandom

- Begründen und Begreifen. Eine Einführung in den Inferentialismus. Übersetzt von Eva Gilmer.
  Gebunden und stw 1689 . 264 Seiten
- Expressive Vernunft. Begründung, Repräsentation und diskursive Festlegung. Übersetzt von Eva Gilmer und Hermann Vetter. Gebunden und kartoniert. 1016 Seiten

Stanley Cavell. Der Anspruch der Vernunft. Wittgenstein, Skeptizismus, Moral und Tragödie. Übersetzt von Christiana Goldmann. Mit einem Vorwort von Susan Neiman. Gebunden. 794 Seiten

Arthur C. Danto. Analytische Philosophie der Geschichte. Übersetzt von Jürgen Behrens. stw 328. 503 Seiten

Donald Davidson

- Handlung und Ereignis. Übersetzt von Joachim Schulte. stw 895. 421 Seiten
- Probleme der Rationalität. Übersetzt von Joachim Schulte. Mit einem Vorwort von Marcia Cavell. Gebunden. 445 Seiten
- Subjektiv, intersubjektiv, objektiv. Übersetzt von Joachim Schulte. Gebunden. 382 Seiten
- Wahrheit und Interpretation. Übersetzt von Joachim Schulte. stw 896. 408 Seiten

Donald Davidson/Hans Friedrich Fulda. Dialektik und Dialog. Rede von Donald Davidson anläßlich der Verleihung des Hegel-Preises 1992. Laudatio von Hans Friedrich Fulda: Unterwegs zu einer einheitlichen Theorie des Sprechens, Han delns und Interpretierens. stw 1080. 101 Seiten

NF 135/1/8.07

Donald Davidson/Richard Rorty. Wozu Wahrheit? Eine Debatte. Herausgegeben von Mike Sandbothe. stw 1691. 350 Seiten

Michael Dummett
- Ursprünge der analytischen Philosophie. Übersetzt von Joachim Schulte. stw 1003. 200 Seiten
- Wahrheit und Vergangenheit. Übersetzt von Joachim Schulte. Broschur. 137 Seiten

Nelson Goodman
- Sprachen der Kunst. Entwurf einer Symboltheorie. Übersetzt von Bernd Philippi. stw 1304. 254 Seiten
- Tatsache, Fiktion, Voraussage. Übersetzt von Hermann Vetter. Mit einem Vorwort von Hilary Putnam. stw 732. 167 Seiten
- Weisen der Welterzeugung. Übersetzt von Max Looser. stw 863. 179 Seiten

Nelson Goodman/Catherine Z. Elgin. Revisionen. Philosophie und anderen Künste und Wissenschaften. Übersetzt von Bernd Philippi. 225 Seiten. Gebunden

R. M. Hare. Die Sprache der Moral. Übersetzt von Petra von Morstein. stw 412. 243 Seiten

Martin Hollis. Rationalität und soziales Verstehen. Übersetzt von Joachim Schulte. stw 928. 118 Seiten

Bertram Kienzle (Hg.). Zustand und Ereignis. Eingeleitet, übersetzt und herausgegeben von Bertram Kienzle. stw 1116. 471 Seiten

Bertram Kienzle/Helmut Pape (Hg.). Dimensionen des Selbst. Selbstbewußtsein, Reflexivität und Bedingungen von Kommunikation. stw 942. 453 Seiten

Sybille Krämer. Sprache, Sprechakt, Kommunikation. Sprachtheoretische Positionen des 20. Jahrhunderts. stw 1521. 288 Seiten

Saul A. Kripke
- Name und Notwendigkeit. Übersetzt von Ursula Wolf. stw 1056. 192 Seiten
- Wittgenstein über Regeln und Privatsprache. Eine elementare Darstellung. Übersetzt von Helmut Pape. stw 1783. 185 Seiten

John McDowell
- Geist und Welt. Übersetzt von Thomas Blume, Holm Bräuer und Gregory Klass. stw 1528. 221 Seiten
- Wert und Wirklichkeit. Aufsätze zur Moralphilosophie. Übersetzt von Joachim Schulte. Mit einer Einleitung von Axel Honneth und Martin Seel. Gebunden. 240 Seiten

Brian McGuiness. Wittgensteins frühe Jahre. Übersetzt von Joachim Schulte. Gebunden und stw 1014. 492 Seiten

Performanz. Zwischen Sprachphilosophie und Kulturwissenschaften. Herausgegeben von Uwe Wirth. stw 1575. 448 Seiten

Eva Picardi/Joachim Schulte (Hg.). Die Wahrheit der Interpretation. Beiträge zur Philosophie Donald Davidsons. stw 897. 282 Seiten

Hilary Putnam. Vernunft, Wahrheit und Geschichte. Übersetzt von Joachim Schulte. stw 853. 294 Seiten

Willard Van Orman Quine
- Theorien und Dinge. Übersetzt von Joachim Schulte. stw 960. 257 Seiten
- Die Wurzeln der Referenz. Übersetzt von Hermann Vetter. stw 764. 204 Seiten

NF 135/3/8.07

Sebastian Rödl. Kategorien des Zeitlichen. Eine Untersuchung der Formen des endlichen Verstandes. stw 1748. 215 Seiten

Richard Rorty
- Kontigenz, Ironie und Solidarität. Übersetzt von Christa Krüger. stw 981. 325 Seiten
- Der Spiegel der Natur: Eine Kritik der Philosophie. Übersetzt von Michael Gebauer. stw 686. 438 Seiten
- Wahrheit und Fortschritt. Übersetzt von Joachim Schulte. 515 Seiten. Gebunden. stw 1620. 516 Seiten

Eike von Savigny/Oliver Scholz (Hg.). Wittgenstein über die Seele. stw 1173. 304 Seiten

Moritz Schlick
- Fragen der Ethik. Herausgeben und eingeleitet von Rainer Hegselmann. stw 477. 208 Seiten
- Philosophische Logik. Herausgegeben und eingeleitet von Bernd Philippi. stw 598. 353 Seiten

Hans Julius Schneider. Phantasie und Kalkül. Über die Polarität von Handlung und Struktur in der Sprache. stw 1431. 595 Seiten

Joachim Schulte. Chor und Gesetz. Wittgenstein im Kontext. stw 899. 166 Seiten

Joachim Schulte (Hg.). ›Texte‹ zum Tractatus. Aufsätze von Hidé Ishiguro, Anthony Kenny, Norman Malcolm, Brian McGuiness, David Pears, Frank Ramsey, Peter Simons. Herausgegeben und übersetzt von Joachim Schulte. stw 771. 194 Seiten

John R. Searle
- Ausdruck und Bedeutung. Untersuchungen zur Sprechakttheorie. Übersetzt von Andreas Kemmerling. stw 349. 212 Seiten

NF 135/4/8.07

- Geist. Eine Einführung. Übersetzt von Sibylle Salewski. Gebunden. 323 Seiten.
- Geist, Sprache und Gesellschaft. Übersetzt von Harvey P. Gavagai. 192 Seiten. Gebunden und stw 1670. 192 Seiten
- Intentionalität. Eine Abhandlung zur Philosophie des Geistes. Übersetzt von Harvey P. Gavagai. stw 956. 353 Seiten
- Sprechakte. Ein sprachphilosophischer Essay. Übersetzt von R. und R. Wiggershaus. stw 458. 306 Seiten

Gottfried Seebaß. Das Problem von Sprache und Denken. stw 279. 495 Seiten

Gunnar Skirbekk (Hg.). Wahrheitstheorien. Eine Auswahl aus den Diskussionen über Wahrheit im 20. Jahrhundert. stw 210. 532 Seiten

Stephen E. Toulmin
- Menschliches Erkennen. Kritik der kollektiven Vernunft. Übersetzt von Hermann Vetter. stw 437. 603 Seiten
- Voraussicht und Verstehen. Ein Versuch über die Ziele der Wissenschaft. Übersetzt von Eberhard Bubser. stw 358. 138 Seiten

Ernst Tugendhat
- Selbstbewußtsein und Selbstbestimmung. Sprachanalytische Interpretationen. stw 221. 365 Seiten
- Vorlesungen zur Einführung in die sprachanalytische Philosophie. stw 45. 535 Seiten

Albrecht Wellmer
- Wie Worte Sinn machen. Aufsätze zur Sprachphilosophie. stw 1852. 350 Seiten
- Sprachphilosophie. Eine Vorlesung. Herausgegeben von Thomas Hoffmann, Juliane Rebentisch und Ruth Sonderegger. stw 1692. 472 Seiten

NF 135/5/8.07

Ludwig Wittgenstein

- Werkausgabe in acht Bänden. 3497 Seiten. Leinen in Kassette. Als stw 501 - 508, auch einzeln lieferbar
- Logische-philosophische Abhandlung. Tractatus logicophilosophicus. Kritische Edition. Herausgegeben von Brian McGuiness und Joachim Schulte. Gebunden und stw 1359. 310 Seiten
- Philosophische Untersuchungen: Kritisch-genetische Edition. Herausgegeben von Joachim Schulte in Zusammenarbeit mit Heikki Nymann, Eike von Savigny und Georg Henrik von Wright. 1168 Seiten. Gebunden
- Vorlesungen 1930–1935. Cambridge 1930–1932. Aus den Aufzeichnungen von John King und Desmond Lee. Herausgegeben von Desmond Lee. Cambridge 1932–1935. Aus den Aufzeichnungen von Alice Ambrose und Margaret Macdonald. Herausgegeben von Alice Ambrose. Übersetzt von Joachim Schulte. stw 865. 452 Seiten
- Vortrag über Ethik. Und andere kleine Schriften. Herausgegeben und übersetzt von Joachim Schulte. stw 770. 142 Seiten

Crispin Wright. Wahrheit und Objektivität. Übersetzt von Wolfram Karl Köck. 312 Seiten. Gebunden

Georg Henrik von Wright. Wittgenstein. Übersetzt von Joachim Schulte. 226 Seiten. Gebunden

NF 135/6/8.07